최한기의 사회철학

최한기의
사회철학

채석용 지음

한국학술정보[주]

1999년 1월 초순 지금은 한국학중앙연구원으로 이름이 바뀐 한국 정신문화연구원 한국학대학원의 2층 어느 강의실에서 최한기의 『기학(氣學)』을 처음 접했다. 대학원 입학시험에 합격한 후 입학을 대기하고 있던 상태에서부터 최한기와의 인연이 시작된 것이다. 후에 필자의 지도교수가 되신 한형조 선생님과 최진덕 선생님, 철학 전공 신입생 3명 및 선배 2명 등 모두 7명이 함께 시작한 스터디 모임을 통해서였다.

하지만 그다지 흥미롭지 않았다. 한자라고는 내 이름 석 자밖에 쓸 줄 몰랐던 처지였으니 도대체 이해할 수 없는 문자들로만 가득한 그 책을 읽는다는 건 불가능한 일이었다. 애초에 동양철학을 공부하겠다고 결심하게 된 이유가 성리학에 대한 관심 때문이었는데 대학원에서 처음 접한 인물이 성리학을 비판한 최한기라는 점도 마뜩찮았다. 그해 여름에 개최됐던 최한기 관련 대규모 학술대회를 통해서도 그에 대해 별다른 흥미를 느낄 수 없었다. 오로지 성리학에 대한 관심뿐이었다. 최한기는 오히려 거추장스런 훼방꾼으로 느껴질 따름이었다.

처음 몇 년은 대단히 행복했다. 이대로 공부가 쌓여 간다면 조만간 서양철학이 도달하지 못한 깨달음의 경지를 발견할 수 있을 거란 기대감으로 가득 찼다. 주역 64괘를 외웠으며 주역 점을 쳐 보기도 했다. 온갖 성리학 관련 문헌들을 사 모았고 서양철학 책들은 구석에 처박아 두었다.

그렇게 시간이 지나 석·박사 통합과정을 수료하고 또 몇 년이 지났다. 공부의 중심은 늘 성리학이었으나 처음의 기대와는 달리 희망은 점점 멀어져만 갔다. 둘 중 하나일 것이다. 내 공부가 부족했거나, 혹은 기대가 잘못된 것이었거나.

결국 학위논문을 써야 하는 시점에서 비겁한 선택을 했다. 공부의 부족을 자책하고 다시 시작하기에는 시간이 너무 부족했고 마음은 다급했다. 성리학의 반대편에 섰던 최한기에게 그제야 눈을 돌리게 되었다. 게으름과 부족함에 대한 일종의 도피처로서 선택되었던 것이다.

도피처에서 지내는 마음이 늘 그렇듯 언제나 불안했다. 게으름과 부족함을 들켜 버릴지 모른다는 불안감과 도피처 자체에 대한 불신으로 논문 쓰는 과정은 계속 힘겹기만 했다. 성리학과의 정면대결을 회피한 비겁함에 대한 자책까지 문득문득 떠올라 날로 마음이 위축되기만 했다.

게다가 최한기의 글 자체도 마음에 들지 않았다. 비슷한 내용을 서로 다른 버전으로 계속 반복해 대는 글쓰기 방식에 초반부터 지쳐 버리고 말았다. 대부분의 동양철학 문헌들이 그렇지만 최한기의 경우는 특히 심했다. 성리학에서 사용하는 용어들을 상당 부분 그대로 사용하면서도 그 의미를 자기 나름의 맥락에서 다르게 변경해 사용하고 있었기 때문에 정확하게 그 의미를 파악하기 힘들었다. 최한기 스스로 창안해 낸 여러 가지 용어들까지 더해져 혼란은 가중되었다.

이러한 혼란 속에서 처음 시도한 것은 현상학과의 비교였다. 최한기에 대해 그동안 시도되었던 비교철학적 연구의 단골 주제는 경험주의였기에 현상학과의 비교 시도 자체는 신선한 것이었다. 하지만 1차 중간발표 후 곧 이 입장을 버렸다. 현상학과의 유비과정은 최한기의 고유한 특성을 드러내는 과정이라기보다는 오히려 최한기 철학을 성리학에 수렴시켜 가는 과정임을 깨닫게 되었기 때문이다. 그럴 경우 최한기를 도피처로 여겼던 나의 비겁함은 더욱 여실히 드러난다. 최한기 철학이 성리학의 틀을 벗어나지 못한 것이라면 굳이 최한기를 선택할 이유도 없었다.[1]

현상학과의 비교를 단념한 후 복잡계(complexity system) 이론 등에도 기대를 걸었지만 여전히 석연치 않았다. 한동안 작업은 정체됐고 마음은 계속 지쳐 갔다. 기존에 제출된 최한기 관련 연구 성과 가운데 어느 것 하나 만족스럽지 못했고 전범으로 삼기에 적절치 않아 보였다.

그즈음에 에드워드 윌슨(Edward Wilson)을 발견했다. 희미하게

---

1) 나중에 논문을 완성한 이후 알게 된 사실이지만 최근에 최한기 철학을 현상학과 비교한 논문이 제출된 바 있다. 필자가 현상학과의 비교를 단념하고 새로운 길을 모색하던 시점에 그 연구가 진행된 듯하다. 장윤수, 「최한기 철학과 현상학의 횡단적 의사소통」, 『동양사회사상』, Vol.16, 2007, 33∼71쪽.

알고 있던 진화론과 그를 바탕으로 한 사회생물학의 진면목을 발견하고 전율하지 않을 수 없었다. 어느 틈엔가 생물학은 인간의 본성까지 논할 수 있는 철학적 경지에까지 도달해 있었던 것이다.

철학이 제대로 된 증거 없이 통찰과 직관에만 의지해 세계를 설명하는 동안 과학은 차근차근 증거들을 수집하고 이론을 만들어 왔다. 새로운 증거와 새로운 이론은 낡은 이론을 언제든 폐기할 태세에 있기도 하다. 그렇게 과학은 발전을 거듭해 왔으며[2] 이제 자연뿐만 아니라 인간과 사회에까지 개입해 탁월한 이론을 제기하기에 이르게 되었다.

그러나 정작 놀라운 것은 과학이 어떤 절대적 진리를 추구하는 것이 아니라 확률적 진실을 추구한다는 사실이었다. 진화론의 아버지인 찰스 다윈은 자신의 이론보다 더 나은 이론이 제출된다면 언제든 자신의 이론을 폐기해도 좋다고 고백하고 있다. 이는 자신의 기학보다 더 나은 이론이 있다면 언제든 자신의 기학을 폐기해도 좋다고 고백한 최한기의 입장과 정확히 일치한다.

존재론과 형이상학 및 온갖 종교의 독단을 비판하고 철저한 검증과 데이터에 기반을 둔 살아 있는 이론체계를 구상한 최한기의 시도는 서구의 과학정신과 그대로 통할 수 있는 것임을 비로소 깨달을 수 있었다.

그때부터 새로 출발했다. 성리학과 겹치는 용어들, 예컨대 성(性)·

---

2) 토마스 쿤과 파이어아벤트 등은 이런 입장에 일정한 제동을 건 바 있다. 하지만 단순하게 생각해 보자. 머리카락 한 올로 혈연관계를 입증하는 것을 과연 진보가 아닌 변화라고만 말할 수 있겠는가?

정(情)·심(心)·신(神) 등의 의미를 성리학적 맥락에서 완전히 벗어나는 의미로 다시 읽기 시작했다. 인간에 내재한 초월적 의미를 걷어 내고 인간을 단지 행위하는 유기체로 보고자 했던 최한기의 시각은 현대의 생물학적 시각과 정확히 일치했다. 아마도 최한기가 진화론과 유전학을 접했다면 천문학을 접했을 때 느꼈던 전율보다 더 큰 충격을 받았을 것이다.

최한기가 성리학에서 사용했던 용어들을 그대로 사용함으로 인해 발생한 오해, 즉 성리학과 연결된 형이상학적 고리를 끊게 되자 그다음 작업은 비교적 쉽게 진행되었다.

최한기는 과학자이자 철학자이다. 그는 인간과 사회 및 자연의 문제를 일관된 관점, 즉 추(推)와 측(測)이라는 과학적 방법론을 통해 이해하고자 했다. 그는 철두철미 기일원론자(氣一元論者)이자 무신론자, 나아가 유물론자였다.

이러한 최한기의 입장이 가장 두드러지게 부각되고 논란을 낳을 수 있는 분야가 바로 사회철학이다. 최한기는 인간과 자연을 기 덩어리라고 규정하여 자연과학적 탐구의 대상이라 간주하면서도 사회적 측면에서는 인의예지와 효 및 오륜을 긍정하는 낡은 입장을 고수하고 있다.

인간을 생물학적으로 이해하고 우주를 천문학적으로 이해할 수 있다면 사회는 과연 어떻게 이해할 수 있을까? 물론 최한기는 사회 규범과 관련된 문제들 또한 추와 측이라는 과학적 방법을 통해 접근해야 한다고 말한다. 하지만 그 결과가 너무나 전통적인 것이어서 실망스럽다. 유물론자로서의 최한기를 발견하고 환호하면서도 결국 그 낡은 사회 철학적 입장 때문에 그를 부르주아적 사상가로 낙인 찍은 북한 철학자들의 고심을 이해할 수 있다.

그러나 실망하기엔 이르다. 바로 이 지점에서 최한기의 가치가 발견될 수 있을지 모른다. 그는 인의예지 등 유교적 규범체계를 보편적 체계라 주장하지만 결코 단정하지는 않는다. 물론 명시적으로 인정하지는 않았지만 아마도 최한기는 자신이 주장하는 유교적 규범의 보편성을 의심하며 검증하려는 시도를 결코 비판하거나 부정하지는 않을 것이다.

그의 주장을 통해 우리가 얻을 수 있는 결론은 <유교적 규범체계도 한번 과학적으로 검증하고 따져 보자>는 것, 바로 이것이다. 13경의 난해한 미로를 거치지 말고 과학이라는 명료하고 객관화 가능한 방법을 통해 유교적 규범체계를 직접적으로 검증하는 것이야말로 최한기가 진정 바랐던 사회 철학적 방향이었을 것이다.

이러한 시각을 토대로 다시 작업에 착수하여 『최한기 사회철학의 이론적 토대와 형성과정(부제: 유교적 사회규범의 탈성리학적 재구성)』이라는 작은 결과물을 빚게 되었다. 본서는 위 학위논문을 거의 그대로 담고 있다. 몇몇 구절들만 수정되었을 뿐이고 문장이 약간 다듬어졌을 뿐이다.

애초에 도피처로 선택되어 그다지 공부하는 즐거움을 느낄 수 없었던 최한기가 어느새 나의 멘토가 되어 버렸다. 최한기가 주문한 대로 앞으로의 연구는 유교적 규범체계를 어떻게 현대적 맥락에서 구체적으로 재해석할 수 있는지에 중점을 두고 전개될 것이다.

졸업 후 시간이 많이 지나면 지날수록 학위논문 출판하기가 어려워질 것이라는 최영진 선생님의 충고에 따라 부끄러움을 무릅쓰고 출판을 결심했다. 선생님께선 논문 심사기간 동안 더할 나위 없이 세심하고 자상하게 지도해 주셨다. 날카로운 분석과 따뜻한 격려로 감동을 안겨 주신 김현 선생님과 자칫 이론의 미로에만 빠져 사실을 놓칠 위험을 경고해 주신 김문식 선생님께도 깊이 감사드린다.

때로 가혹하다 느껴졌지만 결국 학문적 엄밀성을 위한 진실한 가르침이었음을 깨닫게 해 준 최진덕 선생님의 은혜 또한 잊을 수 없다. 글 읽는 기쁨을 안겨 달라 말씀하셨지만 결국 빨간 펜 선생님이 되는 곤혹만을 떠안으신 나의 지도교수 한형조 선생님께는 무엇보다도 부끄러운 마음이 앞선다. 언제쯤 떳떳한 제자가 될 수 있을까?

내 평생의 벗이자 논문의 대부분을 마음으로 대신 써 준 외우 최유준, 어린아이 같은 천진함 속에 삶의 고민을 녹이고 웃으며 지켜봐 준 나의 아내 김미, 누구나 그렇겠지만 떠올릴 때마다 가슴을 저리게 만드는 우리 부모님께 모두 모두 고마운 마음 전한다. 그리고 나의 두 아들 정원이와 진원이에게도 고마운 마음뿐이다.

목차

Ⅶ. 결 론 / 297

참고문헌 / 317

I.

서 론

1. 문제 제기

최한기(崔漢綺, 1803~1877)는 기존의 성리학적 사유체계를 전면
적으로 부정하고 새로운 방법을 통해 철학체계를 구축해 나가고자
했다. 그의 철학이 성리학과의 완전한 단절을 선언하는 것에서부터
출발하고 있다는 점은 그의 전 저작을 통해 일관되게 확인할 수 있
다. 기존의 관습에 구애받지 않는 독특한 형식의 문장, 새롭게 창안
해 낸 다양한 어휘들, 그리고 조선조 학문의 근간을 이루는 방법론
인 경학(經學)을 단숨에 부정해 버리는 과감성을 통해 그의 철학의
파격적인 측면을 어렵지 않게 확인할 수 있다.

인간과 자연에 대한 그의 새로운 해석은 <선험(a priori)>을 부
정하고 <경험(經驗)>을 긍정하는 일관된 방향을 향해 나아갈 것
을 주장했다는 것으로 요약될 수 있다. 형식과 내용 모든 면에서 최

한기 철학은 일관되게 새로운 것을 지향하고 있다고 규정지을 수 있을 것이다.

그러나 사회 철학적 내용에 이르러서는 놀랍게도 그의 주장 가운데 상당 부분이 성리학의 그것과 일치하고 있음을 발견하게 된다. 그는 궁극적으로 인의예지와 효 및 오륜이라고 하는 유교적 인륜의 사회규범체계를 긍정하는 입장을 취한다. 이(理)의 형이상학을 부정하고 기(氣)의 경험주의를 내세움으로써 성리학과 단호하게 결별하면서 출발했지만 그가 스스로 학문의 핵심이라 지칭한 사회철학, 즉 통민운화(統民運化)의 영역에 이르러 그는 성리학과 마찬가지의 결론으로 되돌아오고 말았던 것이다.

논자의 문제의식은 여기에서 출발한다. 본서는 최한기의 철학이 성리학과의 결별을 선언하면서 출발했음에도 불구하고 스스로 학문의 귀결점이라 간주한 사회철학의 영역에서 어떻게 다시금 기존의 유교적 사회규범의 확립이라는 낡은 구호와 화해할 수 있는 결론으로 되돌아오게 되는지 그 과정의 타당성을 탐구하는 것을 목표로 한다. 이에 대해서는 다음의 세 가지 가설이 가능할 수 있다.

가설1)

최한기의 새로운 철학적 구상이 결국 인의예지와 효 및 오륜이라는 낡은 유교적 규범체계를 주장하는 것으로 되돌아오지만 그것은 결코 낡은 구호를 무비판적으로 되뇌는 것에 그치는 것은 아니다. 그의 철학은 유교사회철학의 재구성을 목표로 한다. 유교적 규범체계는 현실의 맥락을 외면한 채 경전에만 의존하는 교조적 명령이

되어서는 안 된다고 그는 생각했다. 유교적 규범체계는 일체의 선험적 전제를 넘어서 생생한 경험과 탐구의 과정을 거쳐 확인되는 검증 가능한 사회 철학적 결론으로 재구성되어야 한다는 그의 진단은 정확했다. 이렇게 재구성된 최한기의 인의예지의 사회철학은 성리학의 인의예지의 사회철학과 근본적으로 다른 맥락을 갖는다. 용어만 동일할 뿐 그것은 완전히 새롭게 태어난 새로운 규범체계인 것이다. 이러한 사회 철학적 재구성은 새로운 내용을 담고 있기에 의미가 있다. 특히 현대적 맥락에서 그렇다. 그리고 그 과정은 성공적이었다.

가설2)

성리학과의 결별을 선언한 그의 시도는 어느 정도 성공했다. 그러나 성리학과의 결별을 선언하는 그 순간 인의예지라는 성리학의 사회 철학적 결론과도 결별했어야 했다. 그럼에도 불구하고 그는 인의예지로 되돌아오고 만다. 이것은 스스로의 문제의식을 부정하는 자기기만적 시도라 간주된다. 최한기의 철학에서 발견되는 모순된 측면들, 즉 기계론과 유기체론, 결정론과 자유론의 혼란스런 동거가 이러한 자기기만적 과정의 증거일 것이다. 최한기 철학의 이러한 비정합성으로 말미암아 그의 철학은 과학에 대한 경이로움에서 출발하여 경험의 의의를 강조한 애초의 문제의식과 쉽게 화해하기 힘든 유교적 규범체계의 수립이라는 결론에 별다른 이론적 갈등을 느끼지 못한 채 도달할 수 있었다. 성리학과의 성공적인 결별을 통해 더욱 적극적으로 근대적 사회철학으로 뚜렷이 구분된 길을 밟아 나갈 수 있었으나 최한기는 그 기회를 놓쳤다. 그의 철학은 성리학과의 단절을 선언함으로써 그 근대적 성격을 기대하게 만들었지만 결국은 이론적 불철저함으로 인해 성리학과는 다른 방식의 선험주의로 귀결되고 만 것이라 평가할 수 있다.

가설3)

최한기는 애초에 성리학과 완전하게 결별하지 못했다. 성리학에 대한 일관된 결별 선언에도 불구하고 그는 성리학에 얽매여 있을 수밖에 없었다. 그는 성리학 이론 자체와 결별한 것이 아니라 단지 당시 성리학자들의 부정적 행태, 즉 성리학이 사회에 미치는 부정적 결과들에 대해서만 결별을 선언하는 것에 머물러 있었을 뿐이다. 성리학의 이기론(理氣論)은 최한기에 의해 기학(氣學)의 일원론으로 뒤바뀐다. 그러나 이(理)와 기(氣)는 자리만 바뀌었을 뿐이다. 최한기 철학의 기본 구도는 성리학적 선험주의를 그대로 따르고 있다고 볼 수 있다. 결별선언에도 불구하고 근본적으로는 성리학의 선험주의를 벗어날 수 없었기 때문에 결국 그의 이론적 종착지인 사회철학에 이르러서도 성리학이 구상한 사회규범체계와 별다른 차이를 보이지 않는 주장으로 되돌아올 수밖에 없었다. 최한기 철학의 새로움은 철저히 성리학적 맥락에서 해석되어야 한다. 아니, 최한기 철학에는 그다지 새로운 것이 없다.

가설1은 최한기 철학의 의의를 가장 적극적으로 평가하는 내용을 담고 있다. 성리학과의 단절로부터 출발하여 과학과 경험을 강조하는 입장을 취하더라도 유교적 규범의 수립이라는 결론에 도달할 수 있다는 최한기의 구상이 성공적이라고 가정할 경우 그의 철학은 현대적인 맥락에서 그 의의가 새롭게 부각될 수 있게 된다. 그럴 경우 그것은 근대화 과정에서 늘 그 영역을 위협받아 온 규범주의, 그 가운데서도 가장 낡은 것으로 간주되어 왔던 유교적 규범체계가 과학 및 경험과 행복한 공존을 꾀할 수 있다는 새로운 소식으로 해석될 수 있기 때문이다.

본서는 유교적 사회규범을 재구성하고자 한 최한기의 노력을 긍정적으로 평가하는 가설1의 관점을 중심으로 전개된다. 그리고 가설1의 관점을 뒷받침하는 중심적 요소, 즉 성리학과의 단절을 통해 새롭게 구축되는 유교적 사회규범체계가 그 외형상의 낡은 모습에도 불구하고 새로운 내용을 담고 있다고 판단할 수 있는 가장 큰 근거는 다음의 두 가지 맥락에 따라 정리해 볼 수 있다.

① 최한기 철학체계의 핵심은 형이상학, 혹은 존재론에 있지 않고 사회철학에 있다. 최한기의 사회철학은 존재론적 진리(truth)가 아닌 상대적이고 확률적인 진실(reality)을 추구한다.

② 최한기의 사회철학은 유교적 규범이 사회적 합의를 통해 도출되는 것이라 간주할 뿐 우주적 차원의 선한 본질에 의해 그 타당성을 보장받는 것이라 간주하지 않는다. 최한기에 의하면 유교적 규범은 발견되는 것이 아니라 창출되는 것이다. 인의예지의 유교적 규범은 성리학처럼 존재론적 층위에서 그 절대성을 보장받는 선험적 원리가 아니라 철저히 사회적 맥락에서 경험과 학습, 검증과 공론화를 통해 도출되는 합의된 약속의 체계로 새롭게 규정되어야 한다.

본서는 가설2와 가설3에서 제기되는 반론들을 의식하면서 구상되었다. 그러나 이러한 비판적 시각들과의 본격적 대결을 중심으로 삼지는 않는다. 적절한 지점에서 적절한 비중으로 이러한 비판적 시각들을 다룸으로써 쟁점을 부각시키고 논의의 긴장감을 유지하고자 할 뿐 역시 중점은 가설1의 입장을 명료화하는 것에 있다. 최한기가 구상한 사회철학의 이론적 토대와 그 형성과정을 면밀히 살펴봄으로써 가설1의 입장을 지지하는 논자의 입장이 설득력을 얻게 되리라 기대해 본다.

2. 논의의 구성

앞서 제기된 문제의식을 바탕으로 본서는 다음의 과정을 통해 최한기가 시도한 사회철학의 재구성 노력을 살펴볼 것이다.

먼저 기존 연구 성과들을 되짚어 볼 것이다. 기존 연구 성과의 의의를 정리하고 평가함으로써 본서의 새로운 문제의식이 부각될 것이며 앞으로 본서에서 전개될 내용을 미리 짐작해 보는 기회를 가질 수 있을 것이다. 기존 연구 성과들은 대부분 최한기 철학의 새로움에 주목하고 있지만 최근 제시된 몇몇 연구 성과들은 이러한 기존의 흐름에 긴장을 줄 만한 논쟁거리를 제공해 주어 본서의 문제의식에 영향을 미쳤다는 내용 등을 다룰 것이다.

이어서 본론의 도입부인 2장에서는 최한기의 인간론을 다룬다. 최한기 철학의 출발점은 성리학과 구별되는 인간론에 있다. 그는 우주적 차원의 선(善)한 본성(性)이 인간에게 선험적으로 내재되어 있다고 본 성리학적 인간론을 부정한다. 그에게 있어 인간은 여러 가지 삶의 조건들에 따라 선과 악을 행할 수 있는 가능성이 열려 있는 미완의 존재로 간주될 뿐이다. 성리학과의 대비를 통해 최한기의 인간론이 지니는 독특함이 서술될 것이다.

그런데 이때 주의할 점은 최한기가 사용하는 대부분의 성리학적 용어가 최한기의 문맥에서는 완전히 다른 의미로 사용되고 있다는 사실이다. 특히 청년 시절의 최한기는 이(理)·기(氣)·성(性)·정(情) 등의 성리학적 용어를 그대로 사용하고 있는데 이때 그가 사용하는 이들 용어의 새로운 의미를 드러냄으로써 성리학과 구별되는 그의 철학의 내용들을 밝혀 보고자 한다. 기존의 성리학적 인간론을 해체하고 새롭게 제시한 인간론은 <신기(神氣)의 인간론>이라 명명할 수 있을 것이다.

최한기가 구상하는 새로운 인간은 대단히 능동적인 존재이다. 3장에서는 이러한 능동적 인간론을 바탕으로 인간이 삶을 영위해 나가고 외물 및 타인과 교섭하는 일체의 방법론으로서의 추(推)와 측(測)을 설명한다. 논자는 <추>를 경험적 <탐구>로, <측>을 확률적 <판단>으로 해석하는 새로운 시도를 감행해 보고자 한다. 3장에서 다루는 추측론을 통해 그의 인식론의 내용과 앞으로 본격적으로 전개될 구체적인 쟁점들을 살펴볼 수 있을 것이다. 여기서는 특히 유럽 근대 인식론과의 비교가 주된 내용을 이루게 되는데 이들 논의를 통해 최한기의 추측론이 인식론뿐만 아니라 가치론까지도 포괄하고 있음이 강조되어 설명될 것이다. 그리고 이러한 논의 과정을 통해 그의 추측론이 사회철학의 기초론으로서의 의미를 지니고 있음을 밝히고자 한다.

최한기 사상은 경험과 자연이라는 두 가지 축을 중심으로 구성된다. 그의 사회철학은 경험주의이면서 또한 자연주의이다. 경험은 인간의 사회적 행위 전반을 아우른다. 또한 경험은 자연과의 소통을 전제로 할 때에만 긍정적인 결과를 이끌어 낼 수 있다. 그에게 있어 경험은 자연과 소통하는 과정이며 자연은 경험의 총체적 마당이다. 따라서 그의 자연주의는 형이상학적 자연주의와 구별되며 자연과학주의, 혹은 기계론적 과학주의로 간주될 수도 없다. 신기의 인간론과 추측의 방법론에서 논의된 내용을 바탕으로 펼쳐지는 경험과 자연에 대한 그의 독특한 사회 철학적 구상은 4장에서 설명된다.

추측, 열력경험, 습염, 변통 등 경험을 의미하는 다양한 용어들의 의미와 맥락과 함께 준적(準的)을 강조하는 그의 자연주의적 성격에 관한 비판적 시각 등을 다루게 될 것이다. 특히 유기체론 및 원리주의 등과 관련된 논의를 진행하는 부분에서는 가설2와 가설3에서 제기된 비판적 시각들을 상당 부분 다루게 될 것이다.

5장에서는 4장까지의 논의를 토대로 본격적으로 최한기가 구상한 새로운 규범체계의 형성과정과 내용을 다루게 된다. 최한기 사상의 근대성으로 자주 거론되는 <욕망>에 대한 새로운 관점을 검토해 봄으로써 그가 규범의 보편성을 강조하게 되는 새로운 맥락을 되짚어 보고자 한다. 5장에서의 논의를 통해 그의 보편주의적 입장이 결코 종래의 성리학적 입장과 동일한 차원의 것으로 간주될 수는 없음을 보이고자 할 것이다. 최한기 사상의 보편성을 설명하는 핵심을 논자는 <공(公)적 요청>에서 찾을 수 있다고 보고 있으며 이러한 보편적 신념을 통해 유교적 보편규범의 의의가 새롭게 부각되는 과정을 살펴볼 것이다. 또한 이러한 보편화 과정의 걸림돌로 간주되는 온갖 신비주의에 대한 최한기의 신랄한 비판도 살펴볼 것이다.

6장에서는 최한기 철학의 가장 큰 강점인 규범의 상대성과 관련된 논의가 서술될 것이다. 최한기 철학은 5장에서 다루고 있는 바처럼 분명 종래의 낡은 유교적 규범주의로 회귀하고 있는 측면이 있다. 하지만 최한기는 빈손으로 되돌아오지는 않는다. 신기의 인간학과 추측의 방법론을 통해 규범의 상대성이라는 새로운 선물을 안고 되돌아온다. 최한기가 새롭게 제시하는 규범의 상대성을 통해 조선사회에 뿌리 깊이 전해 오던 모화사상과 배타주의가 극복되어야 함을 강조한 맥락은 우리의 관심을 가장 끌 수 있는 대목이 될 것이다. 규범의 상대성과 관련한 논의는 역사적 측면과 문화상대주의적 측면의 두 가지 방면에서 수행될 것이다.

이와 더불어 최종적으로 이러한 규범의 보편성과 상대성이 어떠한 과정을 거쳐 조화롭게 사회 속에서 도출되는지를 살펴보고 실용주의와 진화론이라는 독특한 특징을 갖게 되는지 그 과정과 내용을 살펴본다. 이러한 일련의 과정들을 통해 최한기가 시도한 유교사회철학의 재구성이라는 구상의 타당성과 의의 및 한계 등을 드러내고자 하는 것이 본서의 목표이다.

본서가 취한 또 한 가지 두드러진 방법적 특징은 최한기 철학의 여러 측면을 최한기 이외의 사상들, 특히 서구의 다양한 철학들과 비교함으로써 부각시키고자 했다는 점이다. 이는 최한기에 대한 남북한 학계의 최초의 연구 이래 이미 예견된 측면이라 할 수 있다. 최한기의 사상을 유물론으로 해석한 정성철과 경험론으로 해석한 박종홍의 최초의 시도들은 최한기 사상이 가지는 서구사상과의 다양한 비교 가능성을 처음부터 확인해 주고 있다. 서구 사상과의 다양한 비교와 대조를 통해 최한기 사상을 입체적으로 드러내 보고자 하는 의도가 본서 전체에 일관되어 있음을 미리 밝혀 둔다.

3. 최한기 연구의 현황

기존 연구 성과들은 대체적으로 최한기 철학의 <새로움>을 밝히는 것에 중점을 두고 있다. 최한기 철학의 새로움은 경험주의적 인식론에서 두드러지게 발견되는 만큼 최한기에 대한 연구들 또한 주로 인식론을 기반으로 전개되고 있다. 그러나 최한기의 사회철학과 관련된 부분에 있어서는 <새로움>의 의의를 성공적으로 부각시키는 연구가 그다지 많이 발견되지 않는다. 새로운 인식론에 비해 그다지 새로울 것이 없어 보이는 사회철학의 내용들을 부분적으로 다루는 연구 성과들은 제출되어 있지만 인식론과 사회철학 사이의 틈새를 비집고 그 연결점을 더듬어 성공적으로 궁금증을 해소해 주는 연구들은 찾아보기가 힘들다. 다만 최한기 철학의 부정합성, 혹은 성리학과의 연관성을 다룸으로써 가설2와 가설3에서 제기됐던 비판적 측면과 연관되는 연구 성과들이 근래에 제출된 바 있을 뿐이다. 이러한 연구 성과들을 통해 논쟁의 실마리를 구체화할 수 있는 계기는 마련되어 있다고 할 수 있다.

1) 인간 최한기에 관한 연구 성과

인간 최한기에 관한 최초의 보고는 최남선에 의해 이루어졌다. 그는 최한기가 남긴 『명남루집(明南樓集)』을 한국 역사상 가장 방대한 개인 문집이라고 칭송한 바 있다.[3] 그러나 그의 말을 입증할 만한 대규모의 문집이 아직 발견되지는 않고 있다. 흩어져 있던 여러 글들은 1971년이 되어서야 비로소 성균관대학교 대동문화연구원에 의해 정리되어 『명남루총서(明南樓叢書)』란 이름으로 모습을 드러내게 되었다. 이를 통해 최한기 사상의 내용을 비로소 접할 수 있게 되었지만 여전히 인간 최한기에 대한 전기적 사실은 잘 알려져 있지 않았다. 그러던 중 1990년 이희목에 의해 이건창이 남긴 『혜강최공전(惠岡崔公傳)』이 발견됨으로써 최한기에 관한 구체적인 전기적 사실 몇 가지가 알려지게 되었다. 이우성은 이를 토대로 최한기에 관한 새롭고 흥미로운 몇 가지 사실들을 발표했다.[4] 그에 의하면 최한기는 경제적으로 상당히 여유가 있어 당시 중국에서 간행된 최신의 서적들을 광범위하게 수집하고 읽었다고 한다. 그러나 읽

---

3) 최남선, 『조선상식문답속편』, 동명사, 1947, 260－262쪽.
4) 「혜강 최한기의 사회적 처지와 서울생활」, 『제4회 동양학 국제학술회의 논문집』, 성균관대학교 대동문화연구원, 1990.

은 책들을 다시 팔아야 했다는 점, 그리고 서적 구입으로 인해 가계가 기울어 결국 도성문 밖으로 나가 세 들어 살아야 할 형편으로 전락했다고 하는 점 등으로 미루어 엄청난 수준의 경제적 여유가 있었던 것은 아니라고 판단된다.

이러한 성과들을 바탕으로 권오영은 최한기에 관한 가장 확실하고 풍부한 내용의 연구 성과를 제출하게 된다.5) 그에 의하면 최한기는 당시까지 알려진 바와는 달리 최항의 혈손이 아니라 최항의 가계에 입적된 양후손(養後孫)이었다고 한다. 그러나 형식적으로 입적되었음에도 불구하고 최항의 혈손들과 교류도 거의 없었으며 사회적, 경제적 지위도 높지 않았을 것이라고 판단한다. 최한기의 생부인 최치현 또한 재능이 있었다는 사실만 알려져 있을 뿐 과거에 합격한 기록은 없다고 한다. 최치현은 최한기가 10세 때 죽으면서 최한기를 큰집 종숙부인 최광현에게 양자로 입적시켰는데 양부의 집안은 개성에 터를 닦고 사는 무과 집안이었으므로 어느 정도 최한기에게 경제적 여유를 제공해 줄 수 있었을 것으로 보인다.

이상이 그나마 알려진 그의 가계와 관련된 내용이며 그의 학문적 활동에 관해서는 더더욱 알려진 정보가 부족하다. 이규경과 김정호 등 주로 서얼이나 중인 출신의 진보적 지식인들과 교유가 있었다는 점 이외에 알려진 사실이 거의 없다. 서울 한복판에 살면서 세상의 변화를 가장 먼저 받아들였지만 정치의 타락과 무능은 현실로부터 그를 멀어지게 만들었다6)고 짐작할 수 있을 뿐이다. 그의 삶의 궤

---

5) 최한기에 관한 전기적 연구 성과는 권오영, 『최한기의 학문과 사상 연구』, 집문당, 1999에 잘 정리되어 있다.

적을 더듬음으로써 사상의 연원을 추적하는 작업은 쉽사리 진행되지 않는다. 곧바로 그의 사상 자체로 관심을 돌릴 수밖에 없는 것도 이와 같은 정보의 제약으로 말미암는 부분이 크다.

2) 최한기의 인식론에 주목한 연구들

최한기에 관한 최초의 본격적인 연구는 북한에서 시작됐다. 1960년 간행된 『조선철학사(상)』[7]와 그를 이어받아 1987년 간행된 『조선철학사2』[8]가 최한기에 관한 가장 주목할 만한 북한 쪽 연구 성과로 꼽힌다. 『조선철학사2』의 맨 마지막 항목을 장식하는 최한기에 관한 글을 통해 저자인 정성철은 그를 <변증법적 유물론>의 대표자로 묘사했다.[9] 그러나 최한기의 사회사상에 대해서는 대단히 인색한 평가를 내렸다. "그의 인식론에서의 경험은 자연과 사회 개조와 결부된 실천적 경험으로 되지 못하고 객관적 세계에 대한 소극적 직관에 머물러 있었다."[10]고 그는 평가한다. 새로운 유물론과 낡은 사회사상의 결합은 대단히 어울리지 않는 것이다. 그러나 정성

---

6) 김용옥, 『독기학설』, 통나무, 1990, 67쪽 "다산은 일생을 페리페리(주변)에서 살았다. 그렇지만 그의 모든 관심은 센터(중심)에 있었고 실제적으로 그의 행동은 센터에 영향을 주었다. 혜강은 일생을 센터에서 살았다. 그러나 그의 관심은 항상 센터를 초월한 곳에 있었다."
7) 정진석, 정성철, 김창원 공저, 『조선철학사』, 평양: 과학원출판사, 1962
8) 정성철, 『조선철학사』, 도서출판 좋은 책, 1988
9) 정성철, 앞의 책, 436쪽. "우리나라에서 지속되어 온 유물론과 관념론의 투쟁을 유물론의 승리로 결속 지었다."
10) 정성철, 앞의 책, 446쪽.

철은 왜 이렇게 새로운 유물론적 인식론과 낡은 사회사상이 결합할 수 있었는지에 대해서는 관심을 가지지 않았다.

최한기 철학을 남한에서 최초로 다룬 박종홍의 논문은 그를 <경험주의>라는 서구의 인식론적 틀로 설명하고 있다.[11] 로크·베이컨·오컴·듀이 등 경험주의적 입장을 취한 서구의 철학자들이 제시한 인식론과의 유비를 통해 최한기 철학의 근대적 특징을 부각시키고자 했으며 이후 남한 학계의 최한기 연구에 일정한 시금석 역할을 하게 되었다. 그러나 최한기 사상의 새로움에만 주목하여 그의 인식론의 근대적 특성만을 부각시켰을 뿐 그의 사회철학이 인의예지라는 기존의 유교규범체계를 긍정했다는 측면에는 미처 관심을 기울이지 못했다. 최한기의 인식론이 박종홍이 판단하는 것과는 달리 근대 유럽의 인식론과 구별되는 측면이 대단히 많다는 점을 제대로 드러내지 못함으로 말미암은 필연적 귀결이라 할 수 있겠다.

1970년대부터 지속적으로 최한기에 관한 연구 성과를 발표해 온 금장태는 박종홍의 연구 성과를 바탕으로 최한기 철학의 근대적 특성을 부각시키는 데 크게 기여하였지만[12] 역시 최한기가 시도한 유교적 사회철학의 재구성 노력에 관심을 갖는 데까지 이르지는 못했다고 평가할 수 있다.

---

11) 박종홍, 「최한기의 경험주의」, 『아세아연구』, Vol.8, No.4, 1965, 1-41쪽.
12) 금장태, 「다산과(茶山) 혜강의(惠岡) 인간이해」, 『동양학』, Vol.24, 1994,
    금장태, 「혜강(惠岡) 최한기의 철학사상」, 『진단학보』, Vol.81, 1996,
    금장태, 「다산과(茶山) 혜강의(惠岡) 인간이해」, 『동양학』, vol.24, 1994.

1980년대 들어서 최한기 연구가 본격화되었는데 주로 소장학자들의 석사학위 논문을 통해 연구 성과들이 발표되었고 90년대 들어 이들에 의해 박사학위 논문들이 쏟아져 나옴으로써 최한기에 관한 연구가 본궤도에 오르게 되었다. 이들 가운데 손병욱은 『기학』에 관한 철학적 분석을 통해 최한기 철학의 구조를 명료화하는 데에 기여했고,13) 이현구14)는 주로 최한기 철학의 형성과정에 미친 서양 과학의 영향을 중심으로 기학에 관한 연구를 수행했다. 그러나 이들 연구 모두 최한기 사상의 <새로움>을 드러내는 데 기여했을 뿐 최한기 스스로 자신의 학문의 핵심이라 간주한 사회철학 분야에서 왜 다시 낡은 구호를 외치는 것으로 되돌아오게 되었는지에 대해서는 뚜렷한 문제의식을 가지지 못했다는 점에서 아쉬움을 남기고 있다.

3) 최한기의 사회철학에 주목한 연구들

최한기의 인식론과 과학사상에 대한 연구들이 주로 최한기 사상의 새로움에 중점을 두고 전개되는 반면 최한기의 윤리학과 사회철학을 다룬 연구들은 그러한 새로움을 기반으로 출발한 최한기의 구상이 유교적 규범체계를 강조하는 낡은 구호로 되돌아오는 측면을 다루고 있다. 그러나 새로움과 낡음의 공존의 이유에 대해서 설득력

---

13) 손병욱, 「惠岡 崔漢綺 氣學의 硏究」, 고려대학교 박사학위논문, 1993.
14) 이현구, 「崔漢綺 氣學의 成立과 體系에 關한 硏究」, 성균관대학교 박사학위논문, 1993, 이현구, 「최한기 사상의 인식론적 의의」, 『대동문화연구』, Vol.43, 2003.

있는 해석을 제기해 주는 연구 성과들을 발견하기는 쉽지 않다. 예컨대 신원봉은 <동양의 인도(人道)>와 <서양의 과학>이라는 이질적인 사유구조를 제대로 결합하지 못한 채 과도기적 결합에 머물러 있는 점에서 최한기 철학이 한계를 보인다고 평가하면서도 동시에 이러한 결합을 장점이라고 평가하는 애매한 태도를 취하고 있다.15)

　이러한 양가적인 평가의 양상은 이종란16), 황경숙17), 김병규18) 등 최한기의 사회철학과 관련된 측면을 다루는 대부분의 연구들의 공통된 경향이라고 볼 수 있다. 즉 윤리, 혹은 사회규범의 요청이라는 측면과 과학을 결부시킨 점을 최한기 철학의 특징이라 인정할 수는 있지만 그 결합의 내적 필연성에 대해서는 연구자들 스스로 납득할 만한 해답을 제시할 수 없다고 고백하고 있는 셈이라 평가할 수밖에 없다. 본서는 이러한 이중적, 혹은 모순된 평가가 최한기 철학의 출발점을 제대로 규명하지 못한 데서 비롯된다고 보고자 한다. 즉 최한기 철학의 한계로 지적되는 <윤리와 과학>의 공존이라는 이해의 틀 자체가 최한기를 이해하는 유용한 틀이 될 수 없다고 본다는 것이다. 최한기에 대한 이러한 기존의 평가는 <윤리>와 <과

---

15) 신원봉, 「惠崗의 氣化的 世界觀과 그 倫理的 含義」, 한국정신문화연구원 박사학위논문, 1994.
16) 이종란, 「崔漢綺 倫理思想 研究」, 성균관대학교 박사학위논문, 1997.
17) 황경숙, 「惠岡 崔漢綺의 社會思想 研究」, 성신여자대학교 박사학위논문, 1992, 황경숙, 「혜강 최한기의 사회사상의 구조와 성격」, 『한국학보』, Vol.19, No.1, 1993.
18) 김병규, 「惠岡 崔漢綺의 更張思想 研究」, 한국교원대학교 박사학위논문, 1997, 김병규, 「혜강(惠岡) 최한기(崔漢綺)의 사회사상」, 『동양철학연구』, Vol.18, 1998.

학>이 구별되어야만 한다는 근대의 이분법적 틀을 전제로 한다. 본서는 이러한 이분법적 틀 자체를 버리고 새로운 시각을 모색하는 과정 가운데 최한기가 추구한 사회 철학적 재구성의 노력을 다뤄야 한다고 주장하고자 한다.

4) 최한기에 대한 비판적 연구들

최한기 연구가 본격화됨에 따라 최한기에 대한 기존 연구 성과 및 최한기 사상 자체에 대한 비판적 시각도 제기되었다. 이러한 비판적 시각들은 최한기 철학의 <새로움>과 <낡음> 사이의 문제점들을 본격적으로 부각시킴으로써 일견 모순되어 보이는 측면에 대한 새로운 해답을 찾는 시도로 이끄는 계기를 제공했다. 조동일은 최한기에 관한 당시까지의 연구 성과들이 취한 방법이 오히려 최한기 자신이 주장한 학문 방법론에 역행하는 측면이 있다는 점을 비판적으로 되돌아봤다.[19] 추와 측을 통한 경험적이고 면밀한 연구방법, 즉 어떤 이론적 틀을 미리 전제하지 않은 채 최한기 사상 그 자체에 접근해야 한다는 점을 강조한 비판이라 할 수 있다.

최영진은 최한기 사상체계에서 가지는 이(理)의 의미를 더욱 적극적으로 드러내어야 한다고 역설함으로써 기(氣) 일변도의 최한기 연구흐름에 긴장감 있는 반론을 제기한 바 있다.[20] 최한기는 기 중심

---

19) 조동일, 「최한기의 글쓰기 이론」, 『진단학보』, Vol.81, 1996.
20) 최영진, 「崔漢綺 理氣論에 있어서의 理의 位相」, 『동양철학연구』, Vol.15, 1995.

의 일원론적 사유를 펼치고 있지만 그렇다고 이(理)를 완전히 폐기하지는 않았다. 유행지리(流行之理)와 추측지리(推測之理)는 최한기철학의 중요한 중심축 가운데 하나이다. 즉, 최한기는 이기론이라는 성리학의 이론적 틀로부터 완전히 벗어날 수가 없었다고 간주되며 그에 따라 최한기 사상 자체에 성리학적 요소, 혹은 선험주의적 요소가 제거되지 않았다고 볼 수 있다는 것이 그의 주장이다. 그의 주장은 가설3의 중요한 내용으로 다뤄질 수 있다. 본서는 이렇듯 성리학과의 연관성에 대해 제기될 수 있는 반론들에 대해 재반론을 제시함으로써 최한기 철학에서 엿보이는 <새로움>과 <낡음> 사이의 화해의 의의를 보다 적극적으로 평가하고자 한다.

이에 더하여 최진덕은 최한기 철학체계의 문제점을 자연의 인간화와 인간의 자연화라는 이중성 및 유기체론과 기계론의 이중성 등으로 정리하여 제시함으로써 이후 연구자들에게 심각한 과제를 던져 주었다.[21] 이는 최한기 철학의 이중성, 혹은 모순성에 대한 가장 적극적이고 아픈 비판이라 할 수 있는데 가설2 및 가설3 모두와 연관된다. 그는 최한기의 철학이 성리학과의 단절이라는 측면에서도 이중적 특성을 보이고 있으며 사회철학의 재구성이라는 측면에서도 역시 이중적 질곡을 벗어나지 못한다고 냉정하게 평가하고 있다. 이에 따라 성리학이라는 낡은 것과 과학이라는 새로운 것 사이에서 둘 사이를 이론적으로 분명하게 구분 짓지 못하고 그 둘의 외형적 장점들만을 무비판적으로 엮은 <신크레티즘>에 머물고 만다고 혹

---

21) 최진덕, 「혜강 기학의 이중성에 대한 비판적 성찰」, 권오영 외 저, 『혜강 최한기』, 수원: 청계, 2000, 107-166쪽.

평한다. 본서에서 취하고 있는 가설1의 입장과 어긋나는 이와 같은 비판적 시각들은 최한기 사상의 정합성을 비판적으로 되돌아보는 소중한 기회를 제공하게 될 것이다.

한편 이승환은 최한기 사상이 서구과학뿐만 아니라 도가 계열의 신비주의적인 사상의 영향도 일정하게 받고 있음을 논증함으로써 최한기 사상을 근대성과 연관 지어 탐구하는 연구 경향을 비판한 바도 있다.22) 이러한 주장 또한 가설1의 입장을 취하는 논자가 반성적으로 되돌아보는 계기를 마련해 주고 있다.

5) 그 밖에 주목할 만한 연구들

허남진은 임성주 및 홍대용과의 비교 연구23)를 통해 최한기 철학의 역사적 의의를 드러내는 시도를 했으며 김형찬 또한 임성주와의 비교를 통해 최한기 사상이 동양적 사고와 서양적 사고의 성공적인 결합 모델이 될 수 있음을 드러내는 적극적 시도를 행한 바 있다.24) 조동섭은 최한기의 대표작 가운데 하나인 『인정(人政)』을 교육행정론의 관점에서 분석한 연구 성과를 제출하여 주목된다.25)

---

22) 이승환, 「조선후기 과폐(科弊)와 최한기(崔漢綺)의 측인학(測人學)」, 『한국사상사학』, Vol.16, 2001.
23) 허남진, 「조선후기 기철학 연구」, 서울대학교 박사학위 논문, 1994.
24) 김형찬, 「기(氣) 철학에서의 총체적 통찰과 경험적 인식」, 『철학연구』, Vol.69, 2005.
25) 조동섭, 「崔漢綺의 <人政>의 構造와 人事行政 論理」, 서울대학교, 박사학위논문, 1995.

2000년대 들어서는 다양한 방면에서 더욱 많은 연구 성과들이 쏟아져 나오기 시작했다. 문중량은 박성래의 연구 성과26)를 더욱 발전시켜 매우 정교하게 최한기가 서구 과학 문물을 어떻게 이해하고 있었는지를 논증한 바 있다.27) 안외순은 정치학적인 측면에서 최한기 사상이 가지는 근대성을 드러내는 주목할 만한 연구 성과를 발표했으며28) 임형택은 최한기 사상의 의의를 일정 부분 인정하면서도 현실적 측면에서 아무런 영향력도 가지지 못했던 점을 비판적으로 성찰하는 논문들을 발표하기도 했다.29)

또한 최한기 사상 가운데 그동안 알려지지 않았던 측면을 밝힌 연구들도 제출되었다. 김봉진은 공공성(公共性)에 관한 최한기의 입장을 묻는 정치철학적 연구 결과를 제출한 바 있으며30) 노혜정은 그동안 제대로 알려지지 않았던 최한기의『지구전요(地球典要)』라는 작품을 중심으로 그의 지리사상에 대한 본격적인 연구를 최초로 시도하기도 했다.31) 박희병은 근대성 자체에 대한 성찰적 시각을 바

---

26) 박성래,「한국근세의 서구과학 수용」,『동방학지』, Vol.20, 1978.

27) 문중량,「조선후기 자연지식의 변화패턴」,『대동문화연구』, Vol.38, 2001, 문중량,「최한기의 기론적 서양과학 읽기와 기륜설」,『대동문화연구』, Vol.43, 2003.

28) 안외순,「유가적 군주정과 서구 민주정에 대한 조선 실학자의 인식」,『한국정치학회보』, Vol.35, No.4, 2001, 안외순,「조선에서의 민주주의 수용론의 추이」,『사회과학연구』, Vol.9, 2000

29) 임형택,「개항기 유교지식인의 근대 대응논리」,『대동문화연구』, Vol.38, 2001, 임형택,「정약용의 경학과 최한기의 기학」,『대동문화연구』, Vol.45, 2004

30) 김봉진,「최한기(崔漢綺)의 기학(氣學)에 나타난 공공성」,『정치사상연구』, Vol.12, 2006

탕으로 최한기 사상의 근대성을 집요하게 추적하였으며[32] 김용옥은 『인정』 가운데 「측인문(測人門)」에 대한 분석을 중심으로 최한기 사상의 근대성과 관련되어 제기될 수 있는 문제들을 다루고 그 현대적 의의를 드러내고자 노력했다.[33] 본서는 이러한 개별적 연구 성과들을 비판적으로 종합하여 가설1에서 제기된 재구성의 시도가 어떻게 정당화될 수 있는지를 다루고자 한다. 본서는 이들 연구 성과들 가운데 특히 안외순과 김봉진 및 김용옥의 연구 성과에 힘입은 바가 많다는 점을 알려 둔다.

---

31) 노혜정, 「최한기의 지리사상 연구」, 서울대학교 박사학위논문, 2003
32) 박희병, 『운화와 근대』, 돌베개, 2003
33) 김용옥, 『혜강 최한기와 유교』, 통나무, 2004

Ⅱ.

수양의 주체에서 사회적 소통의 주체로

본 장에서는 성리학에 대한 전면적 비판을 통해 최한기가 새로운 인간학을 창출해 내는 과정을 다룬다. 최한기는 인간행위의 중심을 수양에 둔 성리학적 인간학을 철저히 부정한다. 그에 의하면 인간은 더 이상 내면적 수양이라는 개인적 행위를 통해 이해되는 존재가 아니라 사회적 관계와 행위를 통해 재발견되어야 할 존재로 재규정되어야 한다. 우선 최한기가 부정하는 성리학이 무엇인지 개괄적으로 살펴보고 그에 대한 최한기의 비판을 통해 그가 제시하는 새로운 인간학이 무엇인지를 살펴본다.

1. 성리학(性理學)적 인간론에 대한 비판

본 절에서는 최한기가 성리학과의 결별을 선언한 맥락이 다뤄진다. 청년 시절 최한기는 『신기통(神氣通)』과 『추측록(推測錄)』이란 저서를 통해 종래의 성리학과는 전혀 다른 인간론과 실천론을 구축하고자 했다.[34] 그가 구사한 용어와 문법은 모두 성리학적 전통 속에서는 이해되기 힘든 내용을 담고 있는 것들이었다. 그는 명시적으로 성리학을 반대했지만 성리학과의 대결이라는 적극적 과정을 통해 자신의 체계를 구축해 가지는 않았다. 그가 택한 전략은 오히려 성리학을 뛰어넘는 것, 혹은 무시하는 것이었다. 김용헌은 이렇듯 성리학에 대한 최한기의 전면적 비판을 "내면세계에서 대상세계로의 전환", "경전에서 객관존재로의 전환", "윤리에서 물리로의 전환"이라는 세 가지 틀로 설명한 바 있다.[35]

이에 따라 그의 학문방법은 종래의 경학의 테두리를 훨씬 벗어나 있게 되었다. 정약용처럼 성리학에 정면으로 맞서 치열하게 이론적인 대결을 펼치고자 하지 않았으며 자유롭게 새로운 용어들을 창출하고 기존의 용어들에 새로운 의미를 부여함으로써 내용과 형식 모

---

34) 최한기의 청년기 사상에 대해서는 박홍식, 「청년 최한기의 철학사상」, 『동양철학연구』, Vol.11, 1990 참조. 박홍식은 특히 통(通)에 주목하여 그것을 주통(周通)과 변통(變通)으로 구분하여 논한다. 주통을 보편 지향적인 경험과 인식으로 해석하고 변통을 현실주의적인 적응과 실천이라고 해석한다.

35) 김용헌 「주자학적 학문관의 해체와 실학」, 『혜강 최한기』, 예문서원, 2005, 175－194쪽. 그러나 "윤리에서 물리로의 전환"에서 멈추지 않는다는 것이 논자의 입장이다. 최한기 철학은 강박적 윤리를 주장하는 규범주의를 떠나 물리에서 새로운 가능성을 발견하지만 다시금 윤리로 되돌아오며 그 중심에 규범의 상대성을 용인하는 사회철학이 있다는 것이 본서가 취하는 가설1의 관점이다.

든 면에서 성리학과의 차별을 시도했다. 그는 치밀하지는 않지만 핵심을 찌르는 날카로움으로 아프게 성리학을 질타한다. 성리학이 묘사하는 수동적이고 나약한 인간론을 그는 도저히 받아들일 수 없었다. 성리학에 대한 그의 비판과 조롱은 그의 전 저작을 통해 산발적이지만 매우 냉소적으로 일관되게 행해진다.

1) 이기론(理氣論)과 심성론(心性論)에 대한 비판

성리학과의 단절을 명확히 하기 위해선 먼저 최한기가 이해한 성리학이 어떤 것인지가 드러나야 할 것이다. 여기서는 최한기의 기학과 구별되는 성리학의 핵심적인 내용들을 우선 간략히 정리하고자 한다. 최한기 스스로 성리학과의 이론적 대결을 시도한 바 없었던 만큼 여기서 정리하는 성리학의 내용은 다양한 역사적 맥락과 풍부한 이론적 쟁점들을 반영하지 못한 소략한 것이 될 수밖에 없다. 최한기가 가장 강하게 비판하는 세 가지 측면, 즉 이(理)의 초월성과 내재성, 자연의 소이연(所以然)에 대한 형이상학적 물음 및 심학적인 경향을 보이는 내면의 수양론에 대한 개괄적 내용을 정리함으로써 성리학에 대한 그의 이해를 역추적해 보고자 한다.

① 성리학에서 말하는 이(理)의 초월성과 내재성 및 그 의미의 변천과정

최한기에 의하면 성리학은 초월적(transcendental) 의미를 전제로 하며 동시에 내재적(immanent) 현실을 추구하는 세계관에 기반하고

있다고 해석된다. 이(理)의 초월성과 내재성에 대한 논의는 간단하지가 않다. 그 자체로 수많은 논의가 가능한 대단히 복잡한 주제일 것이다. 그러나 최한기는 이러한 복잡한 맥락에 대한 논의에 참가하고자 하지 않는다. 이러한 태도는 가설3에서 제기하고 있는 비판, 즉 성리학에 대한 최한기의 이해와 비판이 불철저함으로 인해 최한기가 표면적으로는 성리학을 강하게 비판하고 있음에도 불구하고 결과적으로 성리학적 세계관과 뚜렷이 구별되는 특징을 보여 주지 못하고 만다는 비판을 뒷받침해 주는 방증이 될 수 있다. 이 부분은 앞으로 진행되는 논의를 통해 다뤄질 것이다. 우선 초월성과 내재성의 이중적 성격을 드러내 주는 대목을 살펴봄으로써 논의를 진행해 본다.

> 이른바 이(理)와 기(氣)는 완전히 서로 별개의 것이다. 단, 사물의 측면에서 볼 경우 둘은 서로 뒤섞여 있어서 구분 지어 나눌 수 없다.36) 그러나 두 가지가 서로 다른 것이라는 사실은 다치지 않는다. 이(理)의 측면에서 볼 경우, 비록 사물이 아직 있지 않다 하더라도 사물의 이(理)는 있다. 단지 그 이(理)만 있을 뿐이고 그 사물은 아직 있지 않다는 것이다.37)

---

36) 사물의 측면, 즉 현상론적으로 볼 경우 이(理)는 현실로서의 기(氣)에 내재되어 있다.
37) 이(理)의 측면, 즉 이념적 측면에서 이는 사물 이전부터 존재하는 초월적 존재이다. 『晦庵集』, 권46, 「答劉文叔」, "所謂理與氣, 此決是二物. 但在物上看, 則二物渾淪不可分開, 各在一處. 然不害二物之各為一物也. 若在理上看, 則雖未有物而已有物之理. 然亦但有其理而已, 未嘗實有是物也."

위 인용문은 이(理)가 가진 초월과 내재의 이중적 성격을 비교적 분명하게 묘사하고 있는 구절로 간주될 수 있다. 그리고 이러한 성격은 이기(理氣)의 불리부잡(不離不雜)론으로 정식화될 수 있다. 이(理)는 결단코 현실로서의 기(氣)와 서로 뒤섞일 수 없는(不雜) 존재론적 위상을 갖는다는 점에서 초월적이다. 하지만 이(理)는 반드시 기(氣)라는 현실로부터 떨어질 수 없다(不離)는 인간론적 관점에서는 내재적이기도 하다. 그리고 이러한 이의 내재적 측면을 가장 적극적으로 구현한 존재가 바로 인간이라고 간주된다. 인간의 본성(性)에는 이(理)의 순선함이 내재되어 있는데 이러한 측면은 성즉리(性卽理)라는 교설로 정리될 수 있다.[38] 궁극의 이(理)도 순선하고 그것의 내재된 양태의 표현인 성(性) 또한 본질적으로 순선하다고 이해함으로써 성선론은 우주적 차원에서 그 정당성을 보증받는 계기를 마련하게 된다.

형이상학적으로는 초월적이지만 인간학적으로는 내재적인 이(理)라고 하는 이 한 단어가 조선조를 지배한 모든 논쟁의 중심에 있었고 이(理)의 초월성과 내재성에 대한 강조의 차이가 곧 성리학적 입장의 차이로 드러나게 되었다고 볼 수 있다. 그 사이에 다양한 입장의 스펙트럼이 펼쳐지면서 조선조 성리학의 역사를 풍부하게 만들었다.

이(理)의 초월성을 강조하여 도덕적 선의 근원을 초월에서 찾고자 하는 주리론(主理論)적 입장은 이황(李滉)을 비롯한 영남학파가 주로 취했으며 이(理)와 기(氣)가 서로 분리될 수 없다는 내재주의적

---

38) 『주자어류』, 5-6 "性卽理也. 在心喚做性, 在事喚做理."

관점에서 도덕적 선의 현실적 가능성을 기(氣)에서 찾고자 하는 주기론(主氣論)적 입장은 이이(李珥)를 비롯한 기호학파가 주로 취했다.[39]

그러나 조선조 후기에 이르러 초월과 내재에 대한 관점은 극적인 변화를 일으킨다. 주리론적 입장을 이어받은 영남학파는 이(理)의 초월성을 인간의 마음(心) 안으로 끌어들이는 작업을 수행한다. 이(理)는 이제 더 이상 초월적 영역에서 약한 손짓으로 인간을 이끄는 초월적 이념이 아니라 능동적인 원리로 마음(心)에 자리하여 강하게 인간을 이끄는 내재적 규율자로 탈바꿈한다. 이로써 주리론을 이어받은 심학(心學)이 탄생하게 된다. 청나라와 유럽에서 들어오는 외래 사상과 문물에 의해 성리학적 질서가 위협받는 현실을 이념적으로 타개하기 위한 불가피한 전환이라고 볼 수 있다.[40]

---

39) 조선유학을 주기론과 주리론으로 구분하여 설명하는 방식은 일본인 다카하시 도오루(高橋亨)에 의해 시도된 이래 근래에 이르기까지 우리나라 학계의 일반적인 경향이었다. 그러나 1990년대에 이르러 조남호와 손영식 등에 의해 이러한 구분법에 대한 비판이 가해진 이후 현재 학계에선 주리론과 주기론이라는 구분법은 거의 사용되지 않고 있다. 그러나 논자는 다카하시가 도입한 주기론과 주리론의 구분이 여전히 의의가 있다고 생각한다. 이에 대해서는 추후 다른 공간을 통해 논의할 것이다. 주기론과 주리론의 구분법과 그에 대한 비판적 입장은 한국철학사상연구회, 『논쟁으로 보는 한국철학』, 예문서원, 1995, 129~148쪽, 다카하시 도오후, 『조선의 유학』, 조남호 옮김, 소나무, 1999 참조.

40) 이에 반해 정약용은 주리론적 입장을 이어받고 있으면서도 이러한 내재적 전환에 동의하지 않는다. 그는 가톨릭 교리의 영향을 받아 이(理)보다 더욱 초월적인 상제(上帝)를 도입한다. 조선 후기의 내재적 심학은 주리 우파라 규정할 수 있으며 정약용은 주리 좌파라 규정할 수 있을 것이다.

반면 주기론은 마음(心)을 이(理)라고 간주하는 심학의 내재론에 반대하면서 마음을 기(氣)라 간주하고 이(理)를 초월의 영역으로 내몰아 버린다. 성리학적 질서가 위협받는 타락한 현실에 분개하면서도 이(理)가 내재되었다고 믿는 현실이 현실에 대해 아무런 대응도 할 수 없다는 절망에서 비롯한 이론적 변화라 볼 수 있다. 어쩌면 이러한 입장은 절망적인 현실에 대한 책임을 이(理)가 지게 할 수는 없다는 고심에서 나온 이론적 도피였을지도 모른다.[41]

앞으로 전개될 논의와 관련하여 다시 이(理)에 대한 논의로 되돌아오자. 성리학에 의하면 이(理)란 우주의 근원적 질서와 참된 존재의 의미를 밝혀 줄 핵심적 용어로 간주된다. 그러나 최한기는 앞으로 본격적으로 다루겠지만 이(理)의 의미를 성리학적 의미와는 완전히 구별되게 규정짓는다. 이(理)의 의미가 어떻게 변천되어 성리학적 의미의 이(理)로 귀결되게 되었는지 그 과정을 간략히 살펴봄으로써 최한기가 구상한 새로운 이(理)의 이해와 구별되는 특징을 파악할 수 있는 단초를 발견해 보는 기회로 삼고자 한다.

『설문해자(說文解字)』에 의하면 이(理)는 본래 <구슬을 가는 것(治玉)>을 의미했다.[42] 이(理)란 구슬이라는 재료(氣)에 구체적으로

---

41) 조선조 유학을 주기론과 주리론으로 구분지어 설명하는 역사적 관점은 논자가 추후 본격적으로 연구할 주제이다. 최한기의 경우 홍대용과 박지원의 주기 좌파적 경향에서 더욱 나가 주기론과 주리론이 공통적으로 전제하고 있는 성리학적 체계 자체를 부정하는 단계로까지 진입했다고 평가된다.

42) 『韓非子』, 「和氏」, "王乃使玉人理其璞而得寶焉." 등의 용례를 통해 확인할 수 있다.

일정한 모양과 질서를 마련해 주는 행위의 의미로 사용되었다. 혹은 사물의 <결>이나 <무늬>[43] 등 외형적으로 다른 사물과 구별 지을 수 있는 특징 등을 의미했다. 사물들은 이렇게 구분되는 특징 들로 말미암아 사물의 <사물 됨>을 얻게 되는데 그것은 나무의 이(理)처럼 주어지기도 하고 구슬의 이(理)처럼 인간에 의해 만들어 지기도 한다. 이처럼 사물 됨을 얻게 해 주는 이(理)를 통해 우리는 그 사물을 이해할 수 있게 된다. 이(理)는 이처럼 처음엔 하나의 사 물을 다른 사물과 구분 지어 주는 <구체적 특질>을 의미했었다. 그런데 애초에 사물의 구체적 성질을 의미했던 이(理)가 이후에는 이런 구체적 특질이 아닌 보다 <추상적인 것>을 의미하는 용어로 사용되게 된다. 단순히 사물의 외형적 모양, 혹은 구슬을 다듬는 것 만을 의미하는 것이 아니라 사물 자체의 본성[44]이나 원리[45]까지 의 미하게 되었던 것이다.

이러한 추상화 과정은 더욱 간결한 방향으로 진행된다. 결국 이 (理)란 개별적 사물들의 특징 그리고 개별적 사물들의 본성이나 원 리 등의 의미를 넘어서 온갖 사물들의 본질적인 원리, 혹은 모든 행위의 본질적 원칙 등의 의미로까지 추상화되기에 이른다. 애초에 개별적 사물들의 <사물 됨>이라는 구체성을 의미하던 이(理)가 이

---

43) 『史記』, "木理".
44) 『禮記』, 「樂記」, "好惡無節於内, 知誘於外, 不能反躬, 天理滅矣." 이 에 대한 주석에서 정현(鄭玄)은 "이(理)란 본성(性)과 같다"고 해석하 고 있다.
45) 『周易』, 「坤」, "君子黃中通理." 공영달(孔穎達)은 이때 이(理)를 사물의 원리(物理)로 해석한다.

제는 모든 사물들을 존재하게 만드는 최상위에 위치하는 <원리>, 즉 연역적 세계이해의 제일의 전제로서의 지위를 획득하게 된 것이다. 이에 따라 구체적인 사물이나 사태에 대한 이해와 경험을 추구하는 대신 철저히 추상화된 이(理)에 대한 연역적 탐구가 학문의 요체로 자리 잡게 되었다. 주희(朱熹)와 그의 선배들의 평생의 작업은 바로 이러한 이(理)에 대한 해명을 과제로 삼아 진행되었다.

그런데 이(理)의 의미가 이처럼 추상화되는 과정은 성리학자들의 요청이 작용된 결과라 볼 수 있을 것이다. 애초에 보편적 원리라는 의미를 갖고 있지 않았던 이(理)라는 개념이 한당(漢黨) 시대의 유학을 거쳐 송대(宋代)의 성리학에 이르러 보편적 질서의 최상위의 원리라는 의미로 변하게 된 과정엔 태극(太極)이라고 하는 우주의 궁극을 향한 성리학자들의 염원이 반영되어 있다.

주희는『염계전(濂溪傳)』에 나오는 "무극으로부터 태극이 되었다(自無極而爲太極)"는 구절은 "무극이면서 태극(無極而太極)"[46]을 잘못 적은 것이라 지적하였다. 태극은 결코 무극으로부터 나오지 않는다. <극>이란 용마루, 즉 모든 사물의 정점이자 중심이다. 아무런 중심 없이(無極) 궁극적 중심(太極)이 생겨났다는 발상은 오히려 도가적 사유에서나 가능하다. 무극이란 중심 없는 혼돈을 의미하지 않는다. 그것은 다만 우주의 궁극적 정점이자 중심인 태극이 <구체적인 형태를 갖고 있지 않은> 개념, 즉 극단적으로 추상화됨으로써만 가능한 개념임을 알려줄 뿐이다.

---

46) 주희의 <태극론>에 관해서는 한형조,『주희에서 정약용으로』, 세계사, 1997, 2장 1절 참조.

주자(周子)가 이어서 다시 무극(無極)이라고 말한 것은 소리도
없고 냄새도 없는 오묘함을 강조하기(혹은 드러내기) 위해서이다.[47]

태극이란 따라서 구체성에 의해 좌우되거나 구체성에 의해 확보되
지 않는다. 궁극의 원리로서의 태극은 그 자체가 전체로서 존재하며
그에 대한 이해는 연역적 통찰(즉 활연관통豁然貫通)로 가능해진다.

주희는 이러한 우주의 정점이자 중심으로서의 태극에 바로 앞에
서 살펴본 이(理)라는 새로운 이름을 부여했다. <무극>으로 묘사
되는 <태극>이란 용어는 우주적 이치의 광활함과 추상성만을 설
명해 줄 수 있을 뿐 그 존재의 맥락과 복잡한 관계들에 대한 풍부
한 설명으로 이끌지는 못한다. 태극은 이제 이(理)로 대체되며 기
(氣)라고 하는 새로운 개념과 짝을 지어 함께 우주와 인간을 다양하
게 설명하는 길을 트게 된다.

그 과정에 불교의 자극이 있었다. 인간의 현실적 의미를 논하는
것에만 머물지 않고 온 우주의 의미까지 다루는 불교의 광대한 우
주론적 구상은 성리학으로 하여금 그에 대응하는 새로운 이론체계
와 용어들의 개발을 요청하게 되었을 것이다. 이제 태극이라는 우주
의 궁극적 본질을 의미하는 역할은 이(理)라고 하는 새로운 용어가
담당한다.

태극 대신 이(理)라는 용어를 사용하게 된 데에는 몇 가지 이유
가 있을 것이다. 첫째, 현실의 맥락을 설명하는 기(氣)라는 용어와

---

47) 『朱子語類』, 권94, "周子因之而又謂之無極者, 所以大(一作著夫)無聲無
臭之妙也."

짝을 지어 우주의 모든 현상들을 일관되게 설명하기가 편리하다. 둘째, 애초에 궁극적 원리라는 의미만을 지니는 태극이라는 용어와는 달리 이(理)는 본래 개별적 사물들의 특징을 의미하기도 했으므로 이(理)라는 용어가 지닌 역사적 맥락을 고려할 경우 이(理)라는 용어를 사용함으로써 보다 풍부한 논의로 나아갈 수 있다고 여겼을 수 있다. 이(理)의 초월성과 내재성이라는 이중적 특징 또한 이(理)라는 용어가 지니는 이러한 역사적 맥락과 관련이 있을지도 모른다.

태극이라는 개념만 사용했다면 성리학은 완전한 초월의 형이상학에만 그쳤을지도 모른다. 그러나 역사적 맥락에서 구체성과 추상성 등 다양한 의미를 나타내는 용어로 사용되었던 이(理)를 사용함으로써 성리학은 그 초월성과 내재성의 이중적 특징을 동시에 드러내는 역할을 기대하고 있었을 것이라고 볼 수 있다.

② 최한기: 이(理)의 초월성을 부정함으로써 그 내재성 또한 부정

최한기는 이(理)의 초월성과 내재성의 이중적 특징을 부정한다. 정교한 이론적 대결 대신 그가 택한 방법은 과격한 부정과 외면이었다. 물론 그렇다고 해서 그가 이(理)라는 개념을 전면적으로 폐기해 버린 것은 아니다. 그는 오히려 이(理)의 의미를 재해석함으로써 이(理)에게 제자리를 찾아 주고자 했다고 평가하는 게 더 옳을 것이다.

우선 그가 성리학에서 말하는 초월적 이(理)를 인정하지 않는 맥락을 살펴보자. 그에게 있어 이(理)의 초월적 의미는 확인되지 않는 신념으로 간주된다. 정밀하고 논리적인 과정을 거쳐 종래의 개념을

부정하는 방식을 취하지 않는다. 그의 대답은 너무나 단순하고 확신에 차 있다. <도대체 그것을 어떻게 확인할 수 있단 말이냐?> 확인되지 않는 신념에 대한 최한기의 공격은 집요하고 일관되다.

그는 이론적 쟁점을 더듬지 않고 곧바로 현실을 이야기한다. 우주를 휘감고 있는 궁극적 선(善)으로서의 이(理)가 있다면 도대체 작금의 사회적 악과 무능은 어떻게 설명해야 한단 말인가? 최한기는 당시 사회의 부조리를 구체적으로 지적하지는 않지만 그 폐해의 근원이 성리학에 있다는 점을 강조함으로써 성리학 이론이 갖는 비현실성을 지적하는 방법을 통해 성리학 이론 자체까지를 전면적으로 부정하는 입장을 취한다. 그러나 이러한 방법은 두 가지 측면에서 문제를 유발한다.

첫째, 한 사회의 부정적인 현실에 대한 책임을 그 사회가 근거하고 있는 이론적 구상에서 구하는 것은 이론과 현실 사이의 맥락에 대한 정밀한 탐구-최한기의 용어로 말하면 곧 추측(推測)-를 전제로 할 때 설득력을 갖게 된다. 그러나 최한기는 현실의 책임을 곧바로 이론에게 덧씌운다. 현실과 이론 사이의 복잡한 맥락을 너무 단순화함으로써 최한기는 스스로의 주장을 단순한 구호에 그치는 것으로 보이게끔 만들고 있다는 비판에 직면하게 된다.

둘째, 이러한 방법은 최한기 사상의 정체성 자체에도 영향을 줄 수 있다. 이론적 대결을 통해 성리학과 구별되는 점을 명백히 하지 않음으로써 스스로의 구상이 얼마만큼 기존의 성리학적 세계관에 얽매여 있고 또 얼마만큼 벗어나 있는지가 분명하게 정리되지 않을 수 있다. 이러한 측면은 가설3에서 제기된 비판과 연결된다. 이 부분은 앞으로 최한기 철학의 내용을 면밀히 살펴봄으로써 그 적실성이 판별될 것이라 기대해 본다.

이러한 문제점을 염두에 두고 좀 더 최한기가 가하는 비판의 맥락을 따라가 보자. 최한기는 이(理)의 이념을 벗어던지게 됨에 따라 이의 내재성도 인정하지 않게 된다. 인간에게는 애초부터 하늘이 내려 준 선한 본성이란 없다고 간주된다. 하늘은 애초에 아무런 의도도 갖지 않고 있다고 보기 때문이다.[48]

성리학적 인성론은 인간의 본질에 대한 근원적 탐구이며 그 근원을 경험 이전에 이미 영원부터 완료되어 있는 원리(理)에서 찾는 존재론적 탐구이다. 따라서 하늘이 내려 준 본성의 근원, 즉 그 소이연(所以然)에 대한 탐구와 그것이 인간의 본성으로 어떻게 구현되어 있는지를 발견하는 것을 핵심으로 한다. 인간에게 내재되어 있는 선(善)의 근원을 따지기 위해선 반드시 이(理)의 초월적이고 근원적인 원리부터 파악해야 했기 때문이다. 그러나 최한기는 소이연에 대한 탐구를 부정한다. 그는 반문한다.

> 여기에서 지나쳐 천지와 인물의 소이연(所以然)의 이(理)를 끝까지 궁구해 들어가 허무하여 온갖 알 수 없는 것들에까지 이르고자 하게 되면, 결국 혀가 닳도록 도를 말할 수 있다 하더라도 누구에게 그걸 믿게 할 수 있겠는가?[49]

---

48) 이 부분에서 전통적으로 인정되어 온 유교의 성선설적 관점이 부정된다고 볼 수 있다. 이 부분은 성(性)과 관련된 내용을 통해 자세히 살펴보겠다.

49) 『신기통』, 序, "欲過於此而究竟天地人物, 所以然之理, 涉於虛無而多不

최한기는 <온갖 알 수 없는 것>, 즉 경험을 통해 확인할 수 없는 것들에 대해서는 괄호를 치고 겸허하게 판단을 보류해야 한다는 그의 기본적 입장을 일관되게 관철시키고자 한다. 최한기에게 있어 소이연은 관심의 대상이 아니다. 최한기는 자연이 돌아가는 그 메커니즘의 <내용>만을 알고자 했을 뿐이다. 그에게 있어 소이연은 그 진실성을 입증하는 것 자체가 불가능한 주제였기 때문이다. 그것은 실익이 없는 논쟁을 위한 논쟁을 낳을 뿐이라고 그는 보았다.

③ 극단적 내재론으로서의 심학(心學)에 대한 비판

현실의 맥락과 연관 지어 최한기가 특히 비판하는 것은 바로 심학(心學)이다. 그는 성리학 가운데서도 특히 인간의 내재적 본질에 대한 믿음을 바탕으로 수양에 정진할 것을 강조하는 학문 경향을 심학이라 규정하면서 강하게 비판한다. 그는 기본적으로 성리학과 심학이라는 용어를 거의 같은 의미로 사용한다. 하지만 그 내용을 보면 그의 비판대상에 양명학까지 포함되어 있다고 볼 수 있다. 그는 심학이라는 용어에 내포된 양명학적 의미와 성리학적 측면의 구별 등에는 전혀 관심이 없다. 그에겐 내면의 학문 전체가 모두 심학이라고 간주될 뿐이다. 따라서 최한기를 일컬어 양명학에 물들었다고 비난한 청년 전우(田愚)의 일갈은 오해에서 비롯된 해프닝에 지나지 않는다고 간주될 수 있다.[50]

可知, 縱能說道而舌敝, 孰使之信也."
50) 최한기에 대한 전우의 비판을 근거로 권오영은 실제로 최한기가 이토

오로지 심학(心學)에만 매달리는 사람들은 인간의 신체기관(諸竅)과 감각기관(諸觸)을 비루하고 지엽적인 것으로 간주하면서 본성과 숙명(性命)의 이(理)를 게걸스레 탐구(貪究)한다. (마음을) 맑고 깨끗하게 하여 진실을 지키는(淸淨守眞) 사람들은 보고 듣는 행위를 정기(精)의 소모라고 간주하여 기꺼이 귀머거리나 소경의 짓을 한다.51)

심학은 인간의 신체를 경시한다. 보이지 않는 마음에만 집착하기 때문에 우리 눈에 명백히 보이는 신체기관들과 우리의 감각 등을 경시할 수밖에 없다. 심학은 이(理)의 이념이 인간에게 내재되어 있다고 주장하는 강한 내재의 철학이다. 심학자들은 이(理)의 이념이 인간의 본성(性)에 내재되어 있다는 소극적 명제에서 이(理)의 이념이 인간 행위의 주체인 마음에 내재되어 있다는 적극적인 명제로 전환시킨다. 그들에 의하면 우리의 마음은 본래적으로 악의 가능성을 가진 기(氣)가 아니라 그 자체로 순선(純善)한 이(理)가 내재된 것이다. 더욱더 마음을 신뢰하고 더욱 적극적으로 인간 자신을 믿어야 한다고 그들은 강조한다.

오 진사이의 학설을 인정하고 당시의 양명학자들과 학문적 교류가 있었을 것이라 추정하고 있다. 권오영, 『최한기의 학문과 사상 연구』, 집문당, 1999, 78 - 79쪽. 그러나 최한기 사상의 내용으로 보아 양명학과 연결 짓는 것은 무리가 있어 보인다. 특히나 양명학이 성리학보다 더욱 강한 심학적 경향을 보인다는 점을 고려할 때 최한기와 양명학 사이의 연관성을 부각시킬 경우 그 학문적 실익은 크지 않을 것이라고 판단된다.

51) 『신기통』, 序, "專攻心學之人, 以諸竅諸觸爲卑屑, 而貪究性命之理, 淸淨守眞之人, 以視聽爲耗精, 而甘作聾瞽之事."

그러나 최한기는 이러한 심학의 인간론이 결국은 소경이나 귀머거리 짓을 낳을 뿐이라고 조롱한다. 적극적으로 이(理)를 마음에 내재시키면 내재시킬수록 오히려 더더욱 인간은 마음에 내재된 이(理)의 이념만을 찾아 안으로 움츠러들게 될 뿐 현실 밖으로 향하는 어떠한 능동적인 행위도 하지 않게 될 것이라 보기 때문이다. 심학에 있어 인간의 신체란 한갓 기(氣)의 덩어리로서 이념이 내재된 마음의 순선함을 방해하고 은폐하는 골칫덩이로 간주될 뿐이다. 허나 실상은 정반대였다. 최한기가 활동하던 19세기 중 후반 조선의 참담한 현실은 바로 이러한 심학의 무책임한 이론이 낳은 결과였다고 그는 진단한다.

성리학의 투철한 도덕주의로 말미암아 건전한 나라의 기틀이 갖추어지던 조선조 초중기의 생동감은 후기에 이르러 찾아보기 힘든 지경에 처하고 만다. 조광조와 그의 뒤를 이은 수많은 사림과 학자들은 학문적 열정과 현실의 맥락 사이에서 발생하는 괴리를 극복하고자 부단한 노력을 기울여 학문과 현실 양 방면에서 모두 크나큰 변화를 이끌어 내는 능동적 활동을 펼쳐 왔다. 수차례에 걸친 사화는 사림들을 겨냥했지만 오히려 사림들은 이러한 핍박과 몰이해를 통해 자신들의 사상적 기틀을 마련하고 현실과 호흡할 수 있었다.

사림들이 정권을 장악한 이후 이러한 능동적 흐름은 더욱 활성화되었다. 그러나 사림들 내부에서 서서히 당쟁과 편 가르기의 흐름이 발생하면서부터 생동감이 사라지기 시작한다. 물론 당쟁에 대한 평가는 다양할 수 있다. 당쟁의 근대적 성격과 그 긍정적인 측면 등은 면밀하게 탐구되어야 할 사회정치학적 과제일 것이다. 그러나 최소한 최한기가 살던 당시의 조선 사회는 당쟁의 긍정적 역할을 발견하기 힘든 상황이었다고 평가할 수 있을 것이다. 숙종(肅宗)조에 절정에 달했던 당쟁의 양상이 영조와 정조를 거치면서 재정비되고 건전한 유교문화가 부흥을 맞이할 계기를 마련하게 되었다는 평가 또한 우세하지만 이는 국가적 차원의 거시적 시스템에 의한 것이 아니라 영조와 정조라는 뛰어난 군주에 의한 한시적이고 국지적인 현상이었다고 평가하는 것이 더 옳을지도 모른다.

실제로 정조의 사후 이러한 노력은 결실을 맺지 못하고 사회는 급격하게 균형을 잃어가고 만다. 순조는 명목상의 왕에 지나지 않았으며 그나마 균형추 역할을 했던 정순왕후가 죽은 1805년 이후엔 권력이 세도가들에게 송두리째 넘어가고 말았다. 1811년에는 홍경래의 난이 발생했으며 1862년에는 진주와 개령에서 농민 봉기가 발생했고 그사이 농민들에 의해 크고 작은 수많은 봉기들이 일어났다. 최한기는 바로 이러한 암울한 시기를 살았던 인물이다. 현실 정치인들 사이에서 이러한 국가적 위기 상태에 책임을 지면서 국가를 변혁하고자 하는 노력을 기울였다는 움직임은 쉽게 발견되지 않는다. 비판적 지식인들은 산림처사(山林處士)라는 찬양에 만족하며 오로지 학문 속에서만 진리를 발견하고자 했다.

현실 속에 안주하는 위정자들과 무책임한 처사들 모두 최한기에 겐 분노의 대상이었다. 선한 이념이 인간의 마음속에 내재되었다고 주장하는데 왜 현실 정치인들에게선 그러한 선한 정치적 가능성이 발견되지 않는지, 왜 비판적 안목을 지닌 처사들은 저마다 칩거하며 학문에만 매달려야 했는지 최한기로서는 도무지 이해할 수 없었다.

하늘이 인간에게 선한 본성을 보장해 주었다고 성리학자들은 주장하지만 현실은 그들의 주장과는 달리 너무나 부정적인 모습들뿐이었다. 비현실적인 내재론에 근거한 심학자들은 결국 홀로 궁벽한 곳에서 내재의 근거로서의 초월만을 되뇔 뿐이었다. "은미한 것에 대한 탐색과 괴이한 행동은 이것(심학) 때문에 일어난다."[52]고 그는 결론지을 수밖에 없었다.

이처럼 최한기는 단호하게 성리학, 특히 그 가운데 주관주의적인 심학에 대해 비판을 가하고 있다. 그러나 그의 이러한 비판을 통해 그의 철학이 곧바로 성리학과의 단절을 완성하고 있다고 규정지을 수는 없다. 앞에서 지적한 것처럼 이론 자체와의 대결이 아닌 현실에 대한 좌절을 통해 이론을 부정하는 방식을 취했기 때문에 그의 성리학과의 단절 선언은 재검토될 여지가 있는 것이다. 가설2와 가설3에서 제기된 반론은 가설1의 긍정적 측면을 끊임없이 의심함으로써 좀 더 정밀한 답변을 요구하는 역할을 한다. 아래에서 최한기의 단절 선언이 실질적 내용을 갖고 있는 것인지 살펴보자.

2) 격물궁리(格物窮理)에 대한 새로운 이해

① 궁리(窮理)의 일원론 비판

성리학과의 단절을 선언한 최한기가 실제로 내용적인 측면에서도 그러한 단절적인 모습을 보이고 있는지를 살펴보기 위해 성리학의

---

52) 『신기통』, 序, "索隱行怪, 由此而興."

인간론에서 핵심적인 역할을 하고 있는 격물(格物)과 궁리(窮理)에 대해 그가 어떤 입장을 취하고 있었는지 살펴볼 필요가 있다. 성리학에서는 이(理)라는 개념의 위계를 인정치 않는다. 이(理)는 하나며 영원하고 본질적이다. 이(理)는 초월성과 내재성의 이중적 특성을 동시에 갖고 있는 것으로 규정될 뿐 그 자체는 존재론적으로 단일한 것으로 이해된다. 그러나 앞서 잠시 살펴본 것처럼 최한기는 이(理)의 위계를 인정한다.

여기서는 하나이면서 영원한 우주의 본질로서의 이(理)에 대한 탐구를 의미하는 성리학적 궁리(窮理)의 이론을 최한기가 어떻게 논박하고 그에 대한 대안은 무엇인지를 살펴보고자 한다. 이에 다가가기 위해 우선 사단(四端)과 칠정(七情)의 인간론부터 살펴볼 필요가 있다.

사단과 칠정의 관계는 조선조 초기부터 중요한 성리학적 논점으로 부각되었다. 인간은 이념적 측면에선 선하다고 간주된다. 그리고 그러한 선한 이념은 인간에게 내재되어 사단이란 이름으로 구체화된다. 그러나 인간은 언제나 현실 속에서 살 수밖에 없다. 현실엔 늘 악이 개입한다. 이념적 선이 현실에서 어떻게 악으로 변질되는지에 대한 고민은 성리학적 구상이 해결해야 할 핵심적인 문제였다. 여기에서 이념의 구체화로서의 <사단>과 악의 가능성으로서의 <칠정>에 대한 치열한 논쟁이 촉발된다.

그러나 최한기에겐 이러한 고민 자체가 출발점을 잘못 잡고 있는 헛된 고민이라고 간주된다. 인간에게는 본질적으로 내재된 선한 본성(性)이라는 것이 없고 다만 생명을 영위하는 능력과 행위의 가능성만이 주어져 있다고 보기 때문이다. 최한기에 있어 진리는 선험적으로 주어진 본성(性), 혹은 이(理)가 내재된 마음(心)에서 발견되는 것이 아니라 인간이 주체적으로 활동하고 체험하는 가운데 현실적 맥락에서 발견되는 자연적 질서이다. 따라서 <격물(格物)>, 즉 <사물이나 사태에 다가가거나 그것들을 직접 대면하는> 과정은 성리학에서 주장하는 것처럼 내면의 의미를 발견하는 수양, 혹은 독서와 연관되는 활동이 아니라 자기 이외의 사물의 질서를 탐구하는 경험의 과정으로 이해될 수밖에 없다. 이러한 측면은 앞으로 다루게 될 최한기 사상의 핵심과 연관된다.

만물의 소이연으로서의 이(理)가 아닌 만물의 질서 그 자체(氣)가 탐구의 대상이 된다. "강함과 부드러움, 정밀함과 거침은 (다양한) 종류의 기에 따라 분별되고, 춘하추동은 순환하는 기에 따라 운화(運化)한다. 그 각각의 소이연을 반드시 궁구할 필요는 없다. 다만 마땅히 그 경험을 좇아 적용해야 하는데 이것이 바로 격물학이다."[53] 격물은 '기(氣)에 대한 탐구'이지 '이(理)를 탐구' 하는 것이 아니다. 궁리(窮理), 즉 이(理)를 궁구하는 것은 방향을 잃은 헛된 학문방법이다. 그 이유에 대해 최한기는 아래와 같이 설명한다.

② 단지 이(理)에게 제자리를 찾아 주자는 것

단지 궁리(窮理)라고만 말하면 추측의 이(推測之理)와 유행의 이(流行之理) 사이에 구분이 없어지게 되어 궁구하더라도 근거(湊

---

53) 『기학』, 1－12, "剛柔精麁, 分別於種類之氣, 春夏秋冬, 運化於循環之氣. 不必究其各殊之所以然, 但當從其經驗而要適用, 是乃格物學也."

泊)하거나 비교할 틈이 없게 된다. 탐구하고 판단함(推測)을 드러
내 밝히면, 탐구하는(推) 과정에서 추측과 유행을 구분하게 되고,
판단하는(測) 과정에서 권선징악과 옳고 그름을 증험하게 된다. 궁
리의 학문이란 일정한 본원(本元, 즉 형이상학적인 근원)을 가지
고 나의 앎 가운데 미진한 부분을 궁구하는 것이고, 추측의 학문
은 발견해 낼 수 있는 조리를 가지고 취할 것과 버릴 것에 관한
활법(活法)을 징험하는 것이다."54)

여기서 추측의 이(推測之理)란 인간의 능동적 행위의 원리를 말하
며 유행의 이(流行之理)란 우주적 차원의 운행의 원리를 말한다. 이
(理)를 두 가지 층위로 구분함으로써 성리학에서 말하는 궁극적 이념
으로서의 이(理)가 가지는 형이상학적 전일성에서 벗어나고자 한다.

최한기에 있어 이(理)란 불변의 원리만을 의미하지 않는다. 각 존
재의 층위에서 확보하는 행위의 원리인 추측의 이와 우주 전체의
질서 있는 운행의 원리로서의 유행의 이는 일차적으로 구분된다. 인
간의 차원에서 영위되는 행위의 원리, 즉 추측지리는 불완전할 수밖
에 없다. 순선한 이(理)의 내재성을 부인함에 따라 인간은 인간만의
자율적 행위의 원리를 갖게 된다. 추측의 이는 이러한 인간 행위의
불완전성과 미완전성을 의미한다.

반면 유행의 이(流行之理)란 우주가 그 자체의 운행의 질서를 가
지고 있음을 의미한다. 그것은 인간의 힘이 미치지 않는 자연의 질

---

54) 『추측록』, 권6, 추물측사, 窮理不如推測, "惟言窮理, 則理無分於推測流
行, 窮無際於湊泊比擬. 發明推測, 則推有分於推測流行, 測有驗于勸懲可
否. 窮理之學, 有一定之本元, 而究吾知之未盡, 推測之學, 有條理之可尋,
而驗取捨之活法."

서이며 그 자체로 완성되어 있어 끊임없이 운행해 나가는 역동적 과정을 의미한다. 그는 기(氣)의 현상만을 인정하고 기(氣)의 역동적 작용의 원리로서의 이(理)를 부정한 것이 아니다. 단지 이(理)라는 것이 기(氣)에 대한 경험적 탐구를 거쳐야만 확인될 수 있는 실질적인 원리라는 점을 강조했을 뿐이다. 그가 의도했던 것은 이(理)의 부정이 아니라 이(理)에게 제자리를 찾아 주는 것이었다.[55]

성리학에서 말하는 궁리(窮理)란 인간 행위의 불완전한 원리로서의 이(理)와 대자연의 완전한 운행의 원리로서의 이(理) 사이의 구별을 인정치 않는다. 따라서 인간이 창출해 낸 인간 행위의 불완전한 원리로서의 이(理)를 마치 우주적 차원의 보편적 원리로서의 이(理)인 양 착각하게 될 위험이 높다. 최한기는 이러한 측면을 우주가 어떤 질서를 가지고 운행되고 있는지에 대한 과학적 탐구가 전혀 수행되지 않기 때문에 발생하는 착각이라고 진단한다.

실제로 수많은 심학자들은 저마다 자신들의 극히 주관적인 이론들을 우주적 차원의 일관되고 보편적인 진리라 믿는 과감한 형이상학적 주장들을 내세웠다. 그리고 이에 따라 우주를 제대로 모르면서 허황되게 우주의 원리라 착각하여 꾸며 낸 이론적 틀을 다시 인간의 삶의 원리에 이입시키는 무리를 감행하게 되었다. 궁리를 비판함

---

55) 이에 대해 최영진은 "최한기가 부정한 것은 이 자체가 아니라, 이른바 <主理>적인 방법론, 그리고 그 방법론에 의하여 얻어진 <虛理>이며, 이것은 그의 철저한 경험주의에 기초하고 있는 것"이라고 강조함으로써 자칫 최한기의 기학이 이(理)의 의의를 완전히 부정하는 극단적 기일원론으로 간주될 위험을 경고하고 있다. 최영진, 「崔漢綺 理氣論에 있어서의 理의 位相」, 『동양철학연구』, Vol.15, 1995, 52쪽.

으로써 최한기는 심학자들로 하여금 오만한 보편주의를 벗어나 인간 행위의 불완전성을 자각하라는 겸손을 주문하고 있는 셈이다.

③ 격물이란 추측(推測), 즉 기(氣)를 탐구하는 것

그에게 있어 진정한 의미의 격물이란 추(推)와 측(測), 즉 탐구와 판단이다.56) "『대학(大學)』에서 말하는 격물치지(格物致知)와 혈구(絜矩)란 추와 측을 함께 말한 것이니, 그 뜻이 한가지임을 알 수 있다."57) 진정한 의미의 격물이란 주어진 현실의 문제와 맥락을 발견하는 행위만을 일컬을 뿐 성리학에서 주장하는 것처럼 그 근원으로서의 이(理)를 탐구하는 의미로까지 나아가서는 안 된다. 나아가 격물을 본질과 소이연에 대한 탐구로 오해하면서 궁리에만 집착하는 성리학은 결국 인간과 현실에 대한 이해뿐만 아니라 우주의 원리 그 자체에 대한 이해에도 도달하지 못하게 된다고 그는 진단한다.

> 대개 격물궁리(格物窮理)를 학문으로 간주하는 사람은 도구와 숫자(器數)를 자질구레한 것이라고 여겨 연구하려고 하지 않으며 아울러 추측(推測)하는 도구들(儀器)까지 소홀하게 여긴다. 이미 형이하(形而下)의 도구(器)를 잃었으니 어찌 형이상(形而上)의 이(理)에 부족함이 없을 수 있겠는가?58)

---

56) 추와 측은 다음 장에서 본격적으로 다룬다.
57) 『추측록』, 권1, 추측제강, 聖學及文字推測, "大學之格物致知絜矩, 幷言推測也, 可見其義之一揆也."
58) 『추측록』, 권6, 추물측사, 無形儀器, "夫以格物窮理爲學者, 以器數爲瑣

순선한 이념이 인간에게 내재되어 있다는 믿음에서 출발하는 성리학이 결과적으로는 인간에 대한 이해와 이념에 대한 이해 모든 측면에서 실패를 맛볼 수밖에 없음을 그는 지적한다. 이제 인간에게 내재된 이념성을 걷어 내야 한다. 이념의 내재성에 의존하지 않고도 얼마든지 건전한 인간론이 가능하다고 그는 보았다. 그의 신기(神氣)의 인간론은 이념에 의존하지 않으면서 얼마나 적실하게 인간을 이해할 수 있는지에 대한 조선조 최초의 본격적 시도라 볼 수 있다.

아, 태호(太昊, 즉 복희)로부터 우러러 하늘을 보고 굽어 땅을 살폈으며, 가까이 자기 몸에서 취하고 멀리 사물에서 구하였기에 우주(宇宙)에 정통하게 되었는데 (이것이 바로) 추측(推測)의 첫째 원칙이다. 『대학(大學)』의 격물(格物)과 혈구(絜矩)의 내용 역시 만세를 위해 베풀어 준 가르침이다. 따라서 반드시 이 추측의 기본원리를 옛 현인(前修)에 견주고, 당시에 참조하며, 일상생활에서 증험하고, 사물의 법칙에 비겨 고찰함으로써 후학(後學)들에게 문을 활짝 열어 주면 나중에 이러한 것들(즉 현인, 당시, 일상생활, 사물의 법칙)을 연구하는 사람들은 응당 그 수고를 덜게 될 것이다. 하지만 사물의 원리(物理, 즉 유행지리)에 순응하여 그 궤적을 따르는 사람은 적고, 언제나 자신의 견해를 토대로 허위의 그림자를 참된 형체라고, 명목뿐인 형상을 참된 자취라고 멋대로 지어내는 사람들은 많다. (결국) 기껏 얻은 것이라 해도 그 잃은 것을 보상하지 못하고 말며, 말이 고원(高遠)해질수록 도(道)는 오히려 더욱 비루해져서 아무리 말싸움을 벌인다 해도 뚜렷한 결론에 도달할 수가 없게 된다. 이래 가지고야 어찌 (그들이 주장하는 것처

屑, 不肯究解, 并與推測之儀器而忽略. 旣失於形下之器, 則尙無闕於形上之理乎."

림) 그 근본으로 돌아가 도를 세우겠는가?59)

격물은 이제 더 이상 궁리(窮理), 즉 존재의 근원에 대한 탐구로 나아가는 형이상학적 작업으로 간주되어서는 안 된다. 관건은 현실이다. 격물의 대상은 이(理)가 아니라 기(氣)여야 한다. 동아시아 문명의 창시자인 복희가 실천했던 것도, 『대학』의 기자가 베풀어 준 가르침도 모두 현실과 기(氣)에 대해 더욱 절실한 이해를 도모하라는 것이었다. 지나간 현인들이라면 어떻게 생각했을지, 맞선 당대의 맥락에는 어떻게 적용해야 할지, 하루하루의 현실 속에서 어떻게 적용해 나가고 사물의 법칙에는 또 어떻게 적용해야 할지를 고민하고 탐구하는 것이 바로 추측의 활동인 것이다. 그리고 이러한 추측은 당대로 그치는 것이 아니라 우리의 후대로까지 면면히 이어져 나감으로써 끊임없는 발전과 변화 속에 있는 과정임을 잊지 말아야 한다. 쓸데없는 논쟁과 고매한 이상은 우리가 처한 터를 오히려 망각하게 만들고 만다고 그는 경고한다.

---

59) 『추측록』, 권1, 推測錄序, "粵自太昊, 仰觀天, 俯察地, 近取身, 遠取物, 卽洞宙達宇, 推測之宗詮也. 至於大學之格物也絜矩也, 亦爲萬世之施敎. 而必稽之于前修, 參之于當時, 驗之於日用, 考之於物則, 以開來學之門路, 後之究諸斯者, 應揖其勞. 而鮮能順物理而循軌, 常多將己見而排撰, 以虛影爲眞形, 以名像爲實蹟. 得不足以償其失, 言愈高而道愈卑, 斷斷辯爭, 靡定攸屆. 將何以返其本而立其道哉."

2. 소통하는 주체로서의 신기(神氣)

우주의 순선한 이념인 이(理)가 인간에게 내재되어 있다고 믿는 성리학의 확고한 신념으로부터 탈피함으로써 최한기는 이제 이(理)가 아닌 새로운 개념과 사유방식들을 통하여 인간과 우주를 설명할 수밖에 없게 됐다. 이때 그가 새롭게 의미를 부여한 용어는 바로 기(氣)이다. 그가 말하는 기는 성리학에서 말하는 기와는 완전히 다른 맥락을 갖는다. 성리학에선 기(氣)가 우주를 구성하는 요소라는 점을 인정하면서도 도덕적 악의 가능성이라는 측면에선 기가 선(善)의 이념이 실현되는 것을 방해하는 부정적 존재라고 묘사한다. 그러나 최한기는 이(理)의 이념성을 부정하면서 오로지 기(氣)의 현실만을 인정하고 긍정한다.60)

그렇다고 해서 기(氣)의 현실을 전면적으로 긍정하는 도가(道家)적 사유패턴으로 나아가지는 않는다. 우주적 차원의 기와 인간적 차원의 기의 상대적 층위와 질(質)적 차이를 인정한다. 또한 그는 기의 성격과 특질을 설명하는 음양오행(陰陽五行)론이라는 동아시아의 전통적인 이론까지 과감히 버린다. 이(理)의 이념을 벗어던지고 음양오행론에 의지하지도 않은 채 오로지 기(氣) 하나로만 인간과 자연, 도덕과 사회적 질서까지 모두 설명해 내야 하는 힘겨운 책무를

---

60) 최한기 기학의 연원을 역사적인 관점에서 탐구한 저작으로는 금장태 「기철학의 전통과 최한기의 철학적 특성」, 『혜강 최한기』, 예문서원, 2005, 197-228쪽, 허남진, 「조선후기 기철학 연구」, 서울대학교 박사학위논문 등이 있다.

스스로 떠안게 된 것이다. 본 절에서는 성리학의 성정론(性情論)이 어떻게 최한기에 의해 재해석되는지를 다룸으로써 그의 인간학의 주제인 신기(神氣)의 의미를 더듬어 본다.

1) 신기(神氣)의 적극적 인간론

본 절에서는 성리학과의 단절을 선언함으로써 초월과 내재의 이중적 연결망을 상실한 인간에게서 새롭게 발견되는 의의가 무엇인지를 다룬다. 최한기는 이러한 이중적 연결망이라는 오해가 이(理)에 대한 잘못된 이해에서 비롯되었다고 진단한다.

① 성리학에서 말하는 이(理)와 기(氣)

앞서 살펴본 것처럼 성리학의 중심에는 이(理)라는 이념이 있다. 이때 이(理)란 단순히 <원리(principle)>로만 번역될 수는 없다. 그것은 전 우주를 통관하는 원리이면서 또한 우주의 <의미(meaning)>이며 모든 존재자들이 따라야 할 <표준(standard)> 혹은 <규범(canon)>, 나아가 <명령(order)>으로까지 이해되어야 한다.61) 이때 이(理)의 명령은 순선무악(純善無惡)한 도덕적 명령이다. 이처럼 성리학은 인간을 포함한 전 우주를 도덕적 질서와 그 의미가 지배하

---

61) 한형조, 「혜강의 기학: 선험에서 경험으로」, 『혜강 최한기』, 수원: 청계, 2000, 174-175쪽.

는 세계로 파악한다. 세계 전체를 도덕적 차원에서 바라보며 그러한 도덕적 세계를 지배하는 영원불변의 도덕적 원칙(理)이 존재하고 있다고 믿는다는 점에서 성리학은 도덕형이상학이라고 규정된다.

이 같은 맥락에 따라 성리학은 기(氣) 또한 도덕적 차원에서 해석한다. 기는 세계를 구성하고 있는 물질적 재료이면서 또한 동시에 도덕적 존재이기도 하다. 성리학자들이 관심을 가졌던 기란 존재를 구성하는 물질의 의미를 넘어선 도덕적 판단의 대상으로서의 기(氣)였다. 순선무악한 이(理)의 명령은 기(氣)의 도덕적 수준에 따라 인간 세상에 제대로 드러나기도 하고 또 은폐되기도 한다. 맑고 순수한 기는 이(理)의 의미를 잘 드러내 주는 반면 탁하고 거친 기는 이(理)의 의미를 은폐하고 악으로 흐르게 한다. 악은 이처럼 기(氣)의 속성에서 유래한다고 보았다.

② 기(氣): 탈도덕적인 것

그러나 최한기는 이와는 완전히 다르게 보았다. 우주는 이(理)의 명령을 받는 존재가 아니다. 우주는 기(氣)로 이루어져 있으며 그것은 그 자체의 메커니즘을 따라 질서 있게 운행한다. 최한기가 이해한 기란 성리학의 기처럼 도덕적으로 해석될 수 있는 존재가 아니다. 최한기가 생각하는 기란 이 세상을 구성하고 있는 물리적, 생리적 원천으로서의 <에너지> 전체를 의미한다. 우주에는 기 이외에 또 다른 어떤 존재가 없으며 우주는 기 이외의 다른 어떠한 원인으로 인해 존재하게 되는 것도 아니다. "대기는 (만물을) 포괄하고 운화하여 스스로 거푸집을 낳는다. 어찌 반드시 다른 것을 기다려 빙빙 돌며 밖의 것을 빌려 운화를 행하겠는가?"[62]고 그는 반문한다. 그리고 이 세계는 기 및 기와 결합하여 사물의 구체적 형태와 속성 등의 원천이 되는 형질로서의 질(質)로 구성된다.[63]

> 물이 차 있는 물동이 위에 밥그릇을 엎어도 물은 밥그릇 속으로 들어가지 않는다. 밥그릇 속에 기가 가득 차 있기 때문에 물이 들어가지 못하는 것이니, 이는 기가 형질을 가진다는 첫 번째 증거이다. 하나의 방에 동서(東西) 방향으로 창이 있을 경우 동쪽 창을 급히 닫으면 서쪽 창이 저절로 열리는데 이것은 기가 방 안에 가득 차 있다가 풀무처럼 휙 움직이기 때문이니, 이는 기에 형질이 있다는 두 번째 증거이다.[64]

최한기가 이해한 기란 일종의 보이지 않으면서 작용을 낳는 유형의 원천이란 의미를 갖는다. 위 인용문에서도 볼 수 있듯 기를 설명하면서 최한기가 자주 등장시키는 것이 바로 공기(空氣)이다. 밥그릇 속의 공기와 방안을 채운 공기는 모두 보이지 않지만 일정한 작용을 낳는 유형의 무엇이다. 인간에게 있어서도 마찬가지이다. 공

---

62) 『기학』, 1-9, "大氣包化, 自生陶鑄. 何必待他而周旋, 借外而行化也."
63) 그러나 통상 기(氣)라고 하면 질(質)까지를 포함하여 <우주를 구성하는 전체>라는 의미로 사용되는 경우가 많다. 기의 질적 차이란 곧 질(質)의 차이에서 비롯되는 것이라 이해해야 한다.
64) 『인정』, 권10, 교인문3, 氣之形質, "以鉢覆於盆水之中, 而水不入鉢中. 以其鉢中氣滿而水不入, 是氣有形質之一證也. 一室有東西牕, 而急閉東牕, 則西牕自開, 以其氣滿室中, 而橐鑰衝動, 是氣有形質之二證也."

기를 통해 인간은 숨을 쉬고 생명을 유지한다. 나아가 숨 쉬고 신 진대사를 하는 생명의 작용은 모두 기로 말미암는 것으로 이해된다.

> 신기(神氣)는 제규와 사지 신체를 모아서 통(集統)하여 낳고 이 루는(生成) 것이다. 비록 잠깐이라도 정지하거나 막히면 현기증(眩 氣)이 나서 어지럽고, 흩어져 날아가면 혼몽하여 넘어지며, 몸에서 떠나면 목숨이 끊어진다.[65]

눈에 보이지 않으면서 작용을 낳는 무엇, 즉 일종의 에너지, 혹은 생명의 순환작용을 일으키는 것을 일컬어 그는 기(氣)라고 했다. 이 러한 기의 작용을 통해 인간을 포함한 만물은 생명을 얻게 되고 끊 임없는 변화를 일으키게 된다. 바람이 부는 것도 기의 작용이며 나 아가 천지가 운행하는 작용 전체가 기의 작용으로 이해된다.

③ 균일한 에너지로서의 기(氣)와 다름의 근거인 질(質)

그런데 이러한 기는 원칙적으로 균일하다. 바람을 일으키는 공기 가 사람의 코를 통해 들어와 인간에게 생명을 불어넣고, 날숨을 통 해 나간 공기는 다시금 제3의 작용을 통해 자연의 운화(運化)에 기 여한다. "(기는) 대체로 한 덩어리의 활물(活物)이므로 본래 순수하 고 담박하고 맑은 질(質)을 가지고 있다. 비록 소리와 빛과 냄새와

---

65) 『신기통』, 권1, 체통, 氣通而未嘗出入, "神氣者, 諸竅肢體, 集統而生成 者也. 雖須臾間, 停隔則眩亂, 飛越則昏倒, 離身則命絕."

맛에 따라 변하더라도 그 본래의 속성(本性)은 변하지 않는다."66) 그러나 원칙적으로 균일한 성질을 가진 기가 구체적인 작용을 이룰 때엔 각기 서로 다른 나름의 특성을 보이게 된다. 그것은 바로 질(質) 때문이다. 즉 기는 균일하지만 질은 차이가 있다는 것이다.

그리고 이러한 질(質)적 차이는 물리적, 생리적 차이뿐만 아니라 도덕적 차이까지를 포괄한다.

> 천하의 사물이 서로 다른 것은 기(氣)와 질(質)이 서로 합해 있기 때문이다. 기(氣)는 하나이지만 사람에게 부여되면 자연히 사람의 신기(神氣)가 되고, 사물에 부여되면 자연히 사물의 신기가 된다. 사람과 사물의 신기가 서로 다른 것은 질(質) 때문이지 기(氣) 때문이 아니다. 가령 사람에게 부여된 기가 사람에게 부여되지 않고 사물에 부여되면 사물의 신기가 되어 사람의 신기가 되지 않는다. 또한 사물에 부여된 기가 사물에 부여되지 않고 사람에게 부여되면 사람의 신기가 되어 사물의 신기가 되지 않는다. 그리고 동일한 사람이나 사물들 가운데에도 자연히 우열(優劣)과 선악(善惡)의 차이가 있게 되는데 이 또한 마찬가지이다. 혹 공부와 추측에서 우월하게 나아가는 사람은 또한 우월하게 나아갈 질(質)이 있기 때문에 그런 것이고 나아가지 못하는 사람은 나아가지 못할 질(質)을 가지고 있기 때문이다.67)

---

66) 『신기통』, 권1, 체통, 氣之功用, "大凡一團活物, 自有純澹瀅澈之質. 縱有聲色臭味之隨變, 其本性則不變."

67) 『신기통』, 권1, 체통, 氣質各異, "天下萬殊, 在氣與質相合…… 氣是一也, 而賦於人, 則自然爲人之神氣, 賦於物, 則自然爲物之神氣. 人物之神氣不同, 在質而不在氣. 如使賦人之氣, 不賦於人而賦於物, 則爲物之神氣, 不爲人之神氣. 又使賦物之氣, 不賦於物而賦於人, 則爲人之神氣, 不爲物

형질의 차이뿐만 아니라 실력과 도덕적 능력의 차이까지 질(質)에서 연유한다고 본 점에서 최한기가 말하는 질(質)이란 형질과 자질(資質)의 의미를 모두 포함한다고 볼 수 있다.[68] 이처럼 만물은 균일한 기와 균일하지 않은 질의 결합으로 설명될 뿐 거기에 이(理)가 들어설 자리는 없다. 최한기에 있어 이(理)는 이제 단순히 기와 질의 조합과 작용을 설명해 주는 조리(條理)를 의미하는 것으로 역할이 바뀐다. 조리로서의 이(理)는 기에 종속적이며 기에 즉(卽)하는 것에 지나지 않는 것으로 그 역할이 대폭 축소된 채 이해된다.

　　사람이 하늘에서 내려 받은 것은 곧 한 덩어리의 신기(神氣) 및 기(氣)를 소통하는 제규(諸竅)와 사지(四肢)이다. 따라서 반드시 사용(須用)하도록 갖춘 것이 이와 같을 뿐이다. 다시 별도로 다른 것에서 얻어 온 것이라고는 아무것도 없다.[69]

　　기의 조리(條理)가 이(理)이다. 조리란 기(氣)에 나아가(卽) 있는 것으로서 항상 기 가운데 있으며 항상 기를 따라 운행한다. 기

之神氣. 且於人類物類之中, 自有優劣善惡, 亦與此無異也. 或有功夫推測進於優者, 亦由有進優之質矣, 不進者, 自有不能進之質矣."
68) 질을 단순한 물질적 차이의 근거가 아닌 도덕적 차이의 근거로까지 간주했다는 점은 최한기 사상이 아직 전통적 맥락을 완전히 벗어나지 못하고 있음을 드러내는 중요한 논거로 제시된다. 그러나 최한기는 질을 숙명으로 보지는 않는다. 질은 언제나 변화 과정 중에 있는 것이며 역사와 장소의 상대적 층위에서 파악되어야 하는 것으로 간주된다. 이 부분과 관련되어 제기되는 쟁점은 앞으로 사회적 규범의 형성과정 부분에서 다시 다루게 될 것이다.
69) 『신기통』, 권1, 체통, 知覺推測皆自得, "人之所稟于天者, 乃一團神氣與通氣之諸竅四肢. 則須用之具, 如斯而已. 更無他分得來者矣."

가 1분을 움직이면 이(理)도 1분을 움직이고 기가 1주(周)를 운행하면 이(理)도 1주 운행한다. 이것을 천기(天氣)의 유행지리(流行之理)라 일컫는다.[70]

만물(氣)이 있기 전에 이미 이(理)가 있다는 성리학의 형이상학으로부터 존재하는 것은 만물(氣)이며 이(理)는 그것을 뒤따르는 조리일 뿐이라는 기학(氣學)으로의 전환은 이(理) 위주로 전개된 조선조 사상사에서 매우 혁신적인 의미를 지니고 있다. 이 혁신적인 사유의 결을 따라 최한기는 전통적으로 사용되어 오던 수많은 용어들을 전부 최한기 자신만의 독특한 내용을 가진 것으로 그 의미로 변환시켜 버린다. 그의 사유가 혁신적인 만큼 이 용어들의 새로운 의미와 맥락을 친절하게 따라가지 않는 이상 최한기의 문장은 의문과 모순 투성이의 오류 이상으로 받아들여지기 어려운 장벽에 가둬질 위험이 높다. 스스로 창안한 새로운 용어들뿐만 아니라 상당 부분의 용어들을 성리학에서 빌려 옴으로써 이러한 오해가 가능했을 수 있다.

④ 신(神): 놀라움을 의미하는 형용사일 뿐

신(神)이라는 용어 또한 마찬가지이다. 전통적, 혹은 성리학적 맥락에서 종교적 초월성, 혹은 신비성을 묘사하는 개념으로 사용된 신(神)이라는 용어가 최한기에게는 일종의 단순한 형용사의 의미로 변환된다. 그 과정을 살펴보기 위해 기(氣)가 질(質)과 결합하여 개개

---

70) 『기학』, 1-18, "氣之條理爲理. 條理卽氣也, 常在氣中, 常隨氣運而行. 氣運一分, 理運一分. 氣運一周, 理運一周. 是謂天氣流行之理也."

의 인간이라는 생명체를 이루게 되는 과정에 대한 최한기의 설명을
인용해 본다.

> 이목구비(耳目口鼻)가 어찌 한갓 그 이목구비의 외형만을 말하는
> 것이겠는가? (인간의) 신체에 반드시 깃들어 있는 신기(神氣)가 이
> 목구비를 소통하여 신기의 이목구비가 되는 것이다. 천지와 인간
> 만물에게 공통적인 소리, 색, 냄새, 맛 등을 완전히 탐구해(推) 버리
> 면, 안과 밖이 서로 응하고 저것과 이것이 서로 증험될 수 있다.[71]

이목구비 등의 외형적 신체는 인간의 눈에 보이지는 않지만 유형
의 능력인 신기(神氣)가 소통함으로 인해 각기 능력을 지니게 된다.
신기와의 결합이 전제되지 않는 이목구비는 단순히 물리적 대상으
로서의 이목구비일 뿐이다. 이목구비는 신기가 깃들어 놀라운 작용
을 일으킴으로써 진정한 의미의 신기의 이목구비가 된다. 나아가 인
간은 신기의 작용을 통해 하나의 생명체로서 존재하게 된다. 그런데
이처럼 담박한 기가 모여 생명을 이루고 일정한 생명체로서의 능력
을 만들어 가는 과정을 도대체 어떻게 해석할 것인가?

우선 가장 직관적으로 종교적 해석이 가능할 것이다. 신(God)이
인간에게 생명을 부여해 줬기 때문에 그와 같은 생명현상이 가능다
고 보는 것이 전형적인 종교적 해결책일 것이다. 최한기는 이와 같
은 종교적 해결책을 강하게 부정한다. 인간이라는 생명체는 아무런

---

71) 『신기통』, 序, "耳目口鼻, 豈徒爲耳目口鼻? 必有函體之神氣, 通於耳目
口鼻, 爲神氣之耳目口鼻. 推達於天地人物所同之聲色臭味, 內外相應, 彼
此參驗."

의지도 갖지 않은 천지에 의해 자연적으로 탄생된 것으로 간주하기 때문이다. 그에게 있어 생명현상은 자연발생적인 것으로 이해될 뿐이다.

그러나 이러한 생명현상은 너무도 신비롭다. 최한기 스스로도 기질이 생명을 이루는 이와 같은 과정을 냉정하게 물리적 현상으로 환원해 버리지는 않는다. 생명의 신비로움 그 자체를 인정한다. 그러면서 그 현상의 배후에 대해서는 괄호를 치며 판단을 보류한다. 단지 기가 인간을 구성하며 생명을 탄생시키는 신비로운 측면을 그는 신(神)이라고 묘사할 뿐이다. 그 배후와 근원에 대해서는 알 수 없고, 또 알려고 해서도 안 되지만 그저 어쩔 수 없이 놀라운 능력을 인정할 수밖에 없다는 형용의 의미를 가질 뿐인 것으로 의미를 축소시킨다.

> 활동운화하는 기의 놀라움(靈)을 억지로 이름 붙여 신(神)이라 한다. 하늘에는 대기의 신이 있고 사람에게는 사람의 신이 있으며 사물에는 사물의 신이 있다. 혹 헤아릴 수 없는 것을 신이라 하고, 혹 너무 커서 알 수 없는 것을 신이라 말하기도 하고, 혹 사람과 사물이 살고 죽는 것과 기가 굽었다 펴지는 것(屈伸)을 귀신이라 하기도 한다... 진실로 귀(鬼)라는 한 글자를 분석해 본다면, 그것은 사람과 사물이 죽어서 대기 가운데로 되돌아감을 가리키는 것일 뿐 신(神)이라는 글자와 짝을 이뤄 순환하는 것이라고 말할 수 없다... 옛날에는 만물의 조화가 모두 신(神)에게로 귀결되어 그 큼(大)을 높여 비길 데가 없었다. 그러나 기가 널리 밝혀지면서부터 만사만물의 무궁한 변화가 기에서 말미암음을 적확하게 보게 되었다. 따라서 신이라는 칭호는 바로 기를 찬양하는 것이 된다.[72]

인간과 만물에 모두 각기의 신(神)이 있다는 주장은 얼핏 범신론적 주장으로 해석될 수도 있다. 그러나 그것은 신(神)을 초월적 존재라고 전제할 경우에만 가능하다. 최한기에 있어서는 신(神)의 의미 자체가 변경된다. 최한기는 새로운 용어들을 많이 창안해 냈지만 신(神), 기(氣), 이(理) 등 전통적으로 사용되어 온 많은 용어들을 그대로 사용함으로써 혼란을 초래하는 측면이 있다. 최한기가 사용하는 모든 용어들은 그 의미가 모두 재해석되어야 한다는 점을 다시 한 번 확인할 수 있다.

최한기에 있어 신(神)은 기의 놀라운 능력을 억지로 이름 붙인 것에 지나지 않는다. 초월적 능력이나 신비주의적인 현상을 의미하지도 않는다. 신에게 종교적 의의나 형이상학적 초월의 의의를 부여하는 것은 아직 기의 진면목이 제대로 드러나기 이전에 행해졌던 과거의 오류일 뿐이다. 대기와 인간, 사물은 저마다 기로 구성되어 있으며 그 기는 놀라운 능력을 발휘한다. 그 놀라움을 일컬어 신(神)이라 칭송할 뿐이다.

이제 신(神)은 더 이상 귀(鬼)와 짝을 이뤄 해결되지 않고 검증될 수 없는 귀신론(鬼神論)의 소재로 다뤄지지 않는다. 귀신론 대신 신기의 인간학이 새롭게 제기된다. 놀라움을 놀라움으로만 느낄 뿐 그

---

72) 『기학』, 2-92, "活動運化氣之靈, 强名曰神. 天有大氣之神, 人有人氣之神, 物有物氣之神… 惑不測之爲神, 惑大而不可知之謂神, 惑人物生死氣之屈伸爲鬼神… 苟得分開鬼一字, 乃指人物死歸於大氣中, 不可與神相對循環, 而言也… 古者萬物造花, 皆歸於神, 尊大無比. 自氣之暢明, 萬事萬物, 無窮變化, 的覩由氣. 則神之稱號, 適爲氣之讚襄."

것의 근원을 애면글면 따지거나 무책임하게 종교에 의지하는 어리석음을 범하지 말라고 주문하면서 다만 우주를 이루는 기(氣) "전체의 무한한 공용(功用)의 덕(德)을 총괄(總括)하여 신(神)이라 하는"[73] 것에만 그치라 주문한다.

⑤ 신기학(神氣學)이 아닌 기학(氣學)

> 신과 기를 함께 말하면 신은 기 가운데 포함되는 것이고, 신 하나만을 말하면 기의 공용(功用)이 뚜렷이 드러난 것이다. 기는 곧 신이요 신은 곧 기다. 그러나 옛날 사람들은 대개 기와 신을 서로 다른 것으로 간주하여 쉽게 허탄(虛誕)과 기이(奇異)에 빠졌고 급기야 후인들로 하여금 혼란하여 준칙이 없도록 하였다. 애초부터 기를 알지 못하였고 결국 신도 알지 못했던 것이다.[74]

이 대목에서 신(神)에 대한 그의 입장이 명백해진다. 이제 신은 그 스스로는 아무런 적극적 의미도 가지지 못하는 단순한 형용사의 의미를 가진다는 점이 드러난다. 말년의 최한기는 스스로의 학문을 <기학(氣學)>이라고 명명했을 뿐 <신기학(神氣學)>이라고 하지는 않았다. 청년기의 최한기가 자신의 저작을 『신기통(神氣通)』으로 명명하기는 했지만 신(神)의 의미를 새롭게 변화시킨 것은 이미 청

---

73) 『신기통』, 권1, 체통, 氣之功用, "擧其全體, 無限功用之德, 總括之曰神."
74) 『인정』, 권5, 측인문5, 천인운화, 神卽氣, "幷言神氣, 則神包氣中, 單言神, 則氣之功用現著也. 氣卽神神卽氣. 而古之人, 多以氣神爲二, 易入于虛誕奇異, 至使後人, 渾淆無準. 始不知氣, 從不知神."

년기부터 일관되었다.

신(神)은 기의 능력과 그 놀라움을 묘사하는 것일 뿐 그 자체로 최한기 철학에서 중요한 의미를 갖지는 않는다. 그럼에도 불구하고 그가 기(氣)라는 표현 대신 신기(神氣)라는 표현을 즐겨 사용했던 것은 이러한 용법을 통해 신(神)이라는 용어에 깃들어 있는 신비주의적 요소를 적극적으로 타파해 보겠다는 의지가 반영되었기 때문이 아닌가 짐작해 볼 수 있다. 신이 곧 기고, 기가 곧 신이라는 그의 주장은 성리학적 용법에 익숙했던 당시 사람들에게 매우 이해하기 힘들었을 것이다. 귀신 대신 신기를 내세움으로써 종래의 용법의 의미를 해체하고 적극적으로 새로운 의미를 부여해야 한다는 의지가 엿보인다. 신에 대한 새로운 이해는 허탄과 기이에 빠져 있는 동시대인들의 신비주의적인 행태에 대한 중요한 비판의 근거가 된다.

최한기는 특히 행위의 주체로서의 인간을 묘사할 때 신기라는 용어를 자주 사용한다. 내재의 인간학이 아닌 적극적으로 행위하는 살아 숨 쉬는 인간학을 다룬 저작을 스스로 『신기통』이라 명명한 것에서 이러한 점이 확인된다. 또한 같은 말년 저작이면서도 우주론을 기반으로 하는 『기학』에 비해 인간학과 사회철학이 중심이 되는 『인정』에 신기라는 용어가 훨씬 자주 등장하고 있다는 점에서도 이러한 특성을 확인할 수 있다. 신기의 인간학에 대한 최한기의 설명을 좀 더 살펴보자.

⑥ 신과 기의 관계: 그림자와 형체, 불빛과 촛불의 관계

소통에 익숙하게 되면 신기(神氣)의 힘이 감각기관(諸觸)에 도달하게 되고 신체기관(諸竅)에 넘치게 된다. 눈은 보는 능력을 갖게 되고, 귀는 듣는 능력을 갖게 되고, 코와 혀 등의 감각기관들도 제각기 감각기관들의 능력을 갖게 된다... 만약 신기의 보는 능력(視力)이 눈 없이도 사물과 소통하게 되고, 신기의 듣는 능력(聽力)이 귀 없이도 사태에 도달하게 되며, 냄새와 맛과 감각기관들의 능력이 코와 혀 감각기관들 없이도 사물에 통달하게 되면, 이것을 일컬어 신시(神視)·신청(神聽)·신취(神臭)·신미(神味)·신촉(神觸)이라고 한다... (신과 기의 관계는) 그림자와 형체, 불빛과 촛불의 관계와 같다. (신은) 항상 기를 따라 생기는 것이지 기와 떨어져서 홀로 있을 수 없는 것이다.[75]

촛불이 기(氣)라면, 불빛은 신(神)이다. 촛불을 통해 불빛이 생기는 것처럼 기를 통해 신(神)이 창출된다. 촛불은 그 자체로 벽면에 부딪칠 수 없다. 그러나 촛불의 공용으로서의 불빛은 기(氣)로서의 촛불이 닿을 수 없는 벽면에 부딪쳐 신비로운 빛의 모습을 연출한다.

보고, 듣고, 맛보는 등의 인간의 능력은 눈과 귀와 혀라는 신체기관이 없이 생길 수 없다. 그러나 일단 신체를 통해 그러한 능력을 갖추게 되면 신체를 굳이 직접적으로 통하지 않는다 해도 그러한

---

75) 『신기통』, 권1, 체통, 神通, "慣熟于通, 而神氣之力, 達於諸觸, 溢於諸竅. 目有視之力, 耳有聽之力, 鼻舌諸觸, 各有鼻舌諸觸之力... 若至於神氣之視力, 忘目而通於物, 神氣之聽力, 忘耳而達於事, 臭味諸觸之力, 忘其鼻舌諸觸, 而通達於事物, 是謂神視神聽神臭神味神觸... 如影之於形, 光之於燭. 常隨氣而發, 不能離氣而獨存."

능력은 그대로 발현될 수 있다. 신맛이 나는 귤을 맛보아 그 맛을 익힌 사람이라면 귤을 보기만 하여도 입 안에 침이 고이고 그 맛을 짐작해 알 수 있다. 파블로프의 조건반사 이론은 인간의 감각 능력의 신비로움에 대한 과학적 설명을 제공해 준다. 신(神)이란 이처럼 경험을 통해 획득되어 일정한 수준에 도달할 경우 구체적 경험 작용 없이도 발현되는 능력을 일컫는다. 신시(神視)·신청(神聽)·신취(神臭)·신미(神味)·신촉(神觸)이란 이렇듯 각각의 경험 작용을 통해 획득된 구체적인 놀라운 능력들을 말한다.[76]

촛불을 모른 채 어떻게 벽에 부딪치는 빛의 작용에 대해 알 수 있겠는가? 형체에 대해 알지 못하면서 어떻게 그림자에 대해 알 수 있겠는가? 최한기는 빛과 그림자의 공용을 중시하면서도 그 핵심이 촛불과 형체 그 자체에 있다는 점을 강조한다. 신(神)은 이제 그 자체로 독립적인 논의 대상이 아니라 철저히 기에 의존해서 설명되어야 하는 종속적 의미를 지니는 것으로 재해석되어야 한다는 것이다.

---

76) 이와 달리 이승환은 신(神)을 정신(精神)으로 이해하여 신기(神氣)를 <정신적 기운>이라고 해석한다. 그리고 최한기의 신과 기가 『신상전편(神相全篇)』이나 『태청신감(太淸神鑑)』, 등의 도교적 관상서에서 말하는 신과 기의 이론에 연원을 두고 있다고 설명한다. 그러나 이러한 방식으로 신(神)의 의미를 이해할 경우 최한기가 말하는 신시(神視)·신청(神聽)·신취(神臭)·신미(神味)·신촉(神觸) 등 인간 신체의 다섯 가지 놀라운 능력을 모두 <정신적인 활동>으로 간주하게 되어 버린다. 게다가 최한기는 도교적 관상서들을 적극적으로 비판하고 있는 입장이기 때문에 이처럼 신비주의적인 요소를 부각시키고자 하는 해석에 동의하기 어렵다. 이승환, 「조선후기 과폐(科弊)와 최한기(崔漢綺)의 측인학(測人學)」, 『한국사상사학』, Vol.16, 2001 참조.

그런데 인간의 신기에는 애초에 선험적으로 설계되어 있는 이(理)라는 것이 내재되어 있지 않다고 그는 말했다. 이에 따라 최한기는 신기로서의 인간에게서 기의 작용 자체의 측면에 주목하게 된다. 이제 인간론은 내재된 본성을 논하는 것이 아니라 행위의 작용으로서의 기 자체의 움직이는 패턴과 그 내용을 논하는 것으로 대체되어야 한다.

> 신기는 담연(澹然)하고 허명(虛明)하다. 오래도록 물들어 고착됨이 없고 또한 거두어 저장하는 흔적도 없다. 오직 사람의 감정(人情)과 사물의 조리(物理)가 안팎으로 서로 주고받으며 응하는 것에 종사할 뿐이다. 올해와 내년, 나아가 평생토록 안팎으로 출입하면서 끊임없이 순환할 뿐이다.[77]

신기는 쉼 없는 순환 과정 속에 있다. 그것은 인간의 감정(人情)과 사물의 조리(物理)의 끊임없는 소통작용에 관계된다. 인간은 신기로 말미암아 존재하며 신기로 말미암아 비로소 소통하는 사회적 존재가 될 수 있다. 인간을 신기의 존재가 아닌 심리(心理)의 존재로 파악하는 성리학과 심학으로는 아무것도 이룰 수 없다고 그는 일관되게 주장한다. 최한기에게 있어 그것은 절망과 실패만을 낳을 뿐인 것으로 간주되어 당장 폐기되어야 할 세계관이다.

---

77) 『신기통』, 권1, 체통, 收入於外發用於外, "神氣, 澹然虛明, 實無久遠之染着, 亦無收藏之痕跡, 惟從事於人情物理之內外酬應, 今年明年, 以至平生, 內外出入, 旋鐶無暇而已."

2) 성정(性情)에 대한 새로운 해석

인간의 성(性)에서 이념적이자 선험적인 전제인 이(理)를 걷어 냄으로써 이제 최한기에 있어 인간은 신기(神氣)의 작용과 소통이라는 가능성만을 지닌 존재로 새롭게 이해된다. 그 가능성을 어떻게 발현시켜 나갈지는 철저히 인간 자신에게 달려 있다. 성(性), 혹은 마음(心)을 곧 이(理)의 내재라고 간주하여 자기 안에 내재된 참된 선의 이념을 발견하고자 했던 성리학과 심학의 내면의 철학을 벗어나 적극적으로 외부와 소통하고 관계를 맺는 능동적인 주체로서의 신기가 이제 전면에 나서야 한다고 그는 주장한다.

내면의 수양학에서 사회적 실천학으로 전환되는 기틀은 이미 인간학에서 마련되어 있다고 평가할 수 있을 것이다. 본 절에서는 성리학적 인간학의 핵심개념인 성(性)과 정(情)을 최한기가 어떻게 새로운 개념으로 탈바꿈시키는지를 살펴본다. 신(神)과 기(氣), 성과 정 모두 이미 성리학에서 사용하고 있던 용어들이지만 최한기에 이르러 그 의미가 완전히 성리학적 맥락을 벗어나게 됨을 확인할 수 있을 것이다.

기본적으로 최한기는 마음(心)과 본성(性), 그리고 감정(情)의 문제에 지나치게 집착하지 않는다. 그는 이들 개념들의 의미를 변경시킴으로써 그 역할을 축소시키고 보다 더 소통에 관심을 기울일 수 있는 새로운 사유의 틀로 전환할 것을 주문한다. 이(理)를 완전히 부정하는 대신 이(理)를 새롭게 해석함으로써 제자리를 찾아 주고자 했던 것처럼 그는 성리학의 성정론을 완전히 부정하는 대신 성(性)과 정(情)의 의미에 제자리를 찾아 주고자 했다고 평가할 수 있다. 아래 인용문에는 성(性)과 정(情)에 대한 최한기의 새로운 이해방식의 핵심이 드러나 있다.

① 성(性): 형질이 갖추어진 이후 발견되는 속성(attribute)

　　이른바 본연지성(本然之性)이라는 것은 아직 그 형질(形質)이 이루어지지 않은 때(즉 형이상학적인 초월)를 가리키는 것이 아니다. 이미 형질이 갖추어진 이후에야 항상 그 본연이 있게 되는 것이다... 사람과 만물의 경우 아직 그 형질이 갖추어지지 않은 때엔 곧 그것은 천지의 이기(理氣)이다. 그 형질이 비로소 이루어진 뒤에야 기(氣)는 질(質)이 되고 이(理)는 성(性)이 되며, 또한 그 형질이 소진되어 없어지면 질은 기로 돌아가고 성은 이로 돌아간다. 천지의 경우엔 기(氣)와 이(理)라고 말하고, 사람과 만물의 경우엔 형(形)과 성(性)이라 말한다. 만약 사람과 만물의 형이 없다면, 어떻게 그 성을 논할 수 있겠는가?78)

성리학에 있어 본연지성이란 만물의 참된 본성의 영원한 시원을 의미한다. 그것은 개별적인 만물이 생기기 이전부터 예비되어 있는

---

78) 『추측록』, 권3, 추정측성, 本然之性, "所謂本然之性, 非指其形質未成時也. 旣具形質之後, 常有其本然者... 人物之形質未具時, 卽是天地之理氣也. 及其形質之胎成, 氣爲質而理爲性, 又及其形質之澌盡, 質還氣而性還理. 在天地而曰氣也理也, 在人物而曰形也性也. 若未有人物之形, 何以論其性."

존재론적 전제이다. 그러나 최한기는 이와 같은 성정론의 존재론적 근거 자체를 단숨에 거부하는 방식을 취한다. 본연지성이란 <형질이 이루어지지 않은 때>를 가리키는 존재론적 의미를 갖지 않는다. 그것은 <형질이 갖추어진 이후에야> 발생하는 엄연한 현실을 가리킬 뿐이다. 성리학에서 말하는 순결무구하고 완전한 본체로서의 본연지성은 이제 형이상학적 초월의 영역에서 내려와 생생하게 살아 숨 쉬는 사물의 영역의 문제로 다뤄지게 된다.

천지에서 이(理)의 초월성을 걷어 내고 대신 기(氣)의 역동적인 질서를 탐구할 것을 주장한 것처럼 그는 이제 인간과 사물이라는 구체적 존재자들에게서도 성(性)의 본질을 걷어 내고 대신 형질(形質)의 구체성을 드러내고자 한다. 천지의 영역에서 이(理)가 단지 기(氣)의 조리(條理)를 의미했던 것처럼 인간과 사물에서도 성(性)은 이제 단지 각 형질이 나타내는 특성(attribute)의 의미로 축소된다.

그러나 이러한 의미의 축소가 인간의 속성(性)에 대한 전면적인 경시로 귀결되지는 않는다. 뒤에서 자세히 살펴보겠지만 최한기는 성(性)이라는 용어에서 그 본질적이고 존재론적인 특성을 제거해 내면서도 그것을 결국 인의예지라고 규정함으로써 전통적 규범주의로 회귀해 버린다. 그리고 이러한 측면에서 다시금 서론에서 예고한 우리의 문제의식이 부각된다.

여기서 확인할 수 있는 점은 인간의 속성(性)으로서의 인의예지에 대한 최한기의 입장이 존재론적이지 않다는 점이다. 그것은 인간에게 선험적으로 부여된 본질이 아니라 인간이 경험을 통해 획득한 성질로 이해되어야 한다. 따라서 인간의 인의예지는 인간의 내면에 대한 성찰이 아니라 경험적 행위를 통해 확보되는 가치이다. 최한기가 말하고자 했던 것은 인간과 사물에서 중요한 것이 이(理)와 성(性)의 초월 및 내재의 변증법이 아니라 기(氣)와 질(質)의 현실 및 실천의 방법론이 되어야 한다는 점이다.

최한기에 의하면 인간과 사물이 구체적으로 존재하기 이전부터 존재하는 관념적, 초월적 성(性)이란 것은 없다. 인간이 없으면 인간의 성(性)도 있을 수 없다. 인간이 없는 우주란 그저 기(氣)의 세계일 뿐이다. 인간과 사물이 존재함으로 인해 비로소 균일적인 기가 다양한 층위의 질과 결합하여 개별적 특성, 즉 성(性)을 갖추게 된다. 이제 성(性)은 영원부터 존재하는 선험적 <본질(nature)>이 아니라 개별적 인간과 사물이 존재하면서부터 갖추게 되는 <속성(attribute)>의 의미로 새롭게 해석되어야 한다. 성리학에 의해 이념적 차원의 본성이라고 간주되어 온 본연지성(本然之性)을 그는 형질이 이루어진 이후에야 비로소 발견하게 되는 경험적 속성이라고 그 의미를 변경시킨 것이다.

② 정(情): 성(性), 즉 속성이 드러난 외적 현상

이에 따라 그는 정(情)의 의미 또한 새롭게 규정한다. 정은 이제 더 이상 사단(四端)과 칠정(七情)이란 개념적 분화를 거쳐 치열한 논쟁을 낳는 핵심적 개념으로 다뤄지지 않는다. 최한기에게 있어 정은 사람과 사물의 속성으로서의 성(性)이 드러난 외적 현상을 의미할 뿐이다.

사람과 만물로서 하늘의 기(氣)를 받고 땅의 질(質)을 받은 것 가운데 성(性)과 정(情)을 갖지 않는 것이 없다. 그 생겨남(生)의 조리(理)를 가리켜 성(性)이라 하고, 성이 드러나는 것을 가리켜 정이라고 한다. 대개 생겨남의 조리(즉 性)는 보기가 어렵지만 성(性)이 드러나 쓰이는 것(즉 情)은 알기 쉽다. 따라서 그 정을 탐구하여(推) 그 성을 판단한다(測). 사람과 만물은 모두 성과 정을 갖추고 있으므로 사람의 성과 정을 통해 만물의 성과 정을 참조하고 견주어(參稽) 그들이 바탕(本)을 하나로 하고 있는 원리(規)를 알게 되면, 그 알아낸 성과 정이 거의 치우치지 않을 것이다. 사람의 성(속성)은 인의예지(仁義禮知)이고 정(현상)은 희로애락(喜怒哀樂)이다. 쇠와 돌과 풀과 나무의 성(속성)은 굳음・단단함・부드러움・질김(堅剛柔靭)이고 정(현상)은 가물면 마르고 비 오면 젖는다는 것이다. 사람의 경우 희로애락이라는 정(현상)을 통해 인의예지라는 성(속성)을 판단하는데(測) 이는 마치 쇠와 돌과 풀과 나무의 경우 가물면 마르고 비 오면 젖는다는 정(현상)을 통해 굳음・단단함・부드러움・질김이라는 성(속성)을 판단하는 것과 같다.[79)]

굳음, 단단함, 부드러움, 질김 등의 속성(性)은 그 속성을 드러내는 현상(情)을 경험하지 않고는 확인하기 어렵다. 예컨대 나무는 풀에 비해 단단한 속성을 가지고 있다. 그러나 쇠나 돌만큼 단단하지는 않다. 나무가 풀처럼 부드럽다면 크게 생장하지 못할 것이고 돌

---

79) 『추측록』, 권3, 추정측성, 人物性情, "人物之受天氣而稟地質者, 莫不有性情. 指其生之理曰性, 指其性之發用曰情. 蓋生之理難見, 而性之發用易知. 故推其情, 以測其性. 人與物, 俱有性情, 以人性情, 參稽於物之性情而得其一本之規, 則所認之性情, 庶不偏矣. 人之性, 仁義禮知也, 情, 喜怒哀樂也. 金石草木之性, 堅剛柔靭也, 情, 旱焦雨潤也. 以人之喜怒哀樂之情, 測其仁義禮知之性, 如以金石草木旱焦雨潤之情, 測其堅剛柔靭之性也."

처럼 단단하다면 생장에 필요한 영양분을 공급받기 어려워 더 이상 생존을 지속할 수 없을 것이다. 나무의 단단함은 그 생장과 밀접한 연관을 가진다. 풀의 입장에서 보아도 마찬가지이다. 풀이 나무처럼 단단하다면 바람에 쉽게 끊겨 생장을 지속할 수 없을 것이다. 풀의 부드러움과 나무의 단단함은 저마다 환경에 적응하여 생존을 도모한 결과 획득하게 된 경험적 속성(性)이다. 이러한 속성들은 그 자체로 드러나지는 않는다. 비 오면 젖는다든지, 축축한 땅의 물기를 흡수한다든지 하는 외적 현상(情)을 통해 확인된다.

최한기는 인간의 경우도 마찬가지로 보았다. 인의예지라는 속성은 하늘로부터 부여받은 것으로 간주되어서는 안 된다고 그는 주장한다. 그것은 인간이 사회를 이루고 생존을 도모해 가는 가운데 자연스럽게 획득된 경험적 속성이라고 파악되어야 한다고 본다.

③ 속성(性)으로서의 인의예지에 대한 진화론적 설명

이러한 설명은 일종의 진화론적 설명이라 볼 수 있다. 본서의 마지막 부분에서 다루겠지만 논자는 최한기가 현대의 진화론을 접하게 된다면 대단히 열광했으리라 생각한다. 경험을 통해 획득된 후천적 속성이란 존재들 개개의 개별적 성질이 아니라 일종의 종(種, species)의 속성이라 볼 수 있을 것이다. 개별적 사물의 차원에서 나무의 단단함이란 과연 어디서 온 것일까? 그것은 현대적으로 보면 곧 유전자(genes)의 특성에서 기인한다. 나무는 이미 유전자 차원에서 단단한 특성을 보장받고 있다. 개별적 사물들이 저마다 환경에 적응하는 과정에서 속성(性)을 가지게 되었다고 보는 극단적 경험주의로는 사물들의 특성을 설명할 수가 없다.

인간 또한 마찬가지이다. 최한기가 경험을 강조했다고 해서 인의예지라는 속성(性) 자체가 인간의 개별적 경험을 통해 확보된다고 간주하고 있다고까지 말할 수는 없을 것이다. 모든 사물들의 속성은 종의 차원에서 일정 정도 선천적으로 부여받는 측면이 있다고 보아야 한다. 논자는 인의예지를 경험에 의해 확보된 속성(性)이라고 간주하는 최한기의 독특한 인간론이 마주치는 난점이 바로 이 점에서 기인한다고 본다. 아래 인용문을 보자.

> 인의예지(仁義禮智)의 단서를 탐구하여 인의예지의 바탕(本)을 판단하고 인의예지의 덕을 길러 이룬다. 미소한 은덕(恩德)에 이르기까지 모두 탐구와 판단을 통해 이루어진다.[80]

논자는 최한기가 말하는 성(性)이라는 용어를 속성이라고 해석해야 한다고 주장했다. 그러나 위 인용문은 논자의 입장을 당혹하게 만든다. <인의예지의 단서>와 <인의예지의 바탕> 및 <인의예지의 덕>이라는 표현은 성리학적 인의예지론이라고 해석해도 무방하리만치 전통적 용법을 따르고 있는 것으로 보인다. 이러한 측면은 서론에서 언급한 가설3의 비판, 즉 최한기가 근본적으로 성리학과 단절하지 못했다는 주장의 일례로 거론될 수 있을 것이다.

---

80) 『추측록』, 권1, 추측제강, 入德門, "推仁義禮智之端, 測仁義禮智之本, 養成仁義禮智之德. 至於微少恩德, 皆由推測而成."

논자는 이 부분과 관련하여 최한기가 종의 차원과 사물 개개의 차원을 혼동하고 있었기 때문에 이와 같이 모순되어 보이는 주장을 펼칠 수 있었으리라고 해석한다. 즉 인간이라는 개체는 완전히 경험으로만 생존을 도모할 수는 없다. 수많은 시간이 축적된 진화의 과정을 거쳐 현재의 인간이라는 종의 속성(性)이 확보되었을 것이다. 개별적 인간은 진화의 과정을 통해 선천적으로 부여된 인간의 속성을 경험의 과정을 통해 재발견하고 또 다른 진화의 과정 속으로 나아갈 수 있게 된다. 최한기는 개별적 인간이 경험을 통해 삶의 의미를 발견하고 사회적 관계를 확대해 나가야 한다는 점을 강조하는 측면에서는 경험주의적 입장을 충실히 따르고 있다고 볼 수 있지만 인간에게 선천적으로 부여된 속성을 설명하는 부분에 대해서는 석연한 설명을 제시해 주지 않기 때문에 다소 혼란스런 입장을 취하고 있는 것처럼 보이는 경우가 있다.

논자는 경험주의적 입장과 어울리지 않는 최한기의 진술들이 개별적 인간과 종적 인간을 서로 구분하지 못함으로써 발생한 최한기의 한계에서 비롯된다고 본다. 최한기는 분명 본성으로서의 성(性)이 선험적으로 인간에게 주어져 있다고 주장하지는 않는다. 최한기는 선험주의를 명백히 부정한다. 그러나 인의예지라고 하는 구체적 규범들을 인간의 속성(性)이라고 규정하는 측면에서는 선험주의를 인정하는 것처럼 보인다. 그러나 그것은 선험주의를 인정한 것이 아니라 선천적 측면을 인정한 것이라고 해석하고자 한다.

선험(a priori)과 선천(inborn, angeboren)은 구별된다.[81] 선험은 시간적으로 경험보다 앞선다는 것을 의미하지 않는다. 그것은 단지 시간적으로 앞서 있다는 것을 의미하는 것이 아니라 존재론적 차원에서 인간의 경험 이전에 이미 완료되어 있는 본질을 의미한다. 최한기가 부정하는 이(理)의 선험성이 바로 이러한 존재론적 측면을 말한다.

그러나 선천적이라는 것은 태어날 때부터 지니고 있다는 것을 의미한다. 인간이 태어날 때부터 지니는 속성(性)을 인정한다고 해서 그것이 곧 선험성을 인정한다는 주장으로 귀결되지는 않는다. 최한기는 인간의 본성을 선험적으로 규정하는 모든 주장들을 배척하지만 인간의 속성(性)이 선천적으로 타고나는 측면이 있다는 점을 인정한다. 그러한 선천적 속성들은 누대에 걸친 경험의 산물—현대적으로 표현하면 유전적 진화의 산물—이기에 선천적이라 규정될 수 있지만 최한기는 미처 이러한 측면을 파악하지 못하고 다소 혼돈스럽게 진술함으로써 과연 그가 진정한 의미의 경험주의자였는지를 의심하게 만든다.

이 부분에서 강조하고자 하는 것은 최한기가 성(性)이라는 용어에서 존재론적 측면을 지우려고 애썼다고 하는 점이고 이에 따라 인간의 감정의 문제 또한 본질적 측면이 아닌 경험적 측면에서 다뤄야 한다는 점이다. 인의예지라는 인간의 속성은 그것이 현상, 즉 감정(情)으로 드러나지 않는 이상 가능성이자 잠재성으로 도사리고 있을 수밖에 없다. 드러난 감정(情)을 통해 비로소 인간의 성을 파악

---

81) 선험(a priori)과 선천(angeboren)의 의미에 관해서는 백종현, 「'선험적' 과 '초월적'의 의미」, 『철학과 현실』, 1990년 여름호, Vol.5, 1990, 334－343쪽을 참조.

할 수 있는 것이다. 그리고 이러한 현상은 간단히 두 가지로 구분될 뿐 사단과 칠정 등의 복잡한 계열화는 필요치 않다.

인간의 본연지성을 하늘의 이념이 내재된 참된 것이라고 간주하는 소극적 인간론을 부정함으로써 인간의 드러난 현상으로서의 감정 등의 외적 행태에 관심을 기울이지 않을 수 없게 된다. 우리는 드러난 현상을 보고 경험함으로써 그 안의 속성을 유추해서 판단할 수 있을 뿐이기 때문이다.

이상의 논의를 정리하면 다음과 같다.

理－氣－質

性－形－情

위 구도는 성리학의 구도와 동일하다. 각 용어가 지니는 의미 변화의 맥락을 놓칠 경우 위 구도는 곧바로 성리학적 구도와 동일한 것으로 오해될 여지가 많다. 성리학의 경우 중심은 이(理)와 성(性)에 있다. 기(氣)와 형(形)이 있기 이전부터 이(理)와 성(性)은 영원토록 참된 존재의 의미를 갖는다. 그러나 최한기에게 중심은 기(氣)와 형(形)에 있다. 기(氣)와 형(形)이 없으면 이(理)와 성(性)도 없다고 간주된다. 최한기는 현실 너머 존재의 심연을 들여다보려 하지 않는다. 그는 주어진 현실 자체만을 면밀히 관찰하고자 한다. 성(性)이란 주어진 개별적 형(形)의 속성을 의미할 뿐이다. 이(理)가 단지 기(氣)의 조리를 의미하는 것처럼 말이다.

④ 감정의 문제를 단순하게 다룸

성리학은 인간의 본성을 존재 너머의 영역에서 발견하면서 그러한 존재 너머의 초월적 의미가 인간에게 근본적으로 내재되어 있다고 전제한다. 따라서 그러한 내재된 본성의 의미를 발견하기 위해 내면으로 침잠한다. 인간의 사회적 활동보다는 인간 내면의 감정의 변화와 그 형태의 미묘한 차이들에 관심을 집중시킨다. 사단과 칠정으로 세분화되는 감정의 문제에 골몰한 것은 우연이 아니었다.

그러나 최한기는 성(性)을 속성이라고 파악할 뿐 존재 너머의 영역과 연결된 어떠한 고리도 인정하지 않는다. 인간을 그저 주어진 그대로 파악하라고 주문한다. 인간의 감정의 미묘한 양상에 대해 골몰하는 것은 성(性)을 본성으로 해석하는 데 따른 불필요한 낭비라 본다. 이에 따라 감정을 단지 <좋아함>과 <싫어함>의 두 가지 축을 중심으로 단순하게 해석하게 된다.

> 삶(生)에 마땅한 것은 좋아하고 삶에 마땅하지 않은 것은 미워한다. 감정으로 드러난 것은 비록 그 이름이 일곱 가지(七情)이지만 사실은 좋아함과 미워함뿐이다. 칠정이란 기쁨(喜)·노여움(怒)·슬픔(哀)·즐거움(樂)·사랑(愛)·미움(惡)·욕심(欲)이다. 감정으로 드러나는 것에 어찌 이처럼 많은 실마리가 있겠는가? 진실로 그 실제(實)를 구해 보면, 대개 좋아함과 미워함이 있을 뿐이지만, 그 좋아함과 미워함에 각기 얕고 깊음(淺深)의 차이가 있어서 여러 가지 이름이 있게 된 것이다. 미워함이 절실하면 슬픔이 되고, 미워함이 격렬해지면 노여움이 되며, 좋아함이 솟아나면 기쁨이

되고, 좋아함을 드러내면 즐거움이 되며, 좋아함이 사물에 미치면 사랑이 되고, 미워하는 것을 피하고 좋아하는 것을 좇으면 욕심(欲)이 되는 것이다.[82]

심학자의 중심엔 도덕이 있지만 최한기의 중심엔 삶(生)이 있다. 삶에 마땅한 것을 좋아하고 마땅치 않은 것을 싫어하는 것이 인간의 자연스런 감정이다. 인간의 감정이란 이처럼 간단히 다뤄야 할 주제이다. 그 발출의 구조와 기원에 관한 논의는 끊임없이 인간을 자기 성찰에만 몰두하여 수동적이도록 만든다. 인간의 성을 인의예지라고 간주한 점에서는 성리학이나 최한기나 마찬가지지만 그 근원을 성리학은 영원에서 찾고 있으며 최한기는 개별적 존재자의 능동적 속성에서 찾고 있다는 점에서 다르다.

---

82) 『추측록』, 권3, 추정측성, 七情出於好惡, "宜於生者好之, 不宜於生者惡之. 情之所發, 名雖有七, 其實好惡而已. 七情者, 喜怒哀樂愛惡欲也. 情之發現, 豈有若是多端? 苟求其實, 蓋有好惡, 而其所好惡, 各有淺深之不同, 至有多般名目. 惡之切者爲哀, 惡之激者爲怒, 好之發者爲喜, 好之著者爲樂, 好之及物爲愛, 避惡趨好爲欲."

Ⅲ.

사회적 소통의 방법으로서의 추측(推測)

앞 장에서는 최한기의 인간론을 다뤘다. 그는 이(理)와 기(氣), 성(性)과 정(情)을 새롭게 해석함으로써 종래의 성리학과는 다른 인간론을 제시했다. 이제 이러한 인간론을 바탕으로 최한기의 인식론과 가치론을 다루고자 한다.

1. 탐구로서의 추(推)와 판단으로서의 측(測)

이기(理氣)와 성정(性情) 등 그가 사용하는 용어 가운데 몇몇은 전통적으로 사용되어 온 것들이지만 그 의미와 내용은 지금까지 살펴본 것처럼 전통의 그것들과는 판이하게 다르다. 여기서 그치지 않고 그는 스스로 다양한 용어들을 새로이 창출하여 사용하기도 했다. 그는 추(推)와 측(測)이라는 새로운 용어를 창출하였으며 이 두 가지 핵심적인 용어를 중심으로 새로운 인간관과 사회철학을 구축해 나갔다. 마음(心)의 인간론 대신 신기(神氣)의 인간론을 제시하였으며 존양(存養)과 성찰(省察)의 실천론 대신 추측의 방법론을 내세웠다.

이제 성정론(性情論)으로서의 인간론을 벗어나 신기의 적극적인 인간론을 통해 인간을 이해해야 한다. 그리고 성찰과 존양의 내면적 수양론에서 벗어나 사회적 소통을 지향하는 적극적인 실천론을 마련해야 한다. 여기서는 추(推)를 경험에 입각한 <탐구>라 규정하고 측(測)을 확률적 <판단>이라 규정한다. 아래에서 그 자세한 맥락을 살펴본다.

1) 추측의 통합적 성격

① 『중용(中庸)』에 대한 새로운 해석

최한기의 인간론의 경우 성리학에서 사용하는 용어를 그대로 사용함으로 인해 오해가 생길 여지가 많았다. 그러나 실천론의 경우엔 추와 측이라는 새로운 용어를 사용함으로써 그러한 오해의 여지가 줄어들게 된다. 그러나 추와 측에 관한 이론서인 『추측록(推測錄)』 또한 『신기통』과 동일한 시기에 저술된 것인 만큼 종래의 용어들과 완전히 단절할 수는 없었다. 오해의 여지는 여전히 남아 있다. 예컨대 아래 구절을 보자.

하늘을 이어 이루어지는 것이 속성(性)이고, 속성을 따라 익히
는 것이 추(推)이며, 추를 통해 헤아리는 것이 측(測)이다.[83]

위 구절은 『중용』의 첫 구절에 나오는 "하늘이 명하는 것을 일컬
어 성(性)이라 하고, 성을 따르는 것을 일컬어 도(道)라 하며, 도를
닦는 것을 일컬어 가르침(敎)이라 한다."[84]는 구절을 변형시킨 것이
다. 최한기는 인간의 속성(性)이 하늘을 이어 이루어지는 것이라 말
한다. 성(性)을 본성이 아닌 속성이라고 해석하고 있다는 맥락을 이
해하지 못할 경우 위 문장은 고스란히 성리학적 진술로 간주되어도
무방할 것이다.

그러나 앞에서 살펴본 것처럼 최한기는 하늘로부터 부여받는 본
연의 성을 인정하지 않는다. 성(性)이란 형질이 갖추어진 이후에 확
인되는 개별 존재들의 속성을 의미할 뿐이다. 따라서 위 문장은
<인간이 가지는 속성들은 자연적 과정의 산물>임을 의미하는 것
으로 해석되어야 한다. 최한기 자신은 위 문장이 『중용』에 대한 새
로운 이해라고 말하고 있지 않지만 맥락상 위 문장은 중용에 대한
새로운 해석으로 이해될 수 있다. 즉 <하늘의 명령(天命)>을 그는
<하늘을 이은 자연적 과정(繼天)>이라고 해석함으로써 『중용』에
대한 형이상학적 해석방식에서 탈피하고자 했던 것이라 할 수 있을
것이다.

---

83) 『추측록』, 권1, 推測錄序, "繼天而成之爲性, 率性而習之爲推, 因推而量
   之爲測."
84) 『中庸』, 1-1, "天命之謂性, 率性之謂道, 脩道之謂敎."

성리학은 하늘이 명해 준 본성을 전제로 한다. 이에 따라 성리학은 그렇게 주어진 본성의 의미를 뒤쫓는 것을 중시할 수밖에 없다. 그것을 일컬어 도(道)라고 한다. 그러나 최한기는 이 같은 수동적인 인간형을 거부한다. 그는 인간과 사물들이 각자의 속성(性)을 따라 스스로 학습해 나가 나름의 결론을 도출해 내는 추와 측의 능동적 과정을 새롭게 제시한다.

② 모든 존재의 능동적 행위의 원리

그리고 이러한 추와 측은 인간에게만 국한되지 않는다. 동물을 비롯해 만물이 모두 추측 행위를 한다고 그는 설명한다.

> 행동하는 일체의 생물들은 모두 처한 곳과 익힌 바에 따라 추측이 생긴다. 구덩이 속에서 사는 것들은 비가 올 것을 알고, 집에서 사는 것들은 바람이 불 것을 알며, 개는 늘 보는 사람에게는 짖지 않고, 말은 늘 먹이를 주는 사람을 알 수 있다.[85]

비가 내리면 구덩이는 치명적이다. 바람이 불면 집은 무너질 위험이 있다. 늘 보는 사람들을 보면서까지도 짖으면 그 개는 집 지킬 자격을 갖추지 못한 것이다. 모든 생명체들은 저마다 처한 현실에 맞춰 나름의 능력을 갖추게 되는데 이러한 능력을 최한기는 모

---

85) 『추측록』, 권1, 추측제강, 動作物推測 "一切動作之物, 皆因所處所習而推測生焉. 穴居者知雨, 巢居者知風, 狗不吠常見人, 馬能識常飼者."

두 추측이라 간주한다. 오늘날 사용하는 추측(guess, conjecture)이나 추론(推論, inference) 등의 용어처럼 인간에게만 적용되는 좁은 의미의 인지적 작용과는 근본적으로 틀을 달리하는 포괄적 개념인 것이다.86)

이처럼 만물, 특히 그 가운데서 인간이 자신의 속성에 맞춰 잠재된 능력을 개발해 나가는 과정을 설명하고 인간으로 하여금 보다 더 적극적으로 이러한 과정을 실천해 나가기를 촉구한 저작이 바로 『추측록(推測錄)』이다. 따라서 그의 추측론은 단지 인식론에 그치는 것만이 아니라 존재하는 모든 생명체들의 <삶의 능동성에 관한 기록>으로 이해되어야 한다.

③ 추측의 불완전성: 그 자체로 완전한 유행지리와 대비

그런데 이러한 추측은 결코 완전한 행위가 될 수 없다. 인간과 만물은 저마다 처한 현실 속에서 최선의 추측행위를 추구할 뿐 존재론적 진실을 달성하거나 발견할 수는 없다. 최한기는 이 대목에서 불완전한 행위로서의 추측과 우주의 완전한 움직임으로서의 유행(流行)을 대비시킨다.

---

86) 추측은 최한기 경험론의 중심축이다. 그런데 추측이 인간의 행위만을 다루지 않는다는 점에서 근대 경험주의 인식론과 구별된다. 이 점은 이후 다시 본격적으로 살펴볼 것이다.

대개 천기(天氣)의 유행지리(流行之理)는 사물(物)에 있어 제각기 맡은 바가 있어서 원래 증감(增減)이 없다. 유행지리를 궁구하여 그것에 다가갈 수 있는 능력이 바로 인간 마음의 추측인데 추측은 잘하는 사람도 있고 못하는 사람도 있으며 진실하게 하는 사람도 있고 진실하게 못 하는 사람도 있다. 어쨌든 이런 것들도 모두 어쩔 수 없이 이(推測之理)라고 말하지 않을 수 없다. 유행과 추측이 부합되는 측면을 보면 이(理)가 하나이지만 유행과 추측이 부합되지 않는 측면을 보면 유행지리와 추측지리는 완전히 다르다. 만약 이(理) 가운데에 허실(虛實)의 차이가 있음을 모르면, 어떤 것이 잘하는 추측지리인지 못하는 추측지리인지를 가려낼 방법이 없게 되고, 또 진실한 추측지리와 진실하지 않은 추측지리가 뒤섞이는 폐단이 있게 된다.[87]

최한기는 우주 전체의 움직이는 질서로서의 유행지리(流行之理)와 인간의 능동적 탐구와 판단행위의 원리로서의 추측지리(推測之理)를 구별하고 있다. 추측지리가 유행지리에 부합할 경우 그것은 올바른 추측으로 간주된다. 이러한 이해방식은 성리학과는 정반대의 구도를 갖고 있다.

성리학에 의하면 이(理)란 하나며 영원토록 참된 존재이다. 악과 불완전은 기(氣)로 인해 발생한다. 하지만 최한기는 정반대로 본다. 하늘의 기와 인간 및 만물의 기는 그 자체의 질서에 따라 운화(運化)[88]하며 생성을 거듭하는 진실한 것이다. 불완전함과 불성실함이

---

87) 『추측록』, 권1, 추측록서, "蓋天氣流行之理, 在物各有攸當, 原無增減. 能窮格此理者, 卽人心之推測, 而有善不善誠不誠. 然是亦不可不謂之理也. 擧其流行推測符合者, 理是一也, 在於流行推測不合者, 此理彼理, 完然有跡. 若於理不知虛實之有異, 善不善無擇取之方, 誠不誠有渾淆之弊."

있다면 그것은 오히려 운화하는 기를 설명하는 방식으로서의 이(理)에서 발견된다. 하늘의 운화하는 조리로서의 유행지리는 그 자체로 완전하다. 반면 인간이 추측작용을 통해 창출해 내는 추측지리는 불완전하고 불성실할 수 있다. 그 자체로 완전한 유행지리의 원리와 작용을 파악해 나가는 과정이 곧 추측지리의 과정이다. 면밀한 검토와 검증을 통해 추측지리가 유행지리를 제대로 설명해 내고 있다고 판별될 경우 그때서야 추측지리는 유행지리와 일치하여 완전성을 인정받게 된다.

최한기의 우주론은 이처럼 자연의 운행질서 자체를 완전한 것으로 간주하고 있다는 점에서 근대 유럽의 인식론적 자연관과 구별된다. 그에게 있어서 자연은 객관적인 탐구의 대상이 아니라 추구하고 닮아야 할 준적(準的)이자 소통해야 할 근원으로 간주되기 때문이다. 유행지리는 추측지리에 의해 변화될 수 없으며 왜곡되어서도 안 된다. 근대의 인식론이 자연을 객관적 대상으로 상정하여 자연에 대한 인간의 폭력의 가능성을 열어젖혔지만 최한기에게 있어 이러한 폭력의 가능성은 원천적으로 봉쇄되어 있다.[89]

---

88) "운화"의 의미와 구조에 대해서는 손병욱 「혜강 최한기 철학의 기학적 해명」, 『혜강 최한기』, 수원: 청계, 2000, 283-291쪽, 이행훈, 「최한기(崔漢綺)의 운화론적 사회관」, 『동양철학연구』, Vol.43, 2005 등 참조.

89) 최한기의 신기의 인간론과 추측의 방법론이 결코 근대의 인식론적 틀로 해석될 수 없다는 점에 대해서는 김용옥, 『혜강 최한기와 유교』, 통나무, 2004, 28-38쪽을 참조.

④ 우주의 완전성을 전제하면서 경험을 중시하는 이중성의 문제

그러나 이러한 세계 이해는 곧바로 반론에 부딪친다. 최한기는 우주의 움직임 그 자체를 객관적으로 바라보지 않고 완전한 것이라고 가치론적으로 바라보고 있다. 이러한 자연 이해는 경험주의적이라기보다는 형이상학적이라 간주될 여지조차 있다. 도대체 우주의 모든 면면을 경험하지도 않고 어떻게 우주의 운행질서가 완전하다고 단언할 수 있단 말인가? 이렇듯 모순되어 보이는 측면에 대해 최진덕은 다음과 같이 신랄하게 비판을 가한다.

> 요컨대, 혜강의 기학은 성리학보다 더 자연 중심적이면서 동시에 성리학보다 더 인간 중심적이다. 인간의 자연화를 겨냥하는 자연 중심적 의도와 자연의 인간화를 겨냥하는 인간 중심적 의도는 상반된 것들임에도 불구하고 혜강의 기학에는 이 두 의도가 착종되어 있다. 아마도 그의 기학이 갖는 이중적 측면은 이 두 가지 상반된 의도의 착종과 깊이 관련되어 있을 것이다.[90]

위 비판은 가설2와 가설3에서 제기된 문제점들을 집약하고 있다. 최한기의 철학체계는 성리학과의 단절이라는 출발점에서부터 모순을 안고 있다고 볼 수 있다는 지적이다. 앞으로 4장에서 본격적으로 다루게 될 경험과 자연의 문제는 이와 같은 비판적 물음에 대한 일종의 해명 역할을 하게 될 것이다.

---

90) 최진덕, 앞의 글, 138쪽.

여기서는 일단 최한기가 유행지리와 추측지리를 구별했다는 점만 기억해 두기로 한다. 우주의 조리와 인간의 조리, 즉 추측지리 사이의 구별이 어떤 의미를 갖고 있으며 어떤 과제를 우리에게 던져 주는지 확인하는 단계로 만족하고자 한다. 역으로 이러한 의문은 최한기의 추측론이 단지 인식론에만 머물지 않는다는 점을 확인시켜 준다. 추측론이 인식의 문제에만 국한되었다면 이러한 가치의 문제와 연관된 물음 자체가 제기될 수 없었을 것이다.

『추측론』은 <추기측리(推氣測理)>・<추정측성(推情測性)>・<추동측정(推動測靜)>・<추기측인(推己測人)>・<추물측사(推物測事)> 등 다섯 부분으로 구성되어 있다. 추하는 것은 기(氣)・현상(情)・움직임(動)・자기 자신(己)・사물(物)이며 측하는 것은 이(理)・속성(性)・고요함(靜)・타인(人)・사태(事)이다. 탐구하는(推) 것은 모두 드러나 있어 관찰이 가능한 것들이고 판단하는(測) 것은 모두 잠재되어 있어 관찰하기 어려운 것들이다. 추란 이처럼 드러나 있고 접해 있는 것들을 직접적으로 관찰하고 탐구하여 판단의 근거를 취합하는 행위를 말하며 측이란 이러한 탐구를 바탕으로 드러나 있지 않은 것들의 성격과 의미 등을 판단해 내는 잠정적 결론 도출과정을 말한다. 탐구로서의 추(推)란 인식과 가치판단의 전제들을 수집하고 재배열하는 행위이며 판단으로서의 측(測)이란 탐구를 바탕으로 인식을 공고히 하고 가치를 어느 정도 확정하는 행위를 말한다.

때문에(因)・으로써(以)・말미암아(由)・따라(遂) 등은 탐구한다(推)는 의미이고, 계량하다(量)・재다(度)・알다(知)・이치이다(理)

등은 판단한다(測)는 의미이다. 그 밖의 유사한 글자들을 이루 다 열거할 수 없다.[91]

탐구하기만 하고 판단하는 바가 없으면 움직임과 고요함에 모두 단단히 막히게 된다. 판단하기만 하고 탐구하는 바가 없으면 어찌 허망하지 않겠는가? 반드시 탐구와 판단이 서로 간여해야 그 마땅함을 얻는다.[92]

판단 없이 탐구만 할 경우 움직임이나 고요함 어느 하나에 정체되고 만다. 탐구 없이 판단만 일삼는다면 그 자체로 허망할 수밖에 없다. 판단은 탐구를 근거로 해야 허망하지 않으며 탐구는 판단으로 귀결되어야 생산적이며 현실에 적응할 수 있다. 탐구와 판단은 항상 역동적으로 수행됨으로써 진실(유행지리)의 모습에 보다 더 가까이 다가갈 수 있게 된다. 그리고 이러한 탐구와 판단은 인식론이면서 가치론이며 궁극적으로 사회철학의 방법론이 된다. 아래에서는 추측론을 인식론과 가치론으로 구분하여 좀 더 면밀히 살펴본다.

2) 인식론으로서의 추측론

최한기의 인식론은 그에 대한 최초의 연구 성과들이 제기될 무렵부터 가장 핵심적인 문제로 부각되었던 분야이다. 성리학은 그 이론

---

91) 『추측록』, 권1, 추측제강, 聖學及文字推測 "因字以字由字遂字, 乃推之義也. 量字度字知字理字, 是測之義也. 其餘擬類倣似之字, 不暇推擧."
92) 『추측록』, 권1, 추측제강, 推測相參, "徒推而無所測, 動靜皆固滯. 徒測而無所推, 豈不是虛妄. 必須推測相參, 乃得其宜."

적 특성으로 말미암아 인간의 인식의 문제에 관심을 갖기가 어렵다고 볼 수 있다. 인간의 앎의 문제는 인간 이외의 대상과의 관계에 주목하지만 성리학은 모든 진리를 인간의 내면에서 발견할 수 있다고 믿기 때문에 외부의 사물에 대해 적극적인 태도를 갖기 힘들다.

성리학과는 달리 인간의 앎의 문제에 지대한 관심을 보인 최한기의 인식론은 그 자체로 관심을 끌기 충분했다. 그러나 지금까지 제기된 인식론적 해명은 지나치게 서구 근대의 경험주의 인식론과의 유사점에 초점이 맞추어져 있었다. 본서는 추측을 중심으로 전개되는 최한기의 인식론이 근대의 경험주의 인식론과 분명히 구분되는 측면이 있다는 점을 지적하고자 한다. 이에 따라 그의 추측론이 단순히 인식론에만 그치지 않고 가치론으로까지 확장되는 측면을 드러내 보고자 한다. 본 절에서는 우선 인식론적 측면을 중점적으로 다룰 것이다.

① 추측의 인식론적 의미: 경험적 탐구와 확률적 판단

인간의 본성, 혹은 마음에 내재된 영원한 준칙으로서의 이(理)를 부정함으로써 이제 최한기가 이해하는 인간은 내면에 대한 성찰 대신 외물과의 소통을 통해 지식을 쌓고 참된 실천을 향해 나아가야 하는 새로운 책무를 떠안게 되었다. "사람 몸의 신명(神明)한 기는 오직 통하여 살피고(通察) 익혀서 물들이는(習染) 능력만을 가질 뿐이다. 이 밖에 본보기로 삼아서 말할 단서는 없다."[93] 이러한 통찰과 습염은 추와 측의 능력을 통해 발현된다. 인간은 추와 측 이외의 방법으로는 어떠한 지식에도 도달할 수 없다고 그는 단언한다.

> 마음은 달리할 수 있는 것이 없다. 기(氣)를 통해 탐구하고, (주
> 어진) 속성(性)을 통해 판단하여 점진적으로 단계를 밟아 나가면
> 그 효험(效)을 이루게 된다. 이에 이것을 이름 하여 앎(知)이라 한
> 다. 추와 측 이외에 어찌 아는 방법이 있겠는가?94)

최한기에 이르러 비로소 구체적 앎의 문제로서의 인식론이 중요
한 과제로 대두되었다.95) 추란 이미 주어진 사태나 사물에 참여하
여 그 내용과 내막을 탐구해 나가는 것이고 측이란 그러한 추를 바
탕으로 아직 겪지 못한 사태나 경험하지 못한 사물에 대해서까지
앎(知)을 확충해 나가는 것이다.

> 마음의 능력이란 이미 본 것을 탐구해서 아직 보지 못한 것을
> 판단하는 것이고, 이미 들은 것을 탐구해서 아직 듣지 못한 것을
> 판단하는 것이고, 이미 익힌 것을 탐구하여 아직 익히지 못한 것

---

93) 『신기통』, 권1, 체통, 收入於外發用於外, "蓋人身神明之氣, 惟有通察習
染之能. 無他模着言論之端."
94) 『추측록』, 권1, 추측제강, 推測卽是知, "心無他能. 因氣而推, 因性而測,
有漸有階, 乃成厥效. 爰名曰知. 推測之外, 豈有所知?"
95) 이종란은 추측의 인식론을 변증법적이라고 규정지었다. 이종란, 「최한
기의 인식이론의 성격」, 『혜강 최한기』, 예문서원, 2005, 173쪽. 그러
나 최한기 인식론의 변증법적 측면이 무엇인지는 잘 드러나 있지 않
다. 인식론과 관련하여 제기되는 쟁점들도 선명하게 부각되었다고 판
단하기 어렵다. 본서는 최한기의 인식론에 관한 종래의 모든 연구 성
과들을 비판하면서 재해석하고자 한다.

을 판단하는 것이고, 이미 있는 것을 탐구해서 있지 않는 것을 판단하는 것이다.[96]

따라서 추측을 통해 얻어진 결론으로서의 판단은 아직 경험하지 못한 사태나 사물에 대한 판단까지를 목표로 한다.

> 사방 전체(三隅四隅)로부터 갖가지의 모든 부분들에 이르기까지 각기 변하지 않는 이(理, 즉 유행지리)가 있다. 그러므로 그 하나를 탐구하여 나머지를 판단한다. 어찌 반드시 다른 사람의 가지가지 가르침을 기다려야 하겠는가?[97]

② 추측은 공자의 인식론을 확장시킨 것

하나에 대한 탐구를 통해 그 이상의 사태에 대해서까지 판단해야 할 것을 주문하는 위 주장은 공자의 다음 구절을 연상시킨다.

> 분발하지 않으면 가르치지 않고, 알듯 말듯 한 상황이 아니면 말해 주지 않는다. 한 귀퉁이를 얘기했는데 이것을 가지고 세 귀퉁이를 반추해 내지(反) 못하면 다시 반복하지 않는다.[98]

---

96) 『추측록』, 권1, 추측제강, 推測卽是知, "心之所能, 推見而測其未見, 推聞而測其未聞, 推習而測其未習, 推有而測其無有."
97) 『추측록』, 권1, 추측제강, 測隅測終, "自三隅四隅, 至于千百諸邊, 各有不易之理. 則推其一而測其餘. 何必待人之面面指誨?"
98) 『논어』, 8장, "不憤不啓, 不悱不發. 擧一隅, 不以三隅反, 則不復也."

공자는 하나에 대한 앎을 통해 나머지 부분에 대해서까지 지식을 확충할 것을 주문한다. 최한기는 이러한 공자의 가르침과 자신의 추측론이 일치한다고 주장한다.

주공과 공자의 학문은 실질적인 조리(實理)를 좇아 앎을 확충함으로써 나라를 다스리고 천하를 평화롭게 하는 데에까지 나아가기를 바랐다. 즉 기는 실질적인 이(實理)의 바탕이요 추측은 지식을 확충하는 요체(要)이다. 그러므로 기에 연유하지 않으면 탐구하는 것이 모두 허망하고 괴탄(怪誕)한 이(理)가 되고, 추측에 말미암지 않으면 안다는 것이 모두 근거가 없고 입증할 수 없는 말이 된다... 주공과 공자는 후세가 스승으로 삼아야 한다. (그들의) 성덕(德業)과 대업(大業)이 과연 후세가 밝힌 바를 기다려 실용(實用)에 도움이 있기 때문이다. 따라서 비록 나무꾼의 말이라도 취해 써야 하지 후세의 말이라 해서 모두 폐기해서는 안 된다. 만약 주공과 공자의 도(道)에 도움이 되지 않는 말이라면 아무리 예쁘고 좋은 말이라 하여도 취하여 써서는 안 된다.[99]

주공이나 공자 모두 기를 바탕으로 한 실질적인 이(實理)를 추구한 사람들이라고 그는 주장한다. 성리학이나 심학에서 주장하는 것처럼 주공이나 공자 모두 형이상학적인 초월의 이(理)와 그것의 내재로서의 성(性)이라는 관념을 추구한 인물이 아니라고 선언하고 있

---

[99] 『기측체의』, 기측체의서, "周孔之學, 從實理而擴其知, 以冀進乎治平, 則氣爲實理之本, 推測爲擴知之要, 不緣於是氣, 則所究皆虛妄怪誕之理, 不由於推測, 則所知皆無據沒證之言,..., 周公孔子, 百世師之, 盛德大業, 果有俟於後世之所明, 有補於實用, 則雖蒭說而取用, 未嘗以後世所言拚棄之, 若無補於周孔之道, 雖巧言善辭, 不可取用."

다. 따라서 최한기가 말하는 앎의 확충이란 성리학에서 말하는 활연
관통(豁然貫通)[100]이라는 최종적 목표를 갖지 않는다.

그러나 추측은 점수(漸修)만을 말하며 돈오(頓悟)는 말하지 않는다.
돈오의 과정에선 성인과 나무꾼이 구별되지 않는다. 성인의 말이라
해도 후세에 적실성이 떨어지면 폐기하고 나무꾼의 말이라 해도, 실
용에 도움이 되면 과감히 받아들인다. 추측은 늘 과정 중에 있는 것
이기에 주공과 공자의 말씀이라 해도 그것은 후세의 새로운 추측을
통해 새로운 맥락에서 끊임없이 재해석되어야 하는 것으로 이해되기
때문이다. 따라서 추측은 언제나 불완전하다. 추측은 확률적 판단으
로서 언제나 더 나은 제3의 대안을 위해 열려 있어야 한다.

③ 근대 인식론과의 비교 1 - 관념의 매개 없는 인식론

또한 이러한 추측론은 서구의 근대 인식론과도 구별된다.[101] 근

---

100) 『대학장구』에서 정이(程頤)는 지극한 앎으로서의 활연관통에 대해 다
음과 같이 말하고 있다. "大學始教, 必使學者, 即凡天下之物, 莫不因
其已知之理而益窮之, 以求至乎其極. 至於用力之久而一旦豁然貫通焉, 則
衆物之表裏精粗, 無不到, 而吾心之全體大用, 無不明矣. 此謂物格, 此謂
知之至也." (『대학』에서 처음 가르치기를, 배우는 사람들은 반드시
세상의 모든 사물에 나아가서 그 이미 알고 있는 이(理)를 근거로 그
것을 더욱더 궁구함으로써 그 최고조에 도달하고자 하지 않으면 안
되도록 했다. 오래도록 노력하여 하루아침에 활연관통에 이르게 되면
모든 사물의 겉과 속, 정밀함과 거침에 이르지 않음이 없게 되고 자
신의 마음 전체와 대체적인 쓰임이 밝지 않은 게 없게 된다. 이를 일
러 사물에 다가갔다고 말하는 것이고 이를 일러 앎이 지극해졌다고
말하는 것이다.)

대의 인식론은 경험주의나 합리주의를 막론하고 외물에 대한 인식의 과정에서 관념(ideas)의 매개를 필요로 한다. 인식의 주체와 인식의 대상이 존재론적으로 단절되어 있다고 전제하기 때문이다.

인간이 외물을 인식한다는 것은 존재론적으로 단절된 사태 사이의 조응을 의미한다. 이때 외부의 사물은 직접적으로 인간에게 인식될 수 없다. 인간의 인식창고 속에 외물이 인식된다는 것은 그 외부의 사물이 직접적으로 인간에게 들어옴을 의미하는 것이 아니라 우리의 지각을 통해 간취된 외부 사물의 관념이 형성됨을 의미한다. 이는 주체와 객체의 존재론적 단절을 전제하는 근대 인식론의 공통된 특성이라 할 수 있다.

경험주의의 경우도 본유관념(innate ideas)을 부인할 뿐 관념 그 자체를 부인하지는 않는다. 로크는 "마음이 사물들을 직접적으로 인식하지 못하고 사물들에 대해 갖는 관념들의 매개에 의해서만 인식한다는 것은 명백한 일이다. 우리의 인식은 우리의 관념들과 사물들의 실재 사이에 합치(a conformity between our ideas and the reality of things)가 있는 한에서만 실재적"[102]이라고 말한다. 타불라 라사

---

101) 최한기의 인식론을 서구의 근대 경험주의 인식론과 비교한 부분은 박종홍, 「최한기의 경험주의」, 『아세아연구』, Vol.8, No.4, 1965, 1-41쪽 참조. 박종홍은 그의 철학을 철저한 경험주의라고 규정하면서도 어떻게 이러한 경험주의적 입장이 주공의 윤리적 입장과 양립할 수 있는지에 대해서는 문제의식을 갖지 않았다. 본서는 최한기 사상을 서구 인식론과 비교한 박종홍의 연구 성과를 바탕으로 이와 같은 새로운 문제의식에 대한 해답을 찾고자 하고 있다.

102) Locke, J., An Essay Concerning Human Understanding, Oxford: Clarendon Press, 1969, p.317

(tabula rasa)에 기록되는 것은 관념이라는 매개자인 것이다.

그러나 최한기의 인식론에서는 경험되는 사물의 실재성(reality)을 파악하기 위해서 이러한 관념이라는 매개체를 필요로 하지 않는다.[103] 주체로서의 인간은 객체로서의 외물과 존재론적으로 단절되어 있는 것이 아니라 이들은 모두 기로 구성된 우주 전체의 일부분으로서 서로 연결되어 있는 것들이기 때문이다. 인간은 신기를 통해 직접 사물에 참여하여 탐구한다고 간주된다.

> 하늘과 인간은 본래 둘이 아니다... 무릇 하늘은 곧 대기(大氣)
> 이다. 대기가 사람의 몸 가운데를 통하여 뚫고 피부 사이에 푹 적
> 시어 있으며 차가움과 더움, 마름과 축축함이 안팎으로 교감함으
> 로써 살게(生) 된다. 비록 잠시 동안이라도 떨어져 끊기면 살 수
> 없게 된다. 이 때문에 기를 운명(命)이라 여기고 기를 삶(生)이라
> 고 여기는 것이다.[104]

---

103) 최한기의 "신기"를 토마스 아퀴나스의 "프뉴마"와 연관 지어 그의 인식론을 해명한 독특한 저작이 있어 소개한다. 안영상은 「토미즘과 비교를 통해서 본 혜강 최한기 인식론의 특징」, 『동양철학연구』, Vol.49, 2007에서 최한기의 인식론이 "감각"과 "개념"이라는 기본적 틀로서 구성되어 있다고 해석한다. 그러나 토미즘의 경우 영혼과 물질을 엄격하게 구분하는 이원론을 기반으로 하고 있고 최한기의 경우 기일원론을 기반으로 하고 있다는 점에서 둘 사이의 공통점에 주목하는 노력이 큰 결실을 맺으리라 기대하기는 어려울 듯하다. 안영상은 이러한 인식론에 대한 해석을 바탕으로 최한기가 말하는 유행 지리를 "천주교의 신에 대응되는 존재"로 파악하고 있는데 이는 신의 의미를 광의로 해석한 데 따른 지나친 결론이라고 보인다.

104) 『기학』, 2-114, "天人本無二... 夫天卽大氣也. 大氣透徹人身之中, 漬洽皮膚之間, 寒暑燥濕, 內外交感, 以爲生. 雖須臾間隔絕, 不得生. 是乃

최한기의 구상에 의하면 하늘과 인간은 연결되어 있다. 하늘엔 대기가 있으며 그 대기가 인간에게 침투해 들어와 생명을 낳는다. 하늘과 인간은 기로 연결되어 있는 일원적 존재로 파악된다. 이어서 그는 다음과 같이 더욱 분명하게 기일원론적인 주장을 펼친다.

> 모든 사태가 다 운화하는 기에서 나온다. 보고, 듣고, 말하고, 행동하며 희로애락의 감정을 드러내는 것은 사람 몸의 운화이다. 지구가 돌고 해와 별이 움직이며 솔개가 날고 물고기가 뛰노는 것, 게다가 강물이 흐르고 산이 우뚝 솟아 있으며 초목이 번성하였다가 시드는 것까지 모두 대기의 운화이다. 사람 몸의 움직임과 변화(運化)는 모두 천지와 만물을 근거로 하여 보고, 듣고, 말하고, 움직이며 희로애락의 감정을 드러낸다. (천지와 만물에) 소통하게 되면 하늘과 사람이 하나가 되고 나뉘게 되면 하늘과 사람이 둘이 된다.[105)]

기의 움직임과 변화과정을 최한기는 운화(運化)라 명명한다. 하늘과 인간은 기로 연결되어 있기 때문에 운화 또한 기본적으로 일원적으로 설명된다. 그러나 그 구체적 운화의 형태는 다르다. 인간에게는 보고 듣는 등의 감각과 희로애락의 감정이 기의 작용으로 설명되며 자연의 경우 생물체의 변화 과정과 자연물의 움직임 등이

以氣爲命, 以氣爲生."
105) 『기학』, 2 - 124, "萬事皆出於運化之氣. 視聽言動喜怒哀樂, 人身之運化. 地月之運, 日星之行, 鳶之飛, 漁之躍, 以至山天之流峙, 草木之榮枯, 大氣之運化. 人身運化, 皆因天地萬物, 以爲視聽言動喜怒哀樂. 通之, 則天人爲一, 分之, 則天人爲二."

기의 운화의 작용으로 설명된다. 인간의 기의 작용은 인간 이외의 자연의 기의 작용과의 합일을 전제로 진행된다. 그 사이에 다른 매개는 없다.

우리가 고양이를 본다고 할 경우 서구의 근대 경험주의에 의하면 우리는 우리의 감각기관을 통해 고양이라는 관념을 우리의 인식창고(tabula rasa) 안에 갖게 된다고 설명된다. 그러나 최한기에 있어 고양이를 본다고 하는 것은 고양이에 대한 관념을 인식창고 안에 간직하는 것이 아니라 나의 눈이라는 기(氣)가 고양이라는 기(氣)와 서로 통하여 고양이의 기의 흔적이 나의 신기(神氣)에 <물들어 들러붙음(染着)>을 의미한다. 관념의 매개 없이 신기가 대상과 직접적으로 소통(通)하는 것이다.

> 모든 사물이 눈에 보이는 것은 눈의 힘이 물체에 다다르는 것이 아니라, 사물의 형태와 색깔이 눈동자에 와서 비치는 것이다. 그러므로 눈동자가 맑으면 비치는 것이 모두 맑고, 눈동자가 흐리면 비치는 것이 모두 흐리다. 그러나 안에 있으면서 전후의 경험과 이해(利害)를 추측하는 것은 곧 한 몸의 신기(神氣)가 통(通)하는 것이다. 눈동자에는 신기가 있는데 이들(즉 눈동자와 신기)은 곧 하나의 기(氣)이다. 제대로 통하게 된다면 눈동자에 있는 사물의 형태가 곧 신기에 있는 사물의 형태이며, 신기에 있는 사물의 형태가 곧 눈동자에 있는 사물의 형태이다. 신기에 있는 사물의 형태는 물들어 들러붙음(染着)이 깊어 오래되어도 잊히지 않고, 눈동자에 있는 사물의 형태는 물들어 들러붙음이 얕아 지나가 버리면 곧 잊힌다. 아무리 자주 와서 비친 사물이라 하더라도 신기의 통(通)이 없으면, 비치는 대로 곧 잊힌다.[106]

인간의 시각 작용에 대한 위의 설명은 시세포(視細胞)와 신경세포(神經細胞)의 작용을 통해 시각 작용을 설명하는 현대의 과학적 설명방식과 유사하다. 과학적 설명방식은 우리의 시각작용에서 관념의 역할을 인정하지 않는다. 시각은 빛의 파장을 받아들이는 인간의 몸의 신경과 뇌의 미세한 조직들의 작용으로 설명될 뿐이다. 최한기가 설명하는 시각 또한 마찬가지이다. 인간의 신체와 그 작용에 대한 그의 이해는 관념을 비롯한 일체의 확인되지 않는 매개자를 필요로 하지 않는다. 인간의 몸 그 자체만을 통해 작용을 설명하고자 한다. 이처럼 관념의 매개 없이 직접 기의 연결을 통해 나 이외의 타인과 사물에 대해 탐구하고 인식해 나간다고 본 점에서 최한기의 인식론은 근대 경험주의의 틀에서 벗어나 있다고 볼 수 있다.

④ 근대 인식론과의 비교 2 – 로크와의 차이: 유행지리를 인정

로크는 대상 자체가 가진 속성, 즉 부피, 형태, 넓이, 운동 등의 일차속성들과 달리 색깔, 맛, 냄새 등의 이차속성은 대상 자체가 가진 속성이 아니며 단지 인간의 심리적인 산물이라고 규정한다.[107]

---

106) 『신기통』, 권2, 목통, 物色暎眸, "凡物之照見, 非眼力之及於物也, 乃物之形色, 來照于瞳子, 而眸淸則所映皆淸, 眸濁則所映皆濁, 然在內而推測前後經驗利害者, 乃一身之神氣通也, 神氣之於瞳眸, 卽一氣也, 有能通之, 則瞳眸之物形, 乃神氣之物形也, 神氣之物形, 卽瞳眸之物形也, 神氣之物形, 染着深, 則雖久而不忘, 瞳眸之物形, 染着淺, 則隨過而隨忘, 雖頻數來照之物, 不有神氣之通, 則隨照旋忘."

107) Smith, S., Ideas of the Great Educators, New York: Barns &

따라서 일차속성은 모든 사람들이 동일하게 지각하는 반면 이차속성은 주체들에 따라 서로 다르게 경험된다고 보았다. 그러나 이러한 구분은 자신의 원칙, 즉 본유관념을 부인하는 그의 사상의 출발점에 위배된다.

로크는 인간의 지식이란 백지 상태에 저장되는 관념의 다발이라 규정하면서도 일차속성이라고 하는 사물 고유의, 즉 사물 본유의 속성을 인정해 버린다. 모든 속성을 이차속성, 즉 주관적 심리의 산물이라고만 규정지을 경우 진정한 인식 자체가 성립될 수 없다고 보는 불가지론에 빠질 위험이 있다. 이러한 불가지론은 그가 원했던 바가 아니다. 로크는 불가지론을 회피한 대신 결국 사물 본래의 속성을 인정함으로써 모순된 논리를 구사하고 만다.

하지만 최한기에게는 대상의 속성들에 대한 이러한 구분은 애초부터 필요치 않다. 로크가 말한 일차속성과 이차속성 모두 그에게는 사물의 고유한 속성(性)으로 단일하게 설명될 뿐이다. 물론 우리가 고양이를 지각한다고 할 때 저마다의 지각은 모두 주관적이다. 저마다 가진 신기와 질(質)의 차이에 의해 지각의 수준에 차이가 있을 수 있다. 하지만 우리는 이러한 지각의 차이에 대해 징험(驗)을 통해 점차로 그 진실성을 입증해 나갈 방도가 마련되어 있다. 왜냐하면 징험의 준적(準的)으로서의 자연의 운행질서, 즉 유행지리를 인정하고 있기 때문이다.

이처럼 최한기는 자연의 운행질서라는 기준을 인정한다는 점에서

Noble Books, 1979, pp.125 – 126.

로크와 차이를 보인다. 로크는 일차속성과 이차속성 등, 사물에 대한 직접적 경험을 통해 얻는 수동적 관념을 단순관념이라 규정하며 이러한 단순관념들을 오성이 결합하여 추상해서 만들어 내는 복합관념과 구별한다. 예컨대 야옹 소리, 발톱, 부드러운 털 등의 단순관념들을 결합하여 고양이라는 복합 관념을 만들어 낸다고 본다. 이때 로크는 이러한 복합 관념들은 그 자체로 실재하는 것이 아니라 단지 명목적인 것에 불과하다고 보는 유명론(nominalism)적 입장에서 출발한다. 고양이라는 대상의 실재성을 인정할 경우 그것은 경험 이전에 이미 정해져 있는 본유관념이 될 수밖에 없기 때문이다.

하지만 그는 결국 물질실체와 정신실체를 인정함으로써 다시금 딜레마에 빠지고 만다. 이 또한 진리를 인정함으로써 불가지론에 빠지고자 하지 않는 그의 진리관에 의한 필연적인 딜레마라 할 수 있다. 이에 대한 칸트의 비판은 정확했다.

> 로크가 모든 개념과 원칙들을 경험으로부터 도출한 후에, 그것을 사용할 때에는, 사람들이 신의 현존과 영혼의 불멸성을(이 두 대상은 가능한 경험의 한계 밖에 있음에도 불구하고) 마치 어떠한 수학적 정리처럼 증명할 수 있는 양 주장한다.[108]

로크는 이처럼 경험주의의 서막을 여는 이론적 틀을 제시했지만 스스로 딜레마에 빠짐으로써 경험주의의 과제를 낳게 되었다. 그의

---

108) Kant, I., Kritik der reinen Vernunft, Hamburg: Felix Meiner, 1956, A 854＝B 882

뒤를 이은 흄은 이러한 딜레마를 훌륭하게 해소하는데 흄의 이러한 노력은 경험주의적 인식론을 더욱 정교화하고 일관된 관점에서 이론화한 것이라 평가할 수 있다. 그런데 최한기의 경우 흄의 정교하고 극단적인 경험주의와도 역시 구별되는 측면이 많다.

⑤ 근대 인식론과의 비교 3 – 흄과의 차이: 회의주의 배격

흄은 데카르트나 로크가 무차별적으로 관념이라고 부른 것을 관념(ideas)과 인상(impressions)으로 구분하고 이들을 합하여 지각(perceptions)이라 규정한다. 데카르트와 로크가 정신 안에 있는 관념의 존재를 기정사실화하고 그에 대응하는 외부 사물의 존재 여부를 탐구하는 것을 철학적 탐구의 과제로 삼은 데 비해, 흄은 정신 외부에 존재하는 것으로 상정되는 외부 물체는 인간의 인식능력으로 알 수 없고 철학은 단지 정신 안에 존재하는 혼란스런 관념들을 명확히 하는 것을 탐구의 목표로 해야 한다고 생각했다. 로크가 불가지론에 빠지지 않고 경험을 통해 확실한 지식을 추구하고자 했던 문제의식을 가졌던 것과 달리 흄은 보다 더 근본적으로 앎의 가능성 자체를 의심하기 시작했던 것이다.

그는 관념을 인상으로부터의 모사를 통하여 생겨나는 것으로 파악하고 관념을 본성상 불확실한 것으로 간주했다. 하지만 아무리 회의적인 입장을 지닌다 해도 인상 그 자체는 확실하다고 인정하지 않을 수 없었다. 고양이를 본다고 하는 우리의 원초적이고 생생한 인상 자체만큼은 부인할 수 없는 사실이기 때문이다. 따라서 어떤

불확실한 관념을 명확히 하기 위해서는 그 관념이 기원하는 인상을 찾아내기만 하면 되고, 그 인상에 대응하는 외부 대상의 존재 여부에 대해서는 탐구할 수 없다고 그는 생각하였다. 관념의 매개를 통해 외부 대상의 실재와 관념이 일치할 수 있다고 본 로크보다 더욱 철저한 경험주의인 것이다.

또한 관념이 모방하는 생생한 지각으로서의 인상들은 서로 독립되어 있다. 오늘 해가 떴고 어제 해가 떴다고 해서 <해는 매일 아침 뜨는 것>이라고 아직 경험되지 않은 사태까지 포함하여 그 진리치를 예측할 수는 없는 것이다. 우리는 단지 이러한 독립적인 인상들이 연결되어 있을 거라는 습관을 가질 뿐 진정한 앎을 쌓아 나가는 것은 아니다. 흄은 대상의 실재와 관념의 진실성 사이를 오가며 딜레마를 범하던 로크와는 달리 과감하게 회의주의(skepticism)적 입장을 취하게 되었다고 평가할 수 있다.

그러나 최한기는 이처럼 외부 대상의 존재 여부를 탐구할 수 없다는 회의주의적인 주장을 부정한다. 우리와 외부의 대상은 모두 기로 연결되어 있다. 내가 있는 것처럼 타인도 존재하고 사물도 존재한다. 나와 타인, 사물은 서로의 존재를 인정하며 서로를 탐구하여 신기의 소통(通)을 도모한다. 추를 통해 인간은 인상들을 쌓으며 측을 통해 이러한 자료들을 재배열하고 비교·징험하여 일정한 판단을 도출한다. 비록 완전하지는 않을지라도 추측 행위는 인간과 사물 및 자연에 대한 점진적 이해로 나아갈 수 있다는 긍정적 기대를 갖게 한다. 우리의 지각을 불신하지 않으며 경험된 개별적 인상들을 가능한 한 효과적으로 연결하고자 한다. 이처럼 최한기의 인식론은 로크와 흄의 경험주의와는 근본적으로 다른 맥락을 갖고 있다.

⑥ 칸트의 인식론과의 비교

근대 서구의 인식론 가운데 최한기의 인식론과 가장 유사한 것은 오히려 칸트의 인식론이라 할 수 있다. 추와 측은 로크가 말하는 타불라 라사가 아니라 오히려 칸트의 순수 이성(reine Vernunft)과의 유비를 통해 더 잘 이해될 수 있다. "칸트에 있어 순수 이성이란 그 자체로는 아직 아무런 내용도 갖지 않은, 그러나 '경험의 계기에' 경험을 형태 지을 개념으로 '발전'할 '싹과 소질'을 가진 인간 마음의 표상 능력"109)이다. 추측 또한 그 자체로는 아무런 내용을 갖지 않은 채 인식과 판단 작용을 낳을 싹과 소질을 가진 하나의 능력이다.

칸트 이전의 인식론에 의하면 인간은 두 가지 가운데 하나의 판단만을 할 수 있었다고 주장되었다. 아직 경험하지 않은 사태를 선험적으로 인식할 수 있는 분석판단과 경험을 통하지 않고는 인식할 수 없는 종합판단이 그것이다. 경험주의자들은 종합판단을 중심으로 인식론을 전개하여 인식의 선험적 측면을 부정하였으며 합리주의자들은 분석판단을 중심으로 인식론을 전개하여 인식의 경험적 측면을 경시하였다.

그런데 최한기의 추와 측의 인식론은 경험을 통한 인식을 일차적

---

109) 백종현, 「로크와 칸트에서 <실재하는 사물>」, 『칸트연구』, Vol.4, 1999, 232 – 234쪽.

으로 중시하면서도 이를 토대로 해서 경험되지 않은 것에까지 인식의 지평을 넓혀 갈 수 있다고 주장한다는 점에서 경험주의와 합리주의를 종합해서 설명한 칸트와 입장을 같이한다. 칸트는 존재론적으로 경험 이전에 주어지는 인간의 선험적 능력을 통해 인식의 지평을 넓혀 갈 수 있는 선험적 종합판단(Synthetisches Urteil a priori)이 가능하다고 주장하였는데 이는 몇 가지 사물이나 사태에 대한 탐구(推)를 통해 아직 확인되지 않은 사태나 사물에 대한 판단(測)으로 나아가는 추측의 과정과 유사하다. 탐구와 판단에 관해 최한기가 말한 부분을 다시 인용해 본다.

> 탐구만 하고 판단하는 바가 없으면 움직임과 고요함이 모두 단단히 막히게 된다. 판단하기만 하고 탐구하는 바가 없으면 어찌 허망하지 않겠는가? 반드시 탐구와 판단이 서로 간여해야 그 마땅함을 얻는다.[110)]

최한기의 이 구절은 "내용 없는 사상은 공허하고 개념 없는 직관은 맹목"이라는 칸트의 유명한 선험적 종합판단의 테제와 닮아 있다. 최한기의 위 문장을 칸트 식으로 바꾸면 다음과 같다. <직관(탐구)만 있을 뿐 개념(판단)이 없으면 움직임과 고요함이 맹목적이되고 사상(판단)만 있을 뿐 내용(탐구)이 없으면 어찌 허망하지 않겠는가?>

---

110) 『추측록』, 권1, 추측제강, 推測相參, "徒推而無所測, 動静皆固滯. 徒測而無所推, 豈不是虛妄? 必須推測相參, 乃得其宜."

칸트가 근대 과학의 철학적 기반을 마련한 이론가로 인정받고 있는 것은 이처럼 경험적 실험과 이를 통해 얻은 데이터들을 바탕으로 과학적 이론이라는 보편적 원리를 도출할 수 있다고 본 점에 있다. 최한기 역시 근대 과학의 성과에 크게 영향을 받아 이와 같은 과학적 이론이 정립할 수 있게 되는 이론적 토대에 관심을 갖게 되었을 것이다.[111] 경험을 기초로 이론을 창출하고, 이론을 통해 아직 경험되지 않은 사태를 예견하고 판단하며, 다시금 새롭게 경험된 사실들을 바탕으로 재차 이론을 수정하는 역동적인 과정이야말로 최한기가 주장하는 추측의 과정이라는 점에서 칸트의 인식론과의 비교는 유용하다고 볼 수 있다.

그러나 역시 칸트 또한 최한기와는 근본적인 지점에서 다르다.

---

111) 서구 과학에 대해 최한기가 어떠한 입장을 취했는지에 대해서는 이현구 「최한기의 서양과학 이해」, 『혜강 최한기』, 예문서원, 2005, 335－368쪽, 김용헌 「최한기의 우주설 수용과 기학적 변용」, 『혜강 최한기』, 예문서원, 2005, 369－394쪽, 문중량, 「조선후기 자연지식의 변화패턴」, 『대동문화연구』, Vol.38, 2001, 문중량, 「최한기의 기론적 서양과학 읽기와 기륜설」, 『대동문화연구』, Vol.43, 2003, 가와하라 히데키, 「최한기 기학 체계 내의 과학」, 『대동문화연구』, Vol.45, 2004, 권오영, 「최한기의 기설과 우주관」, 『육사논문집』, Vol.56, 2000 등 참조. 이 가운데 문중량의 연구 성과가 특히 주목할 만하다. 문중량은 최한기의 천문학 이해 수준이 19세기 중국의 수준에 미치지 못한다고 판단한다. 그는 19세기 중국의 경우 케플러의 법칙이 결국 뉴턴 역학을 바탕으로 하고 있었음을 이해한 반면 최한기는 뉴턴 역학에 대한 이해로까지 나아가지 못한 채 전통적인 기의 메커니즘을 주장하는 선에 그쳤다고 평가한다. 근대 서구 과학에 대한 최한기의 불분명한 이해가 사회철학 분야에서도 그대로 반복되고 있을지 모른다는 비판은 이러한 설명에서 암시되어 있다고 볼 수도 있다.

최한기는 추측의 능력 자체를 경험의 과정을 통해 확보된 것으로 본다. 추측의 선험적 지위를 인정하지 않는다. 그러나 칸트에게 있어 오성(Verstand)은 선험적인 것으로 규정된다. 이러한 차이는 신기의 인간론에서 언급한 바 있듯이 최한기가 개체로서의 인간과 종으로서의 인간을 구별하지 않은 데서 발생하는 측면이라고 볼 수도 있다. 최한기는 추측의 능력을 하늘이 준 것이 아니라 경험을 통해 획득되는 것이라 말하지만 그것이 과연 개별적 인간의 차원에서 획득되는 것인지 아니면 종적인 차원에서 진화를 통해 획득되는 것인지 여부는 명확히 밝히지 않는다.

인간의 속성(性)으로서의 인의예지와 관련한 측면에서 가설3의 반론에 마주치게 되지만 인간의 경험이라고 하는 능동적인 능력으로서의 추측과 관련한 측면에서는 가설2에서 제기된 반론과 마주치게 된다. 추측이라는 새로운 측면을 제시한 점에서는 성리학과의 단절에 성공했다고 볼 수 있지만 그것의 선험성과 경험성에 관해 명확한 해답을 제시해 주지 못하고 있다는 점에서 비정합적이라고 볼 수 있다는 비판에 마주치게 된다.

이러한 측면은 이론이성과 실천이성(praktische Vernunft)을 구분한 칸트와의 차이점에서 또다시 확인된다. 이론이성은 우리의 인식만을 담당한다. 따라서 자유롭다. 그러나 자유를 무한히 허용할 수는 없다. 무한한 자유는 칸트가 인정한 신(神)적 본체계, 즉 물자체(Ding an sich)에 대한 인간의 자의적 폭력을 야기할 수 있다. 이론이성은 철저히 현상계에 대한 탐구에만 전념할 수 있을 뿐이다. 도덕과 의무를 담당하는 본체계로서의 신의 영역은 실천이성이 담당한다. 인간에게는 이론적 탐구를 수행하는 이론이성과 함께 신적인 영원의 의미를 모색해 나가는 실천이성이 선험적으로 주어져 있다. 이처럼 현상계와 본체계의 구분을 전제로 할 경우 이론이성과 실천이성의 구분은 필연적이다.

그러나 최한기에게는 이와 같은 본체계와 현상계의 구분이 없다. 최한기가 말하는 기(氣)의 일원론은 본체론과 현상론을 구분하지 않는다. 그런 점에서 본체계와 현상계의 이원적 체계를 근거로 한 서구의 인식론이 최한기의 인식론과 차이를 보이게 되는 것은 당연한 귀결이라 할 수 있다.

기(氣)의 운화만을 인정함에 따라 최한기는 오직 기(氣) 안에서 인식과 가치의 문제를 모두 해결해야 하는 과제를 스스로 떠안게 된다. 최한기의 추측론이 단지 인식론에 불과한 것이 아니라 도덕이론과 실천이론, 궁극적으로는 사회철학의 기초론일 수밖에 없는 이유가 여기에 있지만 바로 이러한 측면 때문에 가설2에서 제기되는 반론에 노출되고 만다. 과연 인식과 실천의 문제를 하나의 범주의 문제로 탐구하고자 했던 최한기의 시도가 성공적이었는지 앞으로 전개되는 논의를 통해서 좀 더 면밀히 검토해 보도록 하자.

여기서는 최한기의 추측의 인식론이 유럽 근대 인식론과 구별되는 뚜렷한 특징을 보이고 있다는 점만 확인하고자 한다. 그리고 이렇듯 구별되는 특징은 추측의 가치론적 해명을 통해 더욱 확실하게 드러난다고 정리해 볼 수 있다.

3) 가치론으로서의 추측론

최한기의 추측론이 인식론에만 머물지 않는다는 점은 그의 전 저작을 통해 매우 쉽게 확인된다. 우선 신기의 인간론에서 이 점이 확인된다.

> 나의 눈동자로 타인의 눈동자를 관찰하여 그 사람의 선함과 악함·순수함과 잡스러움·즐거움과 웃음·노여움과 원망을 안다. 타인 또한 자신의 눈동자로 나의 눈동자를 보아 나의 선함과 악함·순수함과 잡스러움·즐거움과 웃음·노여움과 원망을 안다. 즉 눈동자의 소통이라는 것은 타인과 내가 마찬가지이다.112)

최한기는 타인의 눈동자를 관찰함으로써 타인의 도덕적 자질과 감정까지도 <안다>고 말하고 있다. 이때 <안다>고 하는 표현이 단지 인식론적 차원의 <앎>의 문제에만 그치는 것이 아님은 그 내용을 통해 알 수 있다. 눈동자는 단지 타인에 대한 감각적 인식만을 하는 기관에 머물러서는 안 된다. 그것은 <사람의 선함과 악함>을 알 수 있는 가치론적 차원의 기관으로까지 간주되어야 한다. 또한 최한기는 내가 타인을 보는 것처럼 타인 또한 나를 본다는 점을 전제로 하고 있기 때문에 주체의 일방적인 관찰이 아닌, 관찰하면서 관찰됨을 의식하는 상호적인 행위라는 점을 전제로 하

---

112)『신기통』, 권2, 목통, 眼視隨神氣有異, "以我之眸子, 觀人之眸子, 知其人之善惡純駁嬉笑怒怨, 彼亦將其眸子, 觀我之眸子, 知我之善惡純駁嬉笑怒怨, 則眸子之通, 彼此相同."

고 있다.

① 추측은 존재론이 아닌 확률론의 문제

앞에서 진행해 온 서구 인식론과의 비교를 통해 추측론이 가지는
가치론적 측면을 좀 더 살펴보자.

흄의 경우 이성은 참과 거짓을 판별하는 기능을 담당하고 선과
악의 문제는 이성이 아닌 도덕감(moral sense)이 담당하는 것으로
규정된다. 이성은 인식론의 주제이며 도덕감은 선과 악 등 가치론의
주제이다. 즉 이성은 참과 거짓을 명확히 판단할 수 있는 진리론을
담당하며 도덕감은 주체의 감정을 다루는 것으로서 기본적으로 주
관적일 수밖에 없는 것으로 이해된다.[113]

이러한 주관적 감정들은 공감(sympathy)의 원리를 통해 도덕적
분별의 근거를 마련할 수 있다고 해석될 여지가 있지만 여전히 그

---

113) 물론 이러한 주관적인 도덕감을 바탕으로 한다 해서 반드시 정의주
의(emotivism)로 귀결되는 것이라 간주할 수는 없다. 개인의 주관적
인 도덕감은 공감(sympathy)의 원리를 통해 도덕적 분별의 근거를
마련할 수 있다고 볼 수 있기 때문이다. "사실로부터 당위가 도출될
수는 없다."고 흄이 명시적으로 밝히고 있음에도 불구하고 흄이 사실
로부터 당위가 도출될 수 있다는 자연주의적 입장을 취하고 있었
다는 해석이 현대에 이르러 속속 제기되고 있다. 이에 대해서는
MacIntyre, A., After Virtue: a study in moral theory, Notre Dame:
Univ. of Notre Dame Press, 1984, pp.229－233, 최희봉, 「흄의 자
연주의적 프로그램」, 『범한철학』, Vol.19, 1999, 류혜경, 「흄의 도덕
철학에서 사실과 당위의 문제」, 『철학논구』, Vol.27, 1999 등 참조.

근거를 개인의 주관적 감정에서만 찾기 때문에 정의주의(emotivism)의 혐의를 완전히 벗어나기는 어렵다. 요컨대 흄은 정의주의와 자연주의 사이에서 일종의 딜레마를 겪었던 것이라 간주해 볼 수 있다.

그러나 최한기에겐 이와 같은 갈등이 필요치 않다. 그가 말하는 추측의 능력은 애초부터 참과 거짓을 판별하는 진리론의 주제가 아니라 확률적 판단을 도모하는 과정의 주제로 다뤄지기 때문이다. 그에게 있어 인간의 추측작용으로 말미암은 모든 결론들은 잠정적인 것일 뿐이다. 서구적 기준으로 보아 사실에 관한 판단도 잠정적인 것이며 도덕에 관한 판단 역시 잠정적인 것이다.

> 사람을 판단하는(測人) 방법에는 원래 일정한 규칙이 없다. 어쩔 수 없이 그 일정하지 않은 가운데에서 20−30%의 정할 수 있는 것들을 취하여 대략의 경계(範圍)로 삼아야 한다... 마치 달리는 말을 탄 채 달아나는 토끼를 쏘아 맞히는 것과 같다. 쏘아 맞히는 기술을 충분히 익히고 움직임의 완급을 참작하여 기회가 오기를 기다려 처리해야 한다. 사람을 판단하는 방법이란, 판단의 경험(測驗)을 쌓아 무한히 단련하여, 먼저 자신의 견해를 밝힌 다음 타인의 기(氣)를 살피고, 이어서 (나와 타인의 기가) 서로 사귀어 운화하는 기를 관찰하는 것이다. 옛사람의 (옛사람이 창출한) 일정함이 있는 방법 속에서 그 일정함이 없는 측면을 발견해 내고, 또한 (옛사람이 창출한) 일정함이 없는 (방법) 속에서 그 일정할 수 있는 측면을 취하는 것이 바로 사람을 판단하는 활법(活法)이다.114)

114) 『인정』, 권1, 측인문1, 총론, 無一定規, "測人之方, 元無一定規則, 不可不從其無定中, 取其二三分可定者, 以爲範圍, ...如乘馳馬而射中走兔, 當習熟射中之術, 參酌緩急之運, 以待臨機裁處也, 測人之方, 當積累測

위 인용문은 판단으로서의 측, 그 가운데 최한기가 가장 강조했던 사람에 관한 판단에 관한 핵심적인 내용을 담고 있다. 최한기에 의하면 사람에 대한 판단이란 인식론적 판단에 머물지 않는다. 그것은 <먼저 자신의 견해를 밝힌 다음> 판단의 대상인 <타인의 기를 살피고>, 결국 나와 타인의 기가 <서로 사귀어 운화하는 기를 관찰하는> 세 가지 단계를 거쳐 수행된다. 추와 측이 단순히 인식론에만 머문다면 타인이란 단지 감각기관을 통해 인식되는 대상으로서의 외물의 단계에만 머물러야 할 것이다. 그것은 인식 주체인 <나>가 타인을 인식하는 일방적 과정이 될 수밖에 없다. 그러나 최한기가 말하는 추측은 이러한 일방적 과정에만 만족하지 않는다. 타인에 대한 판단의 출발을 <자기 자신>에게서 찾고 있으며 그 결말을 <서로 사귐>에서 구한다.

그리고 이러한 판단은 진리론의 차원에서 다뤄지지 않는다. 최한기에 있어서 추측, 즉 탐구와 판단은 철저히 확률론적 차원의 문제로 간주된다. 사람을 판단(測)하는 행위는 마치 달리는 말을 탄 채 도망가는 토끼에 활을 쏘는 것처럼 힘겹고 불확실하다. 참과 거짓으로 나뉠 수 있는 판단이 아닌 단지 20-30%의 확률에만 도전하는 개연적 판단일 뿐이다. 추측은 선험적으로 주어진 이성(Vernunft)의 행위가 아니며 늘 단련하여 시기를 조절해야 하는 일종의 예술(術)로 이해되어야 한다.

과거에 행해진 높은 확률의 판단 속에 도사린 함정을 발견해 낼

驗, 無限鍛鍊, 先明在己之見, 次察在人之氣, 次觀交接運化之氣, 於古人有定之法, 見得其無定, 又於無定之中, 取其可定者, 乃是測人之活法."

줄 알아야 하며 저평가된 과거의 판단 행위 속에서 새로운 의미를 발견해 낼 줄도 알아야 진정한 판단이라 할 수 있다. 이러한 판단은 사태와 가치를 가리지 않으며 그들을 준별하지 않는다. 우리는 고양이를 보고 추측할 수 있으며 또한 타인의 도덕적 자질(質) 및 선악까지 경험하여 추측할 수 있는 것이다. 이러한 소통을 전제로 하여 수행되는 추측행위는 지식의 습득과 도덕의 함양이라는 두 가지 목표를 동시에 달성하고자 한다.

② 추측론의 두 가지 목표: 인식과 가치

양심을 보존하고 본성을 기르는 일(存養)에 힘쓰는 사람은 마음을 다잡아 지키는(操守) 일(내면적 성찰)에는 넉넉하지만 경영과 경제(營濟)에는 부족하다. 식견에 힘쓰는 사람은 경영과 경제에는 조금 우수하지만 마음을 다잡아 지키는 일(내면적 성찰)에선 미흡하다. 오로지 이 추측(推測)만이 일단 견문을 탐구하여 천리(天理, 즉 유행지리)를 좇아 판단했으므로 진실로 내면적 성찰과 경영 및 경제를 넉넉하게 하고 모자라지 않게 함에 한계가 없을 것이다... 오직 추측의 길(推測之道)만이 식견과 존양을 합하여 처음과 나중으로 삼는다. 작은 일이건 큰 형체건 막론하고 처음에 넓은 배움(博學), 깊이 있는 질문(審問), 신중한 생각(愼思)을 통해 얻은 것들을 식견으로 삼고, 끝으로 명료한 논변(明辯), 독실한 실천(篤行)의 근본 바탕을 존양으로 삼는다. 식견에는 식견의 추측이 있고 존양에는 존양의 추측이 있고 경영과 경제(營濟)에는 경영과 경제의 추측이 있고 내면적 성찰에는 내면적 성찰의 추측이 있다. 진실로 추측의 처음과 끝을 완벽히 달성하면 어찌 넉넉함과 부족함의 차이가 있겠는가.[115]

위 인용문은 추측이 결코 존양(存養)의 문제를 등한시하는 인식론적 차원의 문제에만 집중하지는 않는다는 점을 보여 주고 있다. 최한기는 식견과 존양의 모든 측면이 추측론의 대상이 된다고 말한다. 내면적 성찰과 지식의 확충은 모두 중요하다. 추측을 인식론의 문제로만 접근할 경우 자칫 내면적 성찰을 강조하는 추측의 인간론적 측면을 놓치기 쉽다. 지식의 확충에 추측이 작용하는 것처럼 존양이라고 하는 내면의 수양 과정에도 추측이 작용한다. 각각에 따로 매달려서는 안 되며 종합적 차원에서 실행해야 한다. 추측은 이처럼 지식만을 목표로 하지 않고 내면적 성찰까지도 목표로 한다. 나아가 선과 악의 문제 또한 추측의 대상이 된다. 인간의 모든 인식과 가치의 문제를 총체적으로 다루는 것이 곧 추측이다.

선을 탐구(推)하는 사람은 결국 그 선을 따르게 되고, 악을 탐구(推)하는 사람은 반드시 그 악을 택하게 된다. 만약 (선악을) 추측할 생각은 하지 않고 데면데면 선악의 기미를 논하게 된다면, (선과 악으로 갈라질 기미란) 서로 멀리 떨어져 있지 않고 오직 미약한 차이만 있을 뿐이어서 결국 그 사람이 취하고 버리는 대로 방임해 버리는 셈이 된다.116)

---

115) 『추측록』, 권5, 추기측인(推己測人), 存養及識見, "務存養者, 操守有餘, 而營濟不足. 務識見者, 營濟稍優, 而操守不及. 惟玆推測, 旣推開見而測順天理, 則固無限於操守營濟之有餘不足… 惟推測之道, 以識見存養, 合爲始終. 無論小事大體, 始以博學審問愼思之所得爲識見, 終以明辨篤行之根基爲存養. 而識見則有識見之推測, 存養則有存養之推測, 營濟則有營濟之推測, 操守則有操守之推測. 苟能通達推測之始終, 有何有餘不足之差."

선과 악의 문제까지 최한기는 탐구와 판단의 대상이라고 간주한다. 탐구하는 것이 선일 경우 그 결과는 선을 따르는 것이 되고 악을 탐구하게 되면 그 결과도 결국 악이 되고 만다고 말한다. 선악의 기미가 어디 있는지 논하는 것은 부질없다. 선 그 자체에 직접 참여하여 탐구해야 한다. 선과 악이 무엇인지 그것을 직접 탐구한 다음 판단하는 추측의 과정을 거치지 않고 선악의 기미를 논하는 심학적 과정에만 머물게 된다면 결코 선악을 참되게 구별 짓는 과정을 수행할 수 없다고 그는 주장한다. 선과 악으로 갈라질 기미란 대단히 미약하다. 조그마한 차이로 인해 선과 악으로 갈라진다. 그 미묘한 갈라짐의 틈새를 심학적으로 집착할 경우 결국 아무것도 하지 않는 것과 마찬가지가 되고 만다고 최한기는 비판한다.

그리고 이러한 가치론적 측면은 실천으로 귀결될 때 진정한 의미를 지니는 것으로 평가될 수 있다. 추측행위는 단순한 인지적 활동에 머물지 않고 삶의 여러 국면에서의 개선을 낳고 변화를 도모하는 것을 목표로 하는 적극적 실천행위로 간주되어야 한다.

> 무릇 천하의 일 가운데 크게는 학문과 정치, 교육으로부터 작게는 여염(閭閻)의 생산 활동에 이르기까지 타인과 내가 아울러서 함께 이루어 내는 것이 아닌 것이 있겠는가? 나를 닦아 타인을 다스리고 나를 이루어서 타인을 이루며, 타인으로 인해 일을 처리하게 되는 것 등이 모두 이것이다. 하물며 타인을 판단하는 대도(大道)는 말해 무엇 하겠는가? (타인을 판단하는 대도란) 장차 타인

---

116) 『추측록』, 권1, 추측제강, 善惡有推, "推善者畢從其善, 推惡者必擇其惡. 若不念推測, 泛論善惡之幾, 相去不遠, 惟在毫釐之分, 任其人之取捨."

을 판단하여 성취(成就)가 있게 하고자 하는 것이다. 단지 그냥 타인을 판단하는 것에 그치는 것이 아니므로 타인을 판단하는 준적은 타인과 나를 합치는 데에 있다.117)

타인을 판단하는 것은 그 판단을 통해 무언가 타인에게 변화를 꾀할 때 빛을 발한다. 단순히 판단에만 머문다면 그것은 자기만족적인 독단 행위, 혹은 편견을 낳는 행위에 지나지 않을 것이다. 이처럼 판단행위(測)는 행위 자체만으로 만족하지 않고 변화와 개선을 유발한다는 점에서 나와 타인의 삶의 전 국면에 충만해 있는 능동적인 활동일 수밖에 없다.

행위하는 인간의 모든 활동은 추와 측의 활동으로 수렴된다. 하지만 결단코 추와 측의 행위는 경험을 벗어난 범위까지 나아가서는 곤란하며 유행지리라는 준적을 기준으로 수행되어야 한다. 천지의 소이연은 결단코 추측의 대상이 되어서는 안 된다. 근대 서구의 경험주의적 인식론과는 내용을 달리하지만 철저히 경험에 입각해서 모든 지식과 가치의 문제를 다룬다는 점에서는 여전히 최한기는 철저한 경험주의자로 간주되어야 한다.

---

117) 『인정』, 권1, 측인문1, 총론, 合人己爲測, "凡天下事務, 大而學問政敎, 小而閭閻産業, 有何不兼人己而成就者乎? 修己治人, 成己成人, 因人濟事皆是也. 況測人大道? 爲將測之而有成就. 非但測人而尼之, 則測人準的, 在於合人己."

③ 인식과 가치의 합일의 문제

최한기의 추측론이 종래의 성리학이 다루지 않았던 인간의 인식의 문제를 본격적으로 중시했다는 점은 대단히 새로운 측면이라고 할 것이다. 최한기 인식론이 성리학과 구별되는 측면과 함께 서구의 인식론과도 구별되는 측면을 앞에서 살펴봤다.

그러나 최한기의 추측론이 인식론에만 머물지 않고 가치론의 문제까지 다루게 된다는 점에 이르게 되면 우리는 다시 가설3에서 제기했던 문제점과 마주치게 된다. 즉 그가 새로운 방법론으로 제시한 추측론이란 것도 결국은 인식론적 측면을 보강하는 데에 그칠 뿐 사실과 가치를 구분하지 않는 전통적 차원의 문제의식에서 탈피하지 못한 낡은 방법론에 지나지 않는 것이라는 비판이 가능하다. 실제로 최한기는 자신의 추측론이 과거의 성현들의 주장과 어긋나지 않는 차원의 주장이라는 점을 인정하고 있다.

> 예로부터 성현이 비록 (명시적으로) 추측이란 말을 하지는 않았으나, 그 말씀하신 종지(宗旨)를 자세히 살펴보면 추측의 의미가 아닌 것이 없다. (성현들이 말씀하신) 덕으로 나아가는 단계와 절차라는 것은 탐구(推)에 해당되고 지극한 선의 준적(準的)이란 것은 판단(測)에 해당된다.[118]

과거의 성현들의 말씀을 자신의 주장의 타당성을 뒷받침하기 위한

---

118) 『추측록』, 권1, 추측제강, 聖訓皆推測, "從古聖賢, 雖不言推測, 究其立言宗旨, 無非推測之義, 進德之階級爲推, 至善之準的爲測."

논거로 거론하는 최한기의 입장은 양가적으로 해석될 수 있다. 최한기 스스로는 자신의 추측론이 대단히 새로운 것이라는 점을 주장하면서도 그것이 결코 옛 성현들의 가르침에 어긋나지 않는 <보편성>을 가지고 있다는 점을 강조하고자 위와 같이 주장했을 것이다.

그러나 위 주장은 최한기의 의도와는 달리 최한기의 추측론이 실상은 과거의 낡은 도덕주의에 얽매여 있다는 자기 고백으로 해석될 여지도 있다.[119] 최한기 저작 곳곳에 산재해 있는 새로운 것과 낡은 것 사이의 긴장 관계는 본서가 취하고 있는 가설1의 입장이 결코 쉽게 정당화되기는 어렵다는 점을 보여 준다. 이 점을 계속 염두에 두고 논의를 진행해 본다.

---

[119] 최진덕은 최한기 사상은 그 자체로 이중적이며 결국 그의 사상이 <실패한 신크레티즘>에 지나지 않는 것이라고 혹평한 바 있다. 최진덕, 「혜강 기학의 이중성에 대한 비판적 성찰」, 『혜강 최한기』, 수원: 청계, 2000, 161쪽. 논자는 최한기의 입장을 좀 더 긍정적인 차원에서 변론해 보고자 하는 가설1의 입장을 중심으로 본서를 진행하고 있다. 논자는 위 진술이 낡은 것으로의 투항을 의미하는 것이 아니라 낡은 것에 대한 재해석을 의미한다고 보고자 한다. <덕으로 나아가는 단계와 절차> 및 <선의 준적>이라는 두 가지 틀은 규범의 보편성과 상대성에 대한 재해석의 두 가지 큰 줄기가 될 것이다. 이 부분은 자연주의에 관한 다음 장의 논의에서 더욱 상세히 다룬다.

2. 추와 측의 순환성과 상호성

추와 측은 인간의 모든 경험과 판단 행위를 총괄한다. 인간의 전 생애에 걸쳐 끊임없이 영위되는 과정이며 항상 나에게서 타인 및 외물로, 또한 외물 및 타인에게서 나에게로 향하는 역동적이고 상호적인 과정이다. 추측은 인간의 모든 삶에서 지속적이고 광범위하게 순환적으로 수행되는 반복적인 행위라는 의미에서 순환성[120]을 가지며 그 활동이 일방적이 아니고 상호적이며 단계를 밟아 끊임없이 서로 영향을 주고받는 결과를 낳아 발전해 나간다는 점에서 상호성을 가진다.

① 추측의 순환성: 음식의 맛보기 → 요리 → 다시 맛보기

추측, 즉 탐구와 판단은 추에서 측으로, 측에서 다시 추로 반복적으로 순환되는 과정을 겪어 나간다. 예컨대 "음식물을 씹어서 맛을 보는 것은 (음식물을) 탐구하여 (그 맛을) 판단하는 것이고, (재료들을) 조화시켜 맛을 내는 것은 (재료들이 가진 맛에 대한) 판단을 통해 (요리의 결과물을 어떻게 만들어 낼지를) 탐구하는 것이다."[121]

---

120) 이현구는 최한기가 말하는 인식과 실천의 과정을 경험 → 지각 → 추측 → (비교) → 변통 → 증험의 단계로 정리하고 있다. 이현구, 「최한기 사상의 인식론적 의의」, 『대동문화연구』, Vol.43, 2003, 258쪽. 그러나 본서는 추측의 과정이 그처럼 일직선상의 과정이 아니라 순환하는 과정이라는 점에 초점을 두고 논의를 전개하고자 한다.
121) 『추측록』, 권1, 추측제강, 推測互用, "嚼物辨味, 推而測也, 謂和成味,

즉 추를 통한 측의 과정은 경험과 탐구를 통해 인식의 지평을 확대하고 아직 경험되지 않은 미지의 영역에 대한 잠정적 판단과 일반화를 도모하는 귀납적 과정인 반면, 측을 통한 추의 과정은 판단과 일반화를 토대로 쌓아 정리된 지식을 바탕으로 새로이 현실에 개입하고 참여해 나가는 구체화의 과정이다.

추에서 측으로, 측에서 추로, 또다시 추에서 측으로 나아가는 순환적 과정을 통해 경험은 일반화되고 실천은 더욱 정교하게 구체화된다. 요리를 해 보지 못한 사람이 맛을 보는 것과 요리를 해 본 사람이 맛을 보는 것에는 차이가 있다. 축구를 해 보지 않은 사람이 축구를 보는 것과 축구를 해 본 사람이 축구를 보는 것에 차이가 있는 것처럼 말이다. 처음 탐구하는 것과 탐구로부터 판단으로 이어지는 순환적 과정을 거쳐 다시 탐구에 임하는 것에는 차이가 있기 마련이다.

이러한 과정은 다음의 인용구에 정리되어 있다.

> 지극히 작은 것에까지 분석이 이르러 (즉 개별적 사물에 대한 면밀한 탐구를 통해) 어지럽지 않게 된 이후에야 거의 그 전체 (體)의 범위를 다할 수 있고 (즉, 전체에 대한 일반적 판단을 귀납적으로 도출할 수 있고), 전체의 범위를 살필 수 있게 된 이후에야 (즉 일정한 판단이 수립된 이후에야) 만 가지의 서로 다른 다양한 것들을 거의 분변하게 된다. (즉 개별적 사태에 대한 탐구의 적실성을 확보하게 된다.)"[122]

測而推也."
122) 『추측록』, 권3, 추정측성, 主一統萬, "分析至微而不亂, 然後庶可盡其

작은 것에 대한 탐구를 통해 전체의 범위를 다하는 과정은 추에서 측으로 나아가는 과정이다. 반면 전체의 범위를 살피는 측의 과정을 통해 도출된 (잠정적·확률적) 결론을 개별적 사물들에 적용시키는 과정은 측을 통해 추로 나아가는 과정이다.

전체를 파악하고 판단하기 위해선 개별적 사물에 대한 탐구가 필요하며 개별적 사물들에 대한 적실성 있는 탐구를 행하기 위해선 전체에 대한 판단이 뒷받침되어야 한다. 추와 측의 순환성이란 이처럼 개별적 탐구에서 일반적 판단으로 나아가는 귀납적 과정과 (잠정적·확률적) 판단을 기반으로 개별적 사물과 사태에 대해 다시 탐구해 들어가는 과정이 반복적으로 순환되고 있음을 의미한다.

앞서 말한 추정측성(推情測性)·추동측정(推動測靜)·추물측사(推物測事)·추기측인(推己測人)의 과정도 마찬가지로 이해된다. 인간의 감정(情)이라는 현상에 대한 탐구를 통해 인간의 속성(性)에 대해 판단하는 일회적인 한 방향의 과정만으로는 부족하다. 속성(性)에 대한 판단을 통해 일반화된 이론, 혹은 가설을 토대로 다시 인간의 감정(情)을 판단하는 과정으로 나아가야 한다. 움직임(動)과 고요함(靜)도 마찬가지이다. "움직임(動)을 탐구하여 고요함(靜)을 판단하고 고요함을 탐구하여 움직임을 판단한다. 움직임과 고요함에 (각기) 두 가지 판단이 (따로) 있는 것이 아니다."[123]

體之範圍, 能察全體之範圍, 然後庶辨萬殊之不齊."
123) 『인정』, 권2, 측인문2, 총론, 測靜, "推動而測靜, 推靜而測動. 動靜無二測."

② 추측의 상호성: 추측은 주체와 객체가 서로 행한다.

또한 추측행위는 나에서 타인으로 향하는 방향과 타인에서 나로 향하는 방향이 상호적으로 얽혀 가는 상호성을 가진다. 추측이 일방향이기만 하면 그것은 진정한 추측이 아닌 것이다.

> 자신의 기는 보기 어렵지만 남에게 있는 기는 보기 쉬우므로, 타인의 기를 보는 일에 익숙해야 내 몸의 기를 짐작하게 된다. 그런 뒤에야 내 기를 탐구하여 타인의 기를 판단하고 타인의 기를 탐구하여 내 몸의 기를 판단할 수 있다.[124]

> 어찌 나만 타인을 판단할 수 있겠는가? 타인도 또한 나를 판단할 수 있다. 이것이 사람을 판단하는 공론(公論)이다.[125]

추기측인(推己測人)의 일방적 활동만으로는 진정한 앎과 실천에 도달할 수 없다. 그것은 추인측기(推人測己)와 더불어 상호작용을 이룰 때에만이 진정한 의미를 드러낼 수 있게 된다. 그리고 이러한 추측의 상호성은 한 번의 과정으로 끝나서는 안 된다. 순환성과 결

---

124) 『인정』, 권1, 측인문1, 총론, 察氣推達, "自身之氣難見, 而在人之氣易見, 故研熟於見人之氣, 乃可以斟酌自己之氣. 然後推我氣而測人之氣, 推人氣而測我之氣."
125) 『인정』, 권1, 측인문1, 총론, 公論達道, "奚獨我能測人? 人亦可以測我, 是爲測人之公論." 이 지점에서 김상봉이 주장하는 서로주체성이 극명하게 드러난다. 최한기의 사회철학을 근대적 관점이 아닌 근대를 극복하는 관점에서 읽을 수 있는 근거가 여기서도 발견된다.

합하여 끊임없이 이어지는 연속적인 과정이 되어야 한다.

이처럼 추와 측의 작용은 그 대상을 항상 바꾸어 가며 끊임없이 반복적이고 순환적으로 일어나는 활동이다. 그것은 내가 타인을 추측하는 것처럼 타인 또한 나를 추측할 수 있음을 인정하는 상호적인 행위이기도 하다. 서구의 근대 경험주의적 인식론의 틀과는 그 규모와 내용 면에 있어서 서로 비교할 수 있는 차원의 것이 아니다.

최한기에 있어 주체와 대상은 존재론적으로 단절되어 있지 않다. 주체와 대상은 전체로서의 기(氣)의 부분으로 통합되어 있으며 늘 서로 소통하는 것을 전제로 생명을 영위하고 존재를 보존한다.[126] 그리고 그 소통의 방향은 항상 주고받는 상호적인 것이어야 한다. 일방적인 추측은 정체를 낳고 편견을 낳을 뿐이다. 내가 나 자신을 탐구하여 타인에 대한 판단의 근거를 마련하고 타인에 대한 탐구를 통해 다시금 나 자신에 대한 인격적 판단의 재료로 삼는 과정이 역동적으로 되풀이되어야 하는 것이다.

이처럼 최한기가 말하는 추측의 인식론과 가치론은 나와 타인 및 사물 사이의 상호적이고 순환적인 소통을 전제로 하고 있기 때문에 사회 철학적으로서 의미 있을 수 있다. 사회는 바로 나와 타인이 소통하고 대화하며 참된 것을 발견하여 때로는 다투고 때로는 협력

---

126) 김상봉은 유럽 근대의 주체철학의 특징을 나르시시즘적인 <홀로주체성>으로 규정짓고 이러한 일방주의적인 주체성에서 탈피하여 다른 주체와의 대면과 연대를 도모하는 <서로주체성>의 철학을 제창한 바 있다. 최한기에 있어서 이 같은 서로주체성은 그의 사상의 기본 전제가 되기 때문에 굳이 강조될 필요가 없다. 서로주체성은 그의 사상 전체에 녹아 있다. 김상봉,『서로주체성의 이념』, 길, 2007 참조.

하는 추측의 마당이기 때문이다.

> 무릇 자신을 닦는(修身) 도리가 어찌 자기 한 몸을 닦는 것에
> 그치겠는가? 가까이는 오륜이라는 큰 형체를 닦은 이후에야 완전
> 히 갖추어진 수신(修身)이라 말할 수 있고, 멀리로는 사해의 모든
> 사람에 대한 은혜와 사랑을 밝힌 후에야 완전히 소통한 수신이라
> 말할 수 있는 것이다.[127]

지금까지의 논의를 통해 우리는 최한기의 인간론과 인식론 및 방
법론이 성리학에 대한 전면적 비판을 토대로 형성되어 왔음을 확인
할 수 있었다. 이제 인간에 대한 이해를 바탕으로 본격적으로 사회
철학적 근거에 대해 살펴보기로 한다.

---

127) 『인정』, 권1, 측인문1, 총론, 測人大道, "夫修身之道, 豈獨修一身而止
哉? 在近之五倫大形體, 修之而後, 可謂完備之修身, 在遠之四海骨肉, 恩
愛明之而後, 可謂通達之修身."

IV.

사회철학의 근거로서의 경험과 자연

본 장에서는 최한기 사회철학의 재구성 과정이 경험과 자연이라는 두 가지 중심축을 중심으로 전개된다는 점을 밝히고자 한다. 최한기의 경험주의 철학의 의미를 더욱 명확히 정리하고 최한기 철학에서 자연이 갖는 의미를 정확하게 분석하고자 한다. 그리고 결론적으로 경험과 자연에 대한 최한기의 관점이 어떻게 종합될 수 있는지 밝힘으로써 최한기 철학에 대해 제기되는 이중성의 혐의를 적극적으로 반박해 보고자 한다.

1. 최한기에 있어 경험의 의미

박종홍의 연구가 최한기 철학을 경험주의로 규정한 이래로 최한기 철학을 논하는 거의 모든 연구는 그의 철학을 경험주의라 규정짓는다. 그러나 최한기 철학에 있어 경험이 어떤 의미를 갖는지에 대해서는 아직도 석연한 해명이 이뤄졌다고 보기는 어렵다. 앞에서는 이미 근대 경험주의 인식론과의 비교를 통해 최한기의 경험주의 철학의 성격을 검토해 본 바 있다. 여기서는 근대 경험주의 인식론보다 더 큰 공통점을 갖고 있다고 판단하는 듀이(John Dewey) 철학과의 비교를 통해 최한기 철학에서 경험이 갖는 의미를 드러내 보고자 한다.

1) 경험과 소통

본서는 최한기가 구상한 사회철학의 재구성 노력이 어떤 내용으로 이뤄져 있고 그것을 어떻게 평가해야 할지를 다루고 있다. 논자는 최한기의 이러한 재구성 노력 가운데 가장 핵심이 되는 용어를 <소통(通)>이라고 보고자 한다. 소통은 인식론에서도 중요한 위상을 갖는다. 신기의 소통은 곧 추측 과정의 핵심으로 간주된다. 이러한 소통은 그러나 개인의 영역에만 머물지 않고 타인 및 외물과의 관계에도 적용된다. 소통을 통해 최한기의 인식론은 사회철학으로 재구성될 수 있게 된다고 볼 수 있다.

① 경험의 능동성 → 소통으로의 확장

최한기 철학은 경험의 철학이다. 경험의 주체로서의 인간은 끊임없는 운화의 과정 속에 있다.

천하에는 움직이지 않는 사물이 없으니 그 움직임을 편안히 하면 고요함이 된다. 사람의 몸은 호흡이 연속되고 혈맥이 두루 흐르는데 이로 인해 몸뚱이의 운화가 행해져 잠시도 멈추지 않는다.128)

물론 최한기는 고요한 상태의 긍정적 측면까지 부정하지는 않는다. 오히려 "평생을 분주함에만 빠져 사는 사람은 고요함에 거하는(靜居) 즐거움을 모른다. 마주치는 때에 따라 일을 (제대로) 경영해나가는 사람도 그 고요함을 배양하는(靜養) 여유에서 나타나는 것"129)이라고 하면서 지나치게 드러나는 행위에만 몰두하지 말라고 주장한다. 그럼에도 불구하고 논의의 중점은 역시 행위에 있다. 고요함을 강조한 것도 지나침에 대한 경고의 의미를 가질 뿐이다.

그 움직임을 편안하게 하여 정밀함(精)을 기르고 고요함에 익숙하여 신(神)을 보존130)할 수 있다면, 행위를 할 수 있고, 또한 이룰 수 있게 된다. 어찌 잠자코 움직이지 않는 것(寂然不動)을 고요함이라고 간주하여 행위함도 없고 이루는 것도 없게 하겠는가?131)

---

128) 『인정』, 권2, 측인문2 총론, 測情, "天下無不動之物, 而安其動爲靜. 人之一身, 呼吸聯屬, 血脉流周, 所以行軀殼之運化."
129) 『인정』, 권2, 측인문2, 총론, 測情, "平生奔汨之人, 不知靜居之樂. 隨遇營事之人, 出於靜養之餘, 察人靜居, 多有觀感, 測人慣熟."
130) 기의 역동성을 직접 느끼기보다는 기의 놀라운 공능으로서의 신(神)의 의미를 조용히 음미할 수 있게 됨을 의미한다. 성리학적 의미의 신(神)과는 의미가 다르다는 점은 이미 앞에서 살펴본 바 있다.
131) 『인정』, 권2, 측인문2, 총론, 測情, "能安其動而養其精, 習於靜而存其神, 乃可有爲, 亦可有成. 豈可以寂然不動爲靜, 而無所爲無所成哉."

적연부동이라는 절대적 고요함을 추구하는 심학의 태도는 여기서도 비판된다. 앞에서 잠시 살펴본 것처럼 최한기가 고요함을 중시한 것도 결국은 그것을 진정한 행위와 성취로 나아가기 위한 과정이라 여겼기 때문이지 고요함 그 자체를 긍정했기 때문은 아니다.

그런데 이처럼 능동적인 행위는 대부분 타인과의 소통을 통해 영위하게 된다. "활동운화(活動運化)의 근본이 비록 나에게 있다고 해도 실상 그것의 활용의 경우 타인과 사물에 의존하지 않는 것이 없다… 평생의 공부 가운데 나에게 있는 것은 10-20%이고 타인과 사물에 있는 것은 80-90%이다."[132] 자신에게 있는 활동운화의 능력은 타인과 사물과의 관계를 통할 경우에만 진정한 공부로 이어진다. 최한기의 기학은 그 자체로 사회적 소통을 중시하지 않을 수 없는 내용을 가지고 있다. 그의 경험주의는 결국 사회철학으로 이어질 수밖에 없다는 점은 논자의 일관된 입장이며 본서의 주제이기도 하다.

② 관용: 소통으로부터 도출

이러한 경험주의적 사회철학의 구상은 우선 인간 개개인이 가지는 관용의 정신을 바탕으로 한다. 관용의 정신을 바탕으로 능동적인 소통을 도모해 나갈 수 있다는 주장은 아래 구절에서 확인할 수 있다.

---

132) 『기학』, 2-80, "活動運化之本, 縱云在我, 其實須用, 無非資賴於人物… 平生工夫, 在我者, 一二分, 在人物者, 八九分."

타인의 일에 소통하지 못하는 사람은 반드시 자기의 일만 자랑
해 대면서 타인의 일은 비방한다. 타인의 집안일에 소통하지 못한
사람은 반드시 자기 집안일만 찬양하면서 타인의 집안일은 비방한
다. 다른 나라의 일에 소통하지 못한 사람은 반드시 자기 나라의
일만 칭찬하면서 다른 나라의 일은 비루하다고 헐뜯는다. 타인의
가르침과 법도에 소통하지 못한 사람은 반드시 (자기의) 가르침만
높이면서 타인의 가르침은 배척한다. 그러나 이보다도 더 극심하
게 소통하지 못하는 폐단이 있다. 지나치거나 미치지 못하는 등의
잘못이 자기 자신에게 있음에도 불구하고 그러한 과오를 말하는
사람이 있으면 반드시 그렇게 말한 사람을 큰소리로 욕해 댄다.
타인에게 좋고 이로우며 합당함의 단서가 있어서 그것을 취하여
사용하는 사람이 있으면 반드시 그 사람을 헐뜯고 욕한다. 이는
스스로를 편협하게 하고 스스로를 해치는 것이다.[133]

　　최한기는 사회적 관계를 맺고 소통하지 못하는 고립된 자아의 폐
단을 신랄하게 비판한다. 타인과의 소통 없이 활연관통에 이른다는
것은 환상이다. 관용의 정신은 소통으로부터 얻어진다. 도덕적 교설
이나 공허한 의무감만으로는 관용의 정신을 가질 수 없다. 타인과의
관계 맺음이 부족할 경우 자신의 잘못을 지적받는 것에 대해 지나
친 거부감을 갖게 된다. 지적받는 사실의 적실성을 따지기보다는 그

---

133)『신기통』, 권3, 변통, 除袪不通, "不通乎人之事者, 必誇伐己之事, 而非
　　毀人之事. 不通乎人家之事者, 必讚揚己家之事, 而誹訕人家之事. 不通
　　乎他國之事者, 必稱譽本國之事, 而鄙訾他國之事. 不通乎他教法者, 必
　　尊大其教, 而攘斥他教. 不通之弊, 尤有甚焉. 屬於己者, 縱有過不及之差
　　誤, 言之者, 必聲討之. 屬於彼者, 雖有善利得中之端, 取用者, 必唾罵之.
　　是自狹自戕也."

러한 점을 지적한 사람에 대해 감정적 대응만을 취할 뿐이다. 자기에게만 움츠러들며 타인의 장점을 애써 외면하고자 한다.

사람을 판단(測人)함엔 마땅히 남아 있는 희망(餘望)이 있어야 한다. 단언해서는 안 된다. (측인하는 대상이) 길(吉)하다고 말할 때도 혹시 불길(不吉)을 범하지 않을까 경계하고 흉(凶)하다고 말할 때도 흉함을 피해 나갈 바른 길을 권해야 한다... 만약 그 (사람의) 길흉을 단언해 버리면 길한 자는 길하기만 하여 달리 남아 있는 희망이 없게 되고, 흉한 자는 흉하기만 하여 달리 변화와 개선이 없게 된다. 측인(測人)하는 대상으로 하여금 고려할 여지가 없게 만들어 사태를 대할(處事) 때 오직 길흉만 믿게 하고 만다. 이보다 더한 해는 없을 것이다.[134)

남아 있는 희망(餘望), 즉 자신의 판단이 틀릴 수도 있다는 관용의 정신을 통해 또 다른 판단의 여지를 열어 두는 것은 바로 성리학과 심학이 보여 주지 못한 열린 태도라 할 수 있다. 최한기의 저작 전체를 통해 일관되게 강조되고 있는 이러한 관용의 태도야말로 진정한 사회철학에 이르게 하는 전제가 된다. 그리고 이러한 소통의 의의는 개인적 측면에서뿐만 아니라 국가적 측면에서도 확인된다.

---

134) 『인정』, 권1, 측인문1, 총론, 測人餘望, "測人, 宜有餘望, 不可斷促, 論吉, 則戒不吉之或犯, 論凶, 則勸避凶之正途, … 若斷促其吉凶, 吉者吉而更無餘望, 凶者凶而無他變改, 使人無所顧慮, 處事惟恃吉凶, 害孰甚於此也."

③ 국가적 차원의 소통 : 모화사상의 극복

> 국가의 정치와 명령(政令)이 멀리 있거나 가까이 있거나 (모든) 백성들의 정서(情)에 소통하게 되면 잘 다스려져 평안한 모습을 보이게 될 것이다. 그러나 가까이 있어서 익숙한 (소수의) 사람들의 사사로운 정서(情)에만 소통하고 멀리 있거나 가까이 있거나 (다른 나머지 모든) 백성들의 고통을 은폐해 버리면 점점 더 환란을 초래하게 될 것이다.[135]

국가적 차원의 관계 맺음에서 특히 중요한 것은 사사로운 정서를 극복하고 자기와 직접적인 관련이 없는 사람들과의 관계에도 특히 주의를 기울여야 한다는 점이다. 국가적 차원에서 이 점은 아무리 강조되어도 지나치지 않다. 하지만 이것은 지극히 상식적인 주장으로서 굳이 최한기의 사회철학이 아니더라도 전통적 유교 사상 속에서도 쉽게 발견될 수 있는 내용이다. 하지만 논의의 대상이 국가 내의 관계가 아니라 국가들 사이의 관계로까지 넓어지면 사정은 달라진다.

> 근래에 중국과 서양이 서로 소통하여 서적의 경우 영화서원(英華書院)과 견하서원(堅夏書院)이 (서양서들을) 번역했고 학예(學藝)의 경우 역법과 산술(曆算) 및 기계(器械)를 실질적으로 사용하게 되었다. 이에 견문이 천하에 그윽이 통하고 사업은 사람들 사이에서 모두 같게(大同) 되었다. 먼저 예법(禮法)·정치전략(治

---

135) 『신기통』, 권1, 체통, 通有大小遠近, "國家政令, 通遠近之民情, 將有治平之象. 通於近習之私情, 而壅蔽遠近之民隱, 將有釀禍之漸."

謨)・교육과 문화(教文)・산업(産業) 등의 주제로부터 시작하여 이것을 가지고 저것을 비교하고 저것을 들어 이것을 징험하면, 자연히 취하고 버릴 것이 있게 되고, 또 취하고 버리는 가운데 우열(優劣)이 있게 될 것이다. 모든 사물은 비교를 한 뒤에야 우열이 자연히 생기게 된다. 비교하는 바가 없으면 우열이 있다는 것도 알 수 없다. 견문이 한 집이나 한 나라에서 벗어나지 못하는 사람은 우열을 알 수 있는 견문이 없다. 한가하게 거처하여 일없이 지낸다면 견문이 치우쳐 막혀 있어도 그 잘못이 큰 것은 아니다. 그러나 드넓은 곳에서 지내고 올바른 자리(正位)를 세우며 대도(大道)를 행하고자 하는 사람의 경우라면 견문이 완벽히 소통하는 사람이어야 그렇게 할 수 있는 것이다.136)

최한기에 이르면 중국에 대한 모화사상(慕華思想)은 극복된다. 중국뿐만 아니라 서양 여러 나라들까지 소통의 대상이 된다. 이념의 고향으로서 절대적 지위를 차지했던 중국이 이제는 다른 나라들과 비교되어야만 하는 상대적 지위로 내려앉는다. 절대적이고 고정된 국가관으로서는 소통의 사회철학이 불가능하다고 보았기 때문이다.

조선조 도학자들에게 존재론적으로 다뤄졌던 예(禮)의 문제도 그는 이제 비교의 대상일 뿐이라고 단언한다. 초월적 진리가 이미 인

---

136) 『추측록』, 권5, 추기측인, 見聞多少邪正, "挽近中西相通, 書籍有英華堅夏兩書院之飜譯, 學藝有厤算器械之實用. 於是聞見幽通於天下, 事業大同於人間. 先自禮法治謨教文産業, 將此較彼, 擧彼驗此, 自有取捨, 而取捨之中, 又有優劣. 凡事物, 待比較而優劣自生. 無所比較, 則不知有優劣. 見聞之不離於一家一國者, 便是無優劣之見聞也. 閒居無事, 則見聞偏滯, 差無大過. 至於居其廣居立其正位行其大道, 則見聞通達者, 所可能也."

간에게 내재되어 있어 자기 자신에 대한 몰입만으로 완전한 진리에 도달할 수 있다고 믿는 성리학과 심학을 유지하면서 중국 이외의 타국에 대한 열린 태도를 갖는 것은 애초부터 불가능하다. 우리 안에 도사린 진리의 신기루를 제거해야만 열린 자세와 소통이 가능하다.

이제 추측을 바탕으로 하는 경험의 내용을 살펴보고 이를 통해 어떻게 사회철학으로 나아갈 수 있는지 살펴보자.

2) 경험의 능동성

① 경험: 수동적 인식론을 넘어서는 능동적 행위의 기초

최한기는 경험과 관련하여 견문(見聞)·열력(閱歷)·경험·참험(參驗)·추측(推測) 등의 다양한 단어들을 사용한다. 견문이란 보고 듣는 수동적 행위이며 열력과 경험이란 직접 겪는 행위로서 체험의 의미를 갖는다. 흔히 열력과 경험은 짝을 이루어 '열력경험'이라고 말한다. 참험이란 비교하여 경험하는 것이며 추측이란 이러한 다양한 경험 행위들을 토대로 탐구하고 판단하는 것을 의미한다.

경험은 경험 행위 하나로 의미를 지니지 않으며 추측으로 나아가 궁극적으로 소통에 기여해야만 의미가 있다. 소극적 견문·능동적 경험·탐구·판단·소통 등의 일련의 과정은 단절되어 있지 않고 연결되어 있으며 끊임없이 반복된다. 따라서 최한기의 경험주의가 단순히 감각자료(sense data)들에 대한 수동적 지각(perception)만을 의미하는 근대의 인식론적 경험주의와는 다르다는 점이 다시 한 번 확인된다. "비록 이러한 감각기관(諸竅)과 감각작용(諸觸)이 있다 해도 만약 신기가 기록하고 풀어내고 경험하는 것이 없다면, 평생 여러 번 듣고 본 일과 사물들이라 해도 모두 그때마다 처음 보고 듣는 일과 사물들이 될 뿐"137)이라고 간주하기 때문이다.

② 존 듀이의 경험론과의 유사성

침(針)이나 송곳이 옆에 있을 때 찔릴까 봐 두려워하게 되는 것은 전에 보고 듣고 겪은(見聞閱歷) 것이 있기 때문이다. 만약 전에 보고 듣고 겪은 것이 없다면 옆에 있는 침이나 송곳을 보더라도 처음에는 당연히 그것이 무슨 물건이며 어디에 쓰이는 것인지 모를 것이고 그것이 피부를 찔러 다치게 하는 것인 줄도 모를 것이다. 그러나 일단 보고 듣고 겪게 된다면 단지 침과 송곳에 찔릴까 봐 두려워하는 것에 그치지 않고 가시 모양의 찌를 수 있는 물건들까지도 모두 피할 수 있게 될 것이다. 피부가 잠시 상처를 입는 것은 대단한 일이 아니다. 그런데도 꼭 깜짝 놀라서 기가 움직이게 된다. 이것은 순식간에 신기가 충격에 자극되어(衝發) 놀라고 움직이는 것이다. 침을 겁내는 사람도 정작 침 맞기 전에만 겁을 내고 침을 맞은 뒤에는 겁을 내지 않는다. 침을 편하게 여기는 사람은 침 맞기 전이나 후나 모두 태연하다. 이런 현상은 모두 신기 때문에 일어나는 것이다. 신기는 보고 듣고 겪은 적이 있으면 아직 직접 접촉하지 않은 것들이라 하더라도 그것이 어떻게 접

---

137) 『신기통』, 권1, 신기통서, "雖有此諸竅諸觸, 若無神氣之記繹經驗, 平生屢聞數見之事物, 皆是每每初聞見之事物也."

148

촉하게 될지를 알고, 이미 접촉을 경험해 본 것의 경우엔 그 비슷
한 것들까지 상세히 소통하여 안다.138)

　침에 찔린다는 행위 자체만으로는 의미를 갖지 않는다. 최한기는
단순히 인식론적인 문제에만 관심을 두지는 않았다. 침이나 바늘 등
날카로운 물건을 보는 행위만으로도 고통이 연상될 수 있을 때 비
로소 의미를 갖는다고 보았다. 그리고 이러한 연상 작용은 누군가
다른 사람이 침에 찔리는 것을 보거나 자신이 직접 찔리는 것을 겪
음으로부터 비롯된다. 보거나 겪는 행위를 통해 침이 사람을 찌를
수 있다는 것을 알게 되고 이를 바탕으로 날카로운 물체 일반들도
찌를 수 있는 속성을 가지고 있다는 판단에까지 도달할 수 있게 되는
것이다. 그런데 이러한 최한기의 설명은 미국 실용주의(pragmatism)
의 대표자인 존 듀이(John Dewey)의 설명과 매우 유사하다.

　　한 아이가 불 속에 손가락을 집어넣을 경우, 불 속에 손가락을
　　집어넣는 그 자체만으로는 경험이 될 수 없다. 그 동작의 결과로
　　서 그 아이가 겪게 되는 고통과 연결될 때 비로소 경험이 성립된
　　다. 그 아이에게는 그때부터 불 속에 손가락을 집어넣는 것은 화

---

138) 『신기통』, 권3, 촉통, 觸待見聞, "針錐在傍而畏刺者, 以有前日見聞閱
歷也. 若無前日見聞閱歷, 雖見在傍之針錐, 初當而不知爲何物而何所用,
又不知刺膚有傷也. 一有見聞閱歷, 則非惟畏針錐之見刺, 亦能於荊棘芒
刺之類, 皆得謹避之矣. 皮膚之霎時見傷, 不是大段. 而必捷驚氣動者. 倉
猝之間, 神氣衝發, 兼得驚動也. 畏鍼之人, 惟畏於受鍼之前, 不畏於受鍼
之後. 安鍼之人, 泰然於受鍼之前後. 莫非神氣之使然. 而神氣有所待於
見聞閱歷, 未曾觸者, 知其爲觸, 已經觸者, 詳知傍通."

상을 의미하게 된다. 화상을 입는다는 것이 어떤 행위의 결과로서 지각되지 않는다면 그것은 나무토막이 타는 것과 같이 단순한 물리적 변화에 불과한 것이다.[139]

최한기에 있어서도 침에 찔린다는 행위는 단순히 물리적인 변화에 불과한 것이 아니다. 그것은 고통을 낳는 행위이고 그 고통은 인간으로 하여금 이후에 벌어질 상황에 대한 예측과 대응을 낳도록 만든다. 침에 대한 공포감을 가진 사람과 침에 대한 내성을 지닌 사람은 동일한 것을 겪으면서도 그에 대한 반응이 서로 다르다. 최한기와 듀이에게 있어서는 침에 찔린다거나 불에 덴다는 물리적 사실 자체가 중요한 것이 아니라 그러한 사태를 통해 인간이 어떠한 반응을 보이고 이후의 사태를 어떻게 처리하게 되는지 여부가 중요한 것이다. 최한기와 듀이에게 있어서 "경험이란 무엇보다 행위(doing)에 관한 일이 된다... 유기체는 자기 자신의 인상을 유기체에게 심어 주는 외부의 어떤 것을 수동적이고 무기력하게 기다리지 않는다. 유기체는 간단한 것이든 복잡한 것이든 간에 자기 자신의 구조에 맞추어 주변과 작용한다. 그 결과 환경에서 발생한 변화는 다시 유기체와 유기체의 다양한 활동들에 반작용하게 된다. 생명체는 자기 자신의 행동의 결과를 겪고 당하게 된다. 행위(doing)와 당함(suffering), 혹은 겪음(undergoing) 사이의 이런 밀접한 연결은 우리가 바로 경험이라고 부르는 것을 형성한다. 연결되지 않은 행함과 연결되지 않은 당함은 둘 다 모두 경험이 아니다."[140]

---

139) Dewey, J., Democracy and Education, Macmillan, 1952, p.163.

문제의식과 사유의 출발점은 서로 달랐으나 경험의 적극적 의의를 강조한 점에서는 최한기와 듀이가 일치하는 견해를 보이고 있음을 알 수 있다. 최한기는 성리학의 교조주의와 선험주의에 대한 비판을 통해 이 같은 결론에 도달했고 듀이는 근대 경험주의의 수동적인 인식론에 대한 비판을 통해 이 같은 결론에 도달했다. 최한기에게 영감을 준 것은 서구의 과학이었으며 듀이에게 영감을 준 것은 대륙의 실존주의였다.

> 근세의 경험론자들은 경험이 지식의 기원이라 하여 경험을 인식의 측면에만 제한하고, 그것은 순전히 감각기관의 수동적인(passive) 흡수로 형성되는 것으로 봄으로써 환경이 주도성을 가지는 것으로 보았던 셈이다.... 이에 반해서 현대의 실존철학에서는 인간의 삶의 문제에 관심의 초점을 맞추고, 주체성이 진리라고 하면서 의식의 지향성을 강조하고 있다. 이것은 경험의 능동성(activity)을 강조함으로써 인간 주도성을 주창한 것으로 볼 수 있다.[141]

③ 능동적 경험주의를 통해 사회철학으로

주체와 대상을 구별하여 대상에 대한 인식, 곧 앎의 작용과 근거에만 관심을 두었던 근대 유럽의 경험주의는 이처럼 듀이에 이르러 적극적으로 극복된다. 그리고 능동적인 경험론은 필연적으로 사회적

---

140) Dewey, J., The Middle Works 12: 1920, London: Southern Illinois Univ. Press, 1969, p.129.
141) 송도선, 「존 듀이의 경험의 구조」, 『교육철학』, Vol.20, 1998, 188쪽.

행위를 중시하는 내용으로 나아간다. 전통적 관점에서 경험은 지식의 문제(knowledge affair)로 간주되었지만 고대의 안경을 벗고 있는 듀이는 경험을 살아 있는 존재(a living being)가 물리적, 사회적인 환경과 교섭하는 문제(an affair of intercourse)로 간주했기[142] 때문이다.

근대의 경험론자들의 경우 그들의 인식론과 사회철학 사이에 균열과 단절이 엿보이는 반면 듀이와 최한기의 사회철학은 인식론 및 인간론의 연속선상에서 통합적으로 이해될 수 있다. 듀이는 "자신의 여러 활동들이 다른 사람들과 연관되어 있는 인간은 누구나 사회적 환경을 가지고 있다. 그가 하는 일과 그가 할 수 있는 일은 다른 사람들의 기대, 요구, 승인 및 비난에 의존한다."[143]고 주장하며 인간에게서 사회적 요소가 가지는 필연적 측면을 강조한다. 개별적이고 단절된 존재가 아닌 끊임없이 사회적 소통에 열려 있는 존재로서의 인간을 일신운화(一身運化)의 개인적 측면과 통민운화의 사회적 측면 사이의 역동적 관계 속에서 파악하고 있는 최한기는 근본적으로 듀이와 동일한 맥락에서 인간과 사회를 이해하고 있다고 볼 수 있다.

듀이는 종래의 인식론처럼 인간 인식의 근원을 경험과 이성으로 구분하는 대신 합리적 경험과 비합리적 경험으로 구분했다.[144] 최

---

142) Dewey, J., The philosophy of John Dewey, Univ. of Chicago Press, 1981, p.61.
143) Dewey, J., Democracy and Education, Macmillan, 1952, p.12.
144) Bernstein, R. J., 『존 듀이 철학입문』, 정순복 역, 예전사, 1995, 72－84쪽 참조.

한기 역시 경험되는 사태에만 주목하지 않고 이를 통해 판단이라는 이성적 작용으로 나아갈 것을 주장했다는 점에서 인식과 가치의 영역에서 경험과 이성 두 가지 측면을 모두 중시했다고 볼 수 있다. 듀이가 수동적인 경험에만 만족하지 못했던 것처럼 최한기 역시 수동적인 경험에만 머물지 말 것을 주문했음은 이미 앞에서 살펴본 바와 같다. 최한기와 듀이 모두 경험과 이성 작용을 함께 중시하고자 한다는 점에서 둘의 입장은 모두 <경험적 합리주의 이론>이라 할 수 있다.

듀이는 말년에 이를수록 인간과 사회의 의미를 능동적 경험주의라는 일관된 관점에서 바라보라는 주장을 더욱 강화한다. 듀이는 말년에 자신의 대표작인 『경험과 자연(Experience and Nature)』을 쓰는 대신 <자연과 문화(Nature and Culture)>라는 제목의 책을 썼어야 했다고 고백하면서 상호작용(interaction)이란 용어 대신 트랜스액션(transaction)[145]이란 용어를 사용함으로써 사회 철학적 의미를 강화해야 한다고 선언했다.[146] 인간과 자연의 상호작용을 중시했으며 인간·사회·문화·자연을 아울러 통합하는 시각을 강화하고자 했던 것이다. 청년기 시절에 신기와 추측의 인간론과 방법론을 저술했던 최한기가 말년에 이르러 일신운화(一身運化)·통민운화(統

---

145) <transaction>이란 용어는 <상섭>, <교호작용>, <상관작용>(노진호, 『듀이의 반성적 사고와 교육론에 관한 연구』, 성균관대학교 박사학위논문, 1993) 등으로 번역되어 왔다. 여기서는 그냥 트랜스액션이라 한다.
146) 정순복, 「존 듀이의 철학에서의 자연과 트랜스액션(transaction)의 문제」, 『미학』, Vol.20, 1995, 332-335쪽.

民運化)・천지운화(天地運化)라는 더욱 큰 틀을 제시하면서 결국 그 가운데 통민운화라는 사회 철학적 문제가 중심일 수밖에 없음을 역설한 것과 마찬가지의 맥락이라 해석할 수 있다.

3) 습염(習染)과 변통(變通)으로의 확장

이렇듯 능동적인 경험은 습염과 변통이라는 경험의 또 다른 축을 통해 그 실천적이고 실용적인 의미를 드러낸다. 습염이란 <익혀서 물들임>, 즉 <습관이 형성되는 과정>을 의미하며 변통이란 습염 가운데 좋은 것을 발전시키고 나쁜 것을 고쳐 나가는 것을 의미한다.

> 사람의 감정(人情)과 사물의 조리(物理)는 감각기관을 통하여 밖으로부터 얻어서 안에다 익혀 물들이며(習染), (습염된 것을) 드러내어 사용할 때에는 이것(사람의 감정과 조리)을 밖으로 베푼다. 들어오고 머무르고 나가는 세 가지의 자취가 뚜렷하다.[147]

> 거두어 안에 저장할 경우 개별적 일들은 제거해 버리고 그 조리(理)만 보존한다. 거친 것은 버리고 정밀한 것만 보존하여 신기에 습염한다. (습염된 것들을) 밖으로 드러내어 사용할 경우 거두어 저장해 둔 것 중에서 서로 합당하고 서로 어울리는 것을 그 처한 상황과 처지에 따라 선택하여, 말투(辭色)와 언동(言動)을 통해 상대에게 전할 뿐이다.[148]

---

147) 『신기통』, 권1, 체통, 收入於外發用於外, "人情物理, 從竅通, 而得來於外, 習染於內, 及其發用, 施之於外. 完然有此入也留也出也三等之跡."
148) 『신기통』, 권1, 체통, 收入於外發用於外, "其收貯於內, 則祛其事而存

위 인용문에서 습염과 변통의 개략적 의미를 알 수 있다. 아래에서 좀 더 자세히 살펴본다.

① 습염: 능동적 습관 형성과정, 실천의 예비과정

습염이란 지각된 사물과 사태를 수동적으로 받아들이는 것이 아니다. 습염은 자잘한 사물과 사태에 대한 지각은 버리고 그것들의 핵심만을 안에다 간직하는 능동적인 행위를 말한다. 이 과정이 추와 측을 통해 구체화되는 것은 물론이다. 그리고 이러한 습염된 핵심적 내용들은 단지 습염된 채로 정체되어 있는 것이 아니라 나 이외의 대상에게 적극적으로 영향을 주는 능동적 행위로 연결된다. 이렇게 밖으로 드러내어 타인과 외물에 영향을 주는 행위에도 역시 마찬가지로 추와 측의 작용이 적용된다. 습염은 능동적으로 습관을 형성하는 행위이며 실천으로 드러내기 위한 예비과정이다.

습관의 힘은 무섭다. 습관은 분명 능동적인 작용이지만 수동적인 행위로 변질되기가 쉽다. 외부의 자극과 경험이 항상 우리의 능동적 의지의 개입으로 수행되는 것은 아니기 때문이다. 우리의 의지가 작용하기 이전에 우리가 접하는 외물과 사태로부터 우리의 습관은 수동적으로 형성될 위험이 크다.

이 점은 듀이에 의해서도 강조된다. 듀이는 습관을 "사회적 유기체로서의 인간이 자신의 환경에 반응하는 과정에서, 그리고 그러한

其理. 遺其麤而存其精, 習染於神氣. 其發用於外, 則隨其所遇所值, 而擇於收貯中相當相類者, 以辭色動, 加諸彼而已."

반응을 통해 자신을 형성해 나가는 과정에서 형성된 모종의 행위 양식 내지는 기능"[149]이라고 정의하면서 그 긍정적이고 능동적인 측면을 부각시키고자 한다. 그럼에도 불구하고 습관은 언제나 수동적이며 부정적으로 형성될 위험에 노출되어 있기 때문에 듀이는 습관의 변화 가능성을 강조한다. "우리는 조건들을 다르게 함으로써 간접적으로 습관을 변화시킬 수 있다. 주의를 끄는 대상과 욕망의 실현에 영향을 주는 대상들을 지적으로 선택하고 가치를 부여함으로써 간접적으로 습관을 변화시킬 수 있다"[150]고 듀이는 말한다.

② 변통: 습염의 변화와 재구성

최한기 역시 습염이 변화하고 개선될 수 있음을 잊지 않는다. 그리고 그 과정은 듀이가 생각하는 것보다 더욱 적극적이고 직접적인 방법을 통해 달성될 수 있다고 본다.

> 사람의 몸에 신기를 생성시키는 요소(由)는 네 가지이다. 첫째는 하늘이요, 둘째는 토질[151]이요, 셋째는 부모의 정기와 피(精血)요, 넷째는 듣고 보아 습염(習染)하는 것이다. 앞의 세 가지 항목은 부여된 것이므로 고치려 할 수 없는 것이지만 마지막 항목(즉 습염)은 실로 변통하는 공부가 된다.[152]

---

149) 윤원주, 「듀이의 습관 개념과 도덕교육」, 『교육철학』, Vol.20, 2002, 118쪽.
150) Dewey, J., The Middle Works 14: 1922, London: Southern Illinois Univ. Press, 1969, p.20, 윤원주, 앞의 글, 121쪽에서 재인용.
151) 각기 자신이 태어난 땅에 알맞은 조건에 맞춰 태어남을 의미한다.

우리에게 주어진 생득적인 형질은 이미 우리의 선택과 경험 이전에 주어진 것이다. 그러나 우리가 직접 보고 느끼며 겪어 쌓는 습염은 우리 스스로 능동적으로 변화시킬 수 있다. 습관의 힘은 무섭지만 변통의 의의는 그보다 더욱 크다. 변하여 소통하는 적극적 자기 계발은 사회적 실천과 소통으로 나아가는 가장 중요한 첫걸음이다. 성리학과 심학에서는 선험적으로 내재된 이(理)의 발견을 목표로 하지만 최한기의 기학은 경험에 의해 습염된 신기의 변통을 목표로 한다.

> 비록 이러한 감각기관과 감각작용 및 신기가 기록하고 풀어냄(즉 습염)이 있다 해도 만약 사물과 자기 자신(我)을 참작하여 그때그때 상황에 맞추어 변통함(臨機變通)이 없다면, 과거에 얽매여 있다는 탄식과 사태에 대한 분별함(權)이 없다는 비난을 어찌 면할 수 있겠는가?153)

습염만으로는 부족하고 위태롭다. 시의에 적절한 변통이 뒤따라야 관습 및 습관에 얽매이지 않고 제대로 된 분별에 도달할 수 있다. 변통은 조급한 일처리와 성급한 편견에서 벗어나기 위한 적극적인 반성작용이다. 변통은 곧 독단에서 벗어나는 행동 지침으로서의 의미를 가진다.

---

152) 『신기통』, 권1, 체통, 四一神氣, "人身神氣生成之由有四. 其一天也, 其二土宜也, 其三父母精血也, 其四聞見習染也. 上三條, 旣有所稟, 不可追改, 下一條, 實爲變通之功夫."
153) 『신기통』, 권1, 신기통서, "雖有此諸竅諸觸, 及神氣記繹, 若無參酌物我, 臨機變通, 泥古之歎, 無權之譏, 烏得免也?"

사람에 대한 판단의 말을 한 가지 듣고서 그것을 영원히 바꿀 수 없는 것으로 간주하는 것, 사람에 대한 판단의 일을 한 가지 보고서 그것을 모든 사람들에게 다 마찬가지라고 간주하는 것, 혹시 우연히 말 한마디가 맞는 것이 있으면 기뻐서 어쩔 줄을 몰라 하는 것, 혹시 말 한마디가 맞지 않으면 (전체를) 내버려 두고 드러내지 않는 것. 이런 것들은 모두 변통에 완전히 능통하지 못한 판단 때문에 발생한다.154)

③ 변통: 범주를 넘어서는 분야로까지 확대되는 추측

사람을 판단하는 사람은 반드시 전에 여러 번 타인에게 증험하여 신기(神氣) 속에 저장된 것(즉 習染)이 있는데 이것이 이른바 탐구(推)이다. 사람(의 외형)을 관찰(相人)한 것이 많으면 (이를 통해) 얻은 탐구도 많다. 사람을 직접 대면하게 되면 (그때까지) 탐구한 것을 바탕으로 사람을 판단한다. 만약 탐구한 것이 옳으면 판단도 옳겠지만 탐구가 옳지 않으면 판단 또한 크게 잘못될 것이다. 반드시 탐구를 다시 하여 판단해야 한다. 여전히 미흡하다면 탐구(의 내용과 방법)를 바꿔버려서 판단해야 거의 마땅하게 될 것이다. 어찌 타인을 탐구하고 판단하는 일뿐이겠는가? 사물을 탐구하여 사람을 판단하고, 사태를 탐구하여 사람을 판단하는 일도 마찬가지이다. 판단에는 자연 무한한 변통이 있는 것이다.155)

---

154) 『인정』, 권2, 측인문2, 총론, 知不合而測人, "聞一測人之言, 以爲千古 不易, 見一測人之事, 以爲萬姓皆同, 或有一言偶合, 喜不自勝, 一言不 合, 掩置不露, 此所以不達變通之測."

155) 『인정』, 권1, 측인문1, 총론, 改推換測, "測人者, 必有前日累證驗於人, 藏在神氣中, 卽所謂推也. 相人多, 則所得之推亦多. 及其對人, 因推而測 之. 若所推當, 則所測亦當, 若所推不當, 則所測至於千里謬. 必改推而測

위 구절에서 주목할 부분은 맨 마지막 문장이다. 앞 장에서 다룬 것처럼 추측의 기본 구도는 감정(情)과 속성(性), 사물(物)과 사태(事), 나(己)와 타인(人) 등이 짝으로 이뤄진다. 각각에 대한 탐구와 판단이 상호적이며 순환적임은 이미 살펴 본 바 있다.

변통은 여기서 더 나아가 각각의 항목이 서로 교차되는 측면에 주목한다. 사물을 탐구하여 사태가 아닌 사람을 판단하며, 사태를 탐구하여 사물이 아닌 사람에 대한 판단에 도달하는 것이 바로 변통의 역동적 의미이다. 개념적으로 짝 지워진 항목들뿐만 아니라 서로 범주를 달리하는 항목들 사이의 역동적이고 복잡한 관계에까지 관심의 폭을 넓혀 추측함으로써 그 신뢰성을 높이는 활동이 바로 변통이다.

그것은 자칫 고착되어 타성에 젖을 수 있는 습염에 새로운 활력을 불어넣는 활동이라는 의의를 가진다. 이러한 변통을 통해 비로소 인간의 속성과 감정, 나와 타인, 사물과 사태, 이와 기 등 온갖 인간학적이고 사회학적이며 나아가 자연학적인 모든 문제들이 통합적 구도 안에서 역동적으로 논의될 토대를 마련할 수 있게 된다. 변통은 최한기의 경험주의 사회철학의 방법론적 최종 단계인 것이다.

2장에서부터 살펴본 신기(神氣)의 인간론과 추측의 방법론 및 경험주의의 내용은 다음의 인용문에 집약되어 있다. 지금까지의 내용을 정리하는 취지에서 아래 내용을 정리해 본다.

之. 又未洽, 則換推而測之, 庶得其宜. 奚但推人測人? 又有推物測人推事測人. 自有無限變通之測."

유행지리(流行之理)는 마치 태양이 빛을 발하여 만물을 두루 비추는 것과 같다. 추측지리(推測之理)는 마치 그릇에 담긴 물이 빛을 반사하는 것이 단지 그릇에만 머물러 있는 것과 같다. 만약 이(理)에 이러한 구별이 있는 줄을 분간하지 못한다면 태양의 빛과 그릇의 빛을 갈팡질팡 분간하지 못하여 태양의 빛을 그릇의 빛으로 여기거나 그릇의 빛을 태양의 빛으로 여기게 된다. 어찌 그릇의 빛은 태양의 빛이 아니고 태양의 빛은 그릇의 빛이 아님을 알겠는가? 또, 어찌 그릇의 빛은 태양의 빛을 반사한 것이고 태양의 빛이 그릇의 빛을 생기게 하는 것임을 알겠는가? 이것은 실로 이(理)를 궁구하는 관건(關鍵)이다. 그런데 궁리(窮理)에 힘쓰는 사람은 모든 이(理)가 모두 내 마음에 갖추어졌다고 여겨 오히려 나의 궁구가 미진할 것만을 걱정한다. 그러나 추측에 힘쓰는 사람은 지난날의 보고, 듣고, 냄새 맡고, 맛보고, 감촉하였던 기(氣)를 탐구하여(推) 옳고 그름(可否)을 판단(測)한다. 그리하여 옳으면 거기서 끝내고 옳지 않으면 탐구한 것을 (다시) 변통하여 그 판단이 옳게 되기를 기약한다. 대개 궁리(窮理)한다는 사람은 천지 만물의 이(理)를 하나의 이(理)로 간주한다. 그러므로 나의 마음을 궁구하여 극진한 데 이르면 모든 이치가 갖추어지게 된다고 본다. 추측하는 사람은 속성(性)과 하늘(天) 사이에 구분됨이 있고 사물(物)과 나(我) 사이에도 구별됨이 있되 이것을 탐구하여 저것을 증험하여 판단하는 것은 하나라고 간주한다. 궁리와 추측은 이미 그 제목부터 다르고 입문(入門) 또한 다르다. 그렇다고 꼭 궁리를 비방할 필요는 없지만, 궁리의 폐단을 살펴보면 이는 오로지 나 자신에게 있는 것이다. 『대학』에서 격물(格物)만 말하고 궁리(窮理)는 말하지 않은 점에서 그 의의를 볼 수 있다.156)

---

156) 『추측록』, 권6, 추물측사, 窮理不如推測, "流行之理, 如太陽放暉, 萬物偏照, 推測之理, 如盤水飜光, 惟在於盤, 若無分於理有此別, 則陽暉盤光, 眩煌無分, 遂以陽暉爲盤光, 或以盤光爲陽暉, 安知盤光非陽暉, 陽暉

유행지리와 추측지리는 구분된다. 그러나 궁극적으로는 통합적 구도 속에서 논의되어야 한다. 태양의 빛과 그 빛을 반사하는 그릇의 빛은 구분되어야 한다. 그 둘을 구분 지을 줄 알게 될 때 비로소 그릇의 빛의 근원이 태양의 빛이고 태양의 빛을 반사하여 그릇의 빛이 된다는 사실을 깨달아 그 둘을 하나의 관점에서 논할 수 있게 된다. 추측과 습염 및 변통의 과정을 통해 하늘의 의미와 인간의 자율성을 구분 지어 파악함으로써 오히려 하늘과 인간 사이의 통합이 도모될 수 있는 것이다.

2. 최한기 사회철학의 자연주의적 성격

지금까지 다룬 내용은 주로 인간을 중심에 두고 전개되었다. 신기의 인간론과 추측의 방법론 및 경험주의의 내용들은 모두 능동적으로 행위하는 인간과 관련된 주제들이다. 여기서는 최한기의 사회철학적 구상의 또 다른 축을 형성하는 자연에 대한 관점에 대해 다뤄 본다.

非盤光也, 又烏知盤光飜陽輝, 陽輝生盤光也, 是實究理之關鍵也, 務窮理者, 以爲萬理皆具於我心, 猶患我究之未盡, 務推測者, 推其前日見聞臭味觸之氣, 而測其可否, 於此可則止之, 否則變通其推期測其可, 蓋窮理者, 以天地萬物之理爲一理, 故究我心窮至, 則可賅諸理, 推測者, 性與天有分, 物與我有別, 推此驗彼, 而測之者一也, 窮理推測之題目旣異, 入門亦異, 不必毁窮理, 而察窮理之弊, 專主乎我, 大學說格物, 而不言窮理者, 可見其義."

1) 유기체론적 자연주의

<자연>이란 개념은 각기 처한 철학적 입장과 전통에 따라 매우 다양한 의미를 지닌다. 러브조이(Lovejoy)는 <자연(nature)>, 혹은 <자연적(natural)>이란 개념을 66개로 구분[157]한 바 있다. 철학사적으로 66가지의 자연주의가 존재할 수 있다고 본 셈이다. 최한기가 그토록 극복하고자 했던 성리학조차 자연에서 모든 규범의 준칙을 발견한다는 점에서는 마찬가지로 자연주의라 할 수 있다. 그러나 최한기가 이해한 자연과 성리학적 자연은 다르다. 자연주의는 그 용어가 다양한 맥락에서 사용되는 만큼 용어 자체보다는 그 내용이 관건이다.

① 탈인격적 자연관

최한기가 이해한 자연은 탈인격적이며 질서(流行之理) 가운데서 끊임없는 생성을 거듭하는 무엇이다. 자연은 인간의 도덕과 인간세상의 질서를 떠나 그 자체의 질서에 따라 운행하는 것이기에 인간의 도덕관념을 자연에 투영해서는 곤란하다. 기복(祈福)의 대상임은 더더욱 아니다.

---

157) Wiener, P. P. ed., The Dictionary of the History of Ideas: Studies of Selected Pivotal Ideas, New York: by Charles Scribner's Sons, 1973－74, pp.346－351.

하늘이 곧 기이고 기가 곧 하늘이다. 하늘이라는 이름은 눈과 귀에 물들어 있고 말하기에 익숙하다. 병들어 아플 때도 하늘을 부르고 막막함이 닥칠 때(窘迫)도 하늘을 부른다. (인간이) 알지 못하는 것을 하늘로 돌려 버리고 크고 작은 길흉도 하늘에 돌리지 않는 것이 없다. 그러나 하늘이란 (구체적으로) 지적(指摘)하기 어려운 것이다. 지구, 달, 해, 별들로 구성된 하늘은 각기 멀고 가까움을 따라 그러한 이름으로 불릴 뿐이다. 어찌 사람의 말에 귀를 기울이겠는가? 사람이 스스로 고민스럽고 절박하여 하소연할 뿐이다. 하늘이 만물을 지탱하여 운행하고 조화(造化)하도록 하는 것은 기(氣)이다. 지구・달・해・별들은 기를 따라 형질을 이루고 기를 타고(藉) 운행한다.[158]

몸이 병들고 지친다 하여 하늘에 호소할 수 없다. 막막함에 닥쳐 해결책을 보장받기 위해 달을 찾고, 해를 찾고 뭇별들을 찾더라고 그것들은 단지 인간이 이름을 붙인 천체 일부의 이름을 부르는 것일 뿐이다. 그것들은 인간에게 아무런 답도 건네주지 않는다.

우주는 기(氣)로 구성되어 있다. 인간이 하늘이라면서 의지하는 달과 별들은 기를 따라 형질을 이룬 물체일 뿐이다. <하늘>이란 이름에서 느껴지는 거룩한 인격과 만물주재의 신성(神性)은 부정되어야 한다. "하늘은 만물을 낳는 것(生)에 뜻을 두지 않는다. 만물 스스로 힘입어(自賴) 생겨난다. 땅은 만물을 이루는 것(成)에 뜻을

---

158) 『인정』, 권12, 교인문5, 氣天之辨, "天卽氣也, 氣卽天也. 天之名, 染於耳目習於言說. 疾痛呼天, 窘迫呼天. 所不知者歸于天, 大小吉凶莫非天. 然天難指的. 地月日星之天, 各隨遠近而稱名. 何嘗聽人言. 人自悶迫呼訴而已. 天之所撑挂幹旋, 造化萬物者, 氣也. 地月日星, 從氣而成質, 藉氣而輪轉."

두지 않는다. 만물 스스로 힘입어 이루어진다."159) 천지는 사람과 만물이 생기고 이루어지는 과정을 직접 주재하지 않는다. "이른바 '하늘과 땅이 만물을 낳고 이루는 것(生成)을 마음(心)으로 삼는다.' 고 하는 것도 오로지 사람과 사물이 서로 도와서 조화를 이뤄 자라게 됨을 주장하고 있을 뿐이다."160)

이러한 탈인격적 자연관은 순자(荀子)의 자연관을 연상시킨다. 순자 또한 최한기와 마찬가지로 자연에서 인격과 감정, 의지 등의 요소들을 제거해 버렸기 때문이다.161) 탈인격적 자연관은 최한기에게서보다 순자에게서 오히려 더 철저하다. 최한기는 자연을 떠난 인간의 자율성을 얘기하면서도 궁극적으로는 인간이 다시 자연의 질서(流行之理)를 좇아야 한다고 규범적으로 파악한다. 그러나 순자는 철저히 자연을 객관화한다. 자연이란 인간에게 아무런 규범과 가치도 제공해 주지 않는 무미건조한 물체 덩어리일 뿐인 것으로 간주된다. "천지만물에 대해 그 소이연을 설명하고자 애쓰지 않으면서 (천지를 구성하는) 재료(材)들을 잘 이용할"162) 뿐이라 말한다. 인간 세상을 규율하는 질서와 제도, 도덕과 가치는 오로지 성인(聖人)의 작위적 활동을 통해서만 창출되는 것으로 간주한다.163)

---

159) 『추측록』, 권2, 추기측리, 人物賴氣而生, "天無意於生物, 物自賴而生焉. 地無意於成物, 物自賴而成焉."
160) 『추측록』, 권2, 추기측리, 人物賴氣而生, "所謂天地以生成物爲心者, 專主於在人物而參贊化育也."
161) 채인후, 『순자의 철학』, 천병돈 역, 예문서원, 2003, 44－46쪽 참조.
162) 『순자』, 「君道」, "其於天地萬物也, 不務說其所以然, 而致善用其材."
163) 성인의 작위적 활동의 정당성에 대한 평가가 결국은 평가자 개인, 혹

164

② 생명의 근원으로서의 자연

성리학은 인간을 비롯한 만물을 윤리의 지평에서 읽었으며 순자는 인간의 윤리와 자연의 객관적 질서를 명확히 구분했다. 최한기의 자연관은 이 두 가지 극단적인 자연주의와 상대주의를 아우르는 균형과 종합의 자리에 위치한다고 평가할 수 있다. 그 균형점은 자연에서 생명의 의미를 찾고자 하는 시도에서 발견된다. 최한기는 자연에서 초월적 이념의 원천을 발견하는 대신 생명의 원천으로서의 가치를 발견한다.

> 사람과 만물은 하늘의 기(氣)를 받고 땅의 질(質)을 부여받은 것으로서 속성(性)과 현상(情)을 갖지 않는 것이 없다. 그 생성(生)의 조리(理)를 가리켜 속성(性)이라 하고, 속성이 드러나는 것을 가리켜 현상(情)이라 한다.164)

사람과 만물은 하늘과 땅, 즉 자연을 생명의 근원으로 한다. 사람과 만물은 자연의 운행과정 중에 기와 질을 내려받아 존재하게 된 자연의 아들이다. "대기가 숨을 내쉬고 적셔 주는 혜택과 부모님이 낳고 길러 주신 은혜가 있으니, 이 몸이 세상에 살면서 사태에 응하고 사물을 접할 때 항상 온 힘을 다해 사랑과 공경을 드러내야 한

은 개별적 집단의 상대적 입장에 따라 달라질 수밖에 없다는 점에서 순자의 철학은 상대주의적 측면이 강하다.

164) 『추측록』, 권3, 추정측성, 人物性情, "人物之受天氣而稟地質者, 莫不有 性情. 指其生之理曰性, 指其性之發用曰情."

다."165) 그러나 아버지로서의 자연에게는 의도도 없고 가르침도 없다. 단지 우리는 자연으로부터 생명과 존재를 부여받았을 뿐이다. 생명의 원천으로서의 자연이 운행하는 질서(流行之理)는 자연의 아들인 인간이 마땅히 밝히고 따라야 할 규범의 원천이 될 수밖에 없다.

> 인류가 낳고 낳아(生生) 번식하는 것은, 천지의 기(氣)가 따뜻이 젖 먹여 주고 부부의 정(情)이 낳아 주고 길러 줌이 있기 때문이다. 천지와 인간 및 만물에 있어 영원토록 오랫동안 쉬지 않는 대도(大道)는 오직 낳고 낳음(生生)이 소통(通)함에 있을 뿐이다. 자신이 평생 경영하는 사업은 백 년을 넘지 못하지만, 자손에게 면면히 이어지는 것은 천지와 함께 오래도록 멀리까지 가능하다. 사람 몸의 정액(精液)이 남근(男根)에 흘러 모여 장성함에 이르러 열매를 맺으며, 사지(四肢)와 눈과 귀가 생기(生氣)를 보호하는 것은 자기 자신으로부터 시작하여 씨를 낳는 것에서 이루어진다.166)

위 인용문에서 최한기의 유기체론적 입장은 여실히 드러난다. 천지의 기는 마치 어머니와 아버지처럼 인간에게 젖을 먹여 주고 낳아 주며 길러 주는 것이라고 규정된다. 그런데 서구의 자연과학에 대한 경이로움을 통해 학문을 시작했으면서도 이러한 전통적 방식의 유기체론에 머물러 있는 모습은 그의 사상의 근대성, 혹은 현대

---

165) 『기학』, 2-22, "大氣呴濡之澤, 父母生成之恩, 此身在世, 隨遇竭力, 愛敬發於應事接物."

166) 『신기통』, 권3, 생통, 生生大通, "人類之生生繁殖, 自有天地氣之煦乳, 夫婦情之産育. 天地人物, 常久不息之大道, 惟在生生之通乎. 自己之平生經營事業, 不過百年之間, 子孫棉延, 可與天地久遠. 一身之精液, 注會於根, 待壯成而結實, 四肢耳目之衛護生氣, 發於自己, 成於種産."

성과 어울려 보이지 않는다. 그는 다른 곳에서는 "사람 몸의 형체가 하나의 기계이다."[167]라고 말하고 있다. 이러한 부분은 그가 혹시 기계론과 유기체론 사이에서 개념적 혼란을 겪은 채 이 둘의 장점만을 단장취의한 수준에 머문 것이 아닌지 충분히 의심하도록 만든다.[168]

그러나 논자는 최한기가 일관되게 유기체론적인 입장을 취하고 있었다고 해석하고자 한다. 논자는 그가 말한 <기계>라는 것이 지금 우리가 일상적으로 사용하고 있는 의미의 <기계(machine)>와는 다른 맥락에서 사용되고 있다고 보고 있다. <인간은 기계다>라고 말한 바로 뒤에 이런 내용이 이어져 있기 때문이다.

　　안으로는 신기를 담고 있고 밖으로는 (외물 및 타인들과) 서로
　접하여 응수하고 사용한다.[169]

인간을 기계라고 표현한 것을 논자는 선험적 본성이 내재되어 있다는 성리학의 인간론과 대비시키기 위한 의도에서 나온 일종의 수사법이라고 이해하고자 한다. 왜냐하면 진정한 의미의 기계론에 의

---

167) 『신기통』, 권2, 목통, 窮格器用, "人身形體, 是一器械也."
168) 최진덕은 최한기가 기의 유형성 - 운동성이라는 기계론적인 측면과 충만성 - 통일성이라는 유기체론적인 측면이 서로 대립될 수밖에 없다는 점을 미처 인식하지 못한 채 이러한 두 가지 측면들을 무리하게 조합하는 관점을 취하고 있다고 비판한 바 있다. 최진덕, 앞의 책, 127-142쪽.
169) 『신기통』, 권2, 목통, 窮格器用, "內盛神氣, 外接酬用."

하면 기계에는 능동적 주체로서의 신기라는 것이 없다고 간주되어야 하기 때문이다. 또한 기계 스스로 외물과 접하고 쓰이는 능동적 작용을 할 수 있는 능력도 부정되어야 한다. 혹은 데카르트 방식의 심신(心身) 이원론에 따라 정신―최한기의 경우 신기(神氣)―과 신체를 엄격하게 구분하는 이원론적 기계론이 가능할 수 있겠지만 최한기가 그와 같은 엄격한 이원론을 주장한 것은 아니라고 판단된다.

인간의 신체 내부에 신기가 담겨 있다고 말하지만 그것이 곧바로 신체와 신기의 구분이라는 이원론으로 해석될 수는 없다. 기(氣)와 질(質)에 관한 내용을 다룬 본서의 초반부에서 이미 드러난 것처럼 에너지로서의 기(氣)는 결코 형체를 이루는 질(質)과 존재론적으로 단절되어 있는 것이 아니며 서로 넘나들 수 있는 것이라고 규정되기 때문이다.[170] 최한기에 있어 인간은 능동적으로 행위를 창출해 가는 존재일 뿐 우주의 인과관계에 종속된 기계라고 볼 수는 없다. 오히려 최한기는 우주를 생명의 근원으로 보고 있고 인간 또한 그 일부로 보는 유기체론적 입장을 취하고 있다고 해석한다.

최한기는 생명을 부여해 주는 메커니즘이 자연에 없다면 인간은 존재하지 않을 것이라는 단순한 경험적 사실을 토대로 이와 같은 유기체론적 입장을 고수하게 되었다. 하지만 그의 이런 입장은 어쩌

---

170) 이에 대해서는 본서의 Ⅱ-2-(2) 참조. 『추측록』, 권3, 추정측성, 本然之性, "所謂本然之性, 非指其形質未成時也. 旣具形質之後, 常有其本然者… 人物之形質未具時, 卽是天地之理氣也. 及其形質之胎成, 氣爲質而理爲性, 又及其形質之漸盡, 質還氣而性還理. 在天地而曰氣也理也, 在人物而曰形也性也. 若未有人物之形, 何以論其性."

면 성급한 것일지 모른다. 인간이 자연의 은총에 힘입어 생명을 얻게 되었다는 그의 주장 자체가 최한기 스스로 말하는 추와 측의 과정, 즉 탐구와 판단의 과정을 거친 것이라고 보기엔 너무 미흡하게 보이기 때문이다. 최한기는 바로 이러한 전제 자체에 매달렸어야 한다. 과연 정말로 인간이라는 존재가 천지의 은총에 힘입어 생명을 얻게 되는 것인지를 추측했어야 한다. 이러한 측면은 분명 최한기 사상 자체의 한계, 혹은 최한기가 우리에게 남겨 준 과제라 할 수 있다.

2) 자연주의적 관점에서 도출되는 준적(準的)의 의미

논자는 최한기의 자연주의가 갖는 가장 큰 특징을 경험주의와의 긴장관계에서 찾을 수 있다고 평가한다. 최한기는 인간학적인 측면에서 경험의 의의를 대단히 강조하지만 모든 가치와 사회적 규범들이 전적으로 경험에 의해 도출된다고 간주하지는 않는다. 그는 가치와 규범의 근거로서의 자연의 의의를 인정하고 있는데 이러한 입장은 추측지리와 유행지리를 구분하는 그의 입장에서 이미 예견된 바있다.

그런데 이러한 입장을 취할 경우 결국 가설2에서 제기된 비판적 시각에 마주하게 된다. 즉 성리학과의 단절이라는 점에서는 그의 시도가 성공했다고 볼 수 있지만 결국 그가 취한 사회 철학적 태도는 새로운 형식의 자연주의, 혹은 토대주의로 귀결되는 것이 아닐까라는 의혹의 눈길에서 자유롭지 못하다는 점이다. 본 절에서는 최한기의 자연주의적 입장과 그에 대한 비판적 시각을 종합적으로 논의해 본다.

① 인위(人爲)에 대한 경계

최한기의 자연주의적 입장이 사회 철학적으로 의미를 갖게 되는 것은 준적(準的)이라는 용어를 통해서이다. 최한기는 자연을 유기체 론적으로 파악하고 있으며 그러한 자연의 운행을 인간 행위의 표준, 즉 준적으로 삼고 있다는 점에서 사회 철학적 의의가 드러난다. 아 래에선 최한기가 인위를 경계하고 준적을 중시하는 맥락을 다룬다.

최한기가 규정하는 인간이란 탐구(推)와 판단(測) 및 변통을 통해 경험을 능동적으로 받아들이고 실천으로 나아가는 존재이다. 그러나 이러한 인간의 행위는 일정한 기준, 즉 준적(準的)이 없다면 주관적 인 아집과 편견에 빠질 위험이 크기 때문에 늘 조심스럽게 수행되 어야 한다. 추와 측 및 변통의 과정 그 자체가 이미 선입관과 편견 으로부터 탈피하여 진정한 지식을 쌓고 참된 실천을 도모하는 행위 이지만 그러한 행위가 가지는 불가피한 한계상황으로 말미암아 하 나의 기준이 마련될 필요를 느끼게 된다. 최한기는 그러한 기준을 준적(準的)이라고 규정한다.

> 사람은 살아 나가면서 윤리와 도덕 및 사업이 있게 되는데 그 하나의 큰 줄기인 준적(準的)을 얻지 못한다면 반드시 각각의 (주 관적) 마음이 주장하는 바에 장해(戕害)가 많을 것이다.171)

위 인용문에서 이미 대략적인 결론은 드러나 있다. 최한기는 인간의 추측행위가 가지는 한계를 벗어나기 위해 준적(準的)을 내세운다. 이때 최한기가 준적을 요청하는 것은 형이상학적인 근원을 전제로 하고 있기 때문이 아니다. 최한기가 준적을 상정한 첫째 이유는 아직 그 진실성이 확보되지 않은 인위(人爲)를 경계하기 위해서이다.

> 천지를 기준으로 사람의 정치를 세운다면 온 세상 백성들이 모두 편안하게 되지만 인위(人爲)를 따라 사람의 정치를 세운다면 오히려 사람들의 감정(群情)이 위태롭게 된다. 역대로 정치를 논하는 사람들은 대부분 인위에 매몰되어 있어서 말과 글은 번다하고 거칠며 주장하는 수준은 떨어지고 사람으로 하여금 신기(神氣)가 편안하고 일이 조화되도록 하지 않게 된다. 어찌 우주의 큰 정치(大政)를 본받아 법으로 삼지 않겠는가.172)

그런데 인위의 위험은 이미 성리학이 강하게 경계한 바 있다. 오히려 최한기는 추측의 능동적 경험주의를 주장함으로써 보다 적극적으로 인위의 가능성을 진작했다는 점에서 그 새로움을 평가받아 왔다. 이제 다시 인위의 위험을 경계하는 그의 주장을 대하면서 느끼는 당혹감은 최한기 사상 전체의 구상에 대한 의혹으로까지 나아

---

171) 『인정』, 인정범례, "人之生也, 有倫有道有事有業, 而不得其一統準的, 必有各心所主, 戕害多端, 是亦究明人道之無不搜覓, 善惡行事之無所不備也."

172) 『인정』, 인정서, "準天地而立人政, 億兆咸寧, 從人爲而立人政, 羣情惟危. 歷代以降, 論政者, 率多埋沒于人爲, 言文繁蕪, 旨義低下, 不能使人神安而事和, 何不效則于宇宙大政."

갈 수 있을 지경이다. 그러나 그가 말하는 인위는 성리학이 경계했던 인위와는 다른 맥락을 가지고 있다. 아래 인용문을 통해 그 맥락을 따라가 보자.

② 최한기가 경계한 인위(人爲)는 성리학 그 자체

> 옛사람의 학문은 사람의 일(人事)을 주된 것으로 하여 천도(天道)를 탐구하여 헤아린(推度) 경우가 많았던 반면, 운화기(運化氣)를 주된 것으로 하여 (그것을) 승순하는 것을 인도(人道)로 삼을 수 있던 경우는 드물었다. 주된 것으로 간주하는 바가 다르므로 탐구에 도달한 결론 또한 다르다.173)

최한기는 옛사람의 학문, 즉 성리학이 사람의 일을 주된 것으로 삼은 채 천도(天道)를 탐구하여 헤아렸다고 평가한다. 즉 사람의 일을 중심에 놓고 그것을 기준으로 하늘의 도가 무엇인지 탐구하여 결론을 도출했다는 의미이다. 최한기는 여기서 <탐구하여 판단했다(推測)>, 즉 <추측했다>고 표현하지 않고 <탐구하여 헤아렸다(推度)>고 표현했다. 사람의 일을 중심으로 하늘의 운행질서를 탐구하는 행위를 결코 올바른 판단행위로 인정할 수 없다는 의지가 반영된 표현이라 할 수 있다. 그러한 행위는 정확한 의미의 <판단>이 아니라 단순히 <헤아림(혹은 짐작)>에 머무는 것으로 평가된다.

---

173)『인정』, 권8, 교인문1, 人爲主氣爲主, "古人之學, 多以人事爲主, 而推度天道, 鮮能以運化氣爲主, 而承順以爲人道. 所主不同, 而所推達者亦異."

최한기가 경계했던 인위란 하늘의 원리를 선험적으로 인정한 다음 그 확인되지 않는 선험적 원리를 억지로 정당화하기 위해 진행되는 인간의 자의적 활동 전체를 의미한다. 따라서 최한기가 말하는 인위란 <성리학적 행위 그 자체>를 지칭하게 된다. 반면 성리학의 문맥에서 말하는 인위란, 성리학이 형이상학적으로 전제한 천도를 인정하는 한에서 그러한 천도를 거스르는 행위만을 의미하기 때문에 최한기가 말하는 인위와는 그 맥락이 전혀 다르다.

성리학은 자연(天)의 의의를 좇아야 한다고 주장하면서 그것을 이(理)라고 하는 이념을 통해 구현하고자 한다. 그리고 그 이념은 경험이나 과학적 탐구의 영역에서 벗어난 통찰과 직관을 통해 발견된다. 최한기는 이러한 성리학의 태도를 자연 자체의 질서에 대해서는 무관심하며 인간의 자의적인 해석을 통해 이론을 쌓을 뿐인 허망한 행위라고 강하게 비판한다.

표면적으로는 자연의 이념인 이(理)에 대한 절대적 존중을 표방하지만 실제로는 인간의 편견으로 비롯된 검증될 수 없는 이론적 틀을 자연에게 덧씌워 버리는 <자연에 대한 의인화> 작업의 결과라 볼 수 있을 것이다. 그리고 그렇게 의인화된 자연의 선험적인 의미는 또다시 인간에게 내재되었다고 간주됨으로써 <이중의 왜곡>으로 귀결되고 만다. 인위에 대한 최한기의 비판은 곧 이러한 자연에 대한 의인화 작업 전체에 대한 비판이라고 이해되어야 한다.

> 사물의 입장에서 보면, 비록 그 사물을 위하여 정사가 행해지는
> 것 같지만, 실제로는 사물이 운화로 인(因)하여 움직이고 쉬는 것

이다. 사람의 입장에서 보더라도, 어찌 유독 사람을 위하여 정사가
펼쳐진 것이겠는가?[174]

최한기는 인간을 포함한 우주 전체가 운행하는 중심을 인간에게
두지 말라고 경계한다. 사람은 전 우주의 지극히 작은 일부분에 지
나지 않는다. 그에 의하면 성리학은 우주의 일부분에 지나지 않는
인간의 위상을 망각한 채 인간의 자의적인 행위(人爲)를 통해 그것
을 우주로까지 무비판적으로 확대 해석해 버리는 무책임한 인간 중
심적 사유체계에 불과하다.

> 과거의 천인합일(天人合一)에 대한 이론은 가령 사욕(私慾)을
> 이겨내 제거하여 하늘과 뒤섞이는 것을 일컫거나, 혹은 하늘이 이
> 형질로부터 떨어져 있을 수 없다는 사실을 제대로 아는 것을 일컫
> 거나, 혹은 본성과 운명(性命)이 하늘과 인간을 통하는 것을 일컫
> 거나 했다. (이런 이론들은) 골똘히 짐작하여 끌어다 맞춘(揣摩牽
> 合) 것들로서 모두 타당하지 않다.[175]

성리학이나 양명학 등에서 말하는 천인합일의 이론들은 인간의
자의적 판단을 우주에 투사하는 그 대표적 오류의 실례들이라고 지
적된다. 사람에 대한 하늘의 명령으로서의 이(理)는 사람의 관점에

---

174) 『인정』, 인정서, "自物視之, 雖若爲物而行政, 其實物因化而作息. 自人
觀之, 豈獨爲人而布政?"
175) 『인정』, 권9, 교인문2, 萬物一體, "古之天人合一之論, 或謂克去私欲,
渾是天也, 或謂眞知天自是形質隔不得也, 或謂性命通天人也. 揣摩牽合,
俱未妥貼."

서 만들어 낸 허구이다. 성리학은 사람 사이의 규범과 가치를 이(理)라고 하는 허구적 개념에 투영하여 마치 이(理)라고 하는 명령이 인간의 존재 이전부터 존재하는 영원의 명령인 것처럼 왜곡한다. 실제로는 인간이 자의적으로 만들어 낸 규범과 가치임에도 불구하고 그것을 이(理)에 투영시킴으로써 영원성과 절대성을 보장받고자 하는 무리한 시도를 하게 되었다고 최한기는 평가하고 있다.

이에 따라 인간 이외의 동물과 식물 나아가 만물 모두를 인간의 도덕적 관념에 따라 판단하는 무리를 범하고 만다. 호랑이는 호랑이가 처한 환경과 조건에 따라 호랑이의 속성(性)을 갖추어 나가게 된 것일 뿐인데 엉뚱하게도 인간은 호랑이에게 선험적으로 품부된 의(義)라는 본성(性)을 투영한다. 수달 또한 조건과 환경에 따라 먹이들을 나열하는 것뿐인데 성리학자들은 그 행위에서 예(禮)라는 본성을 발견할 수 있다고 의도적으로 착각한다. 심지어 붓두껍에서 인의예지를 발견하려는 비상식적인 시도까지 행해진다. 인간의 이념을 우주로 투영하는 의인화가 빚은 촌극인데 이러한 모든 측면들을 최한기는 인위라 규정하고 비판한다.

최한기는 천인합일을 얘기하지 않는다. 천인합일의 경지는 인간의 자의적인 짐작으로 꿰어 맞춘(揣摩牽合) 공상적 이론으로서 부정되어야 한다. 인간은 오로지 자연의 운행질서를 <좇아서 따를(承順)> 수 있을 뿐 인간 자체가 하늘과 합일되는 궁극의 경지는 불가능하다고 보기 때문이다. 자연은 자연 그대로 파악해야 한다. 그리고 그러한 이해를 인간과 사회에 투사하여 자연의 아들로서의 삶과 규범에 도움이 되도록 해야 한다. 인간은 끊임없이 자연화되어야 한다는 것이다. 준적에 관한 최한기의 논의는 성리학을 비롯해 자의적인 인간의 행위, 즉 인위에 근거해 있는 일체의 비경험적인 행태들에 대한 비판을 출발점으로 하고 있다.

③ 자연의 변화과정 자체에 압도됨

앞에서 우리는 최한기가 비판한 인위가 성리학적 행위 전체를 가리키고 있고, 이러한 인위에 대한 비판을 통해 준적의 의의가 드러날 수 있음을 살펴봤다. 아래에서는 준적의 의의를 보다 적극적으로 살펴보자.

> 대개 준적이라는 이름은 비록 같을지라도, 연구를 통해 마음에서 얻은 것을 준적으로 삼는 사람도 있고, 습관화된 사물(事物)을 준적으로 삼는 사람도 있으며 하늘과 사람의 운화(運化)를 준적으로 삼는 사람도 있다. 그 크고 작음(大小) 및 보편성과 국지성(周偏)을 논한다면 오직 하늘과 사람의 운화의 준적만이 크고 보편적으로 소통된다.176)

> 천리(天理)라고 하는 것, 공도(公道)라고 하는 것, 선(善)이라고 하는 것, 길(吉)이라고 하는 것은 모두 운화(運化)를 준적으로 삼아야 한다.177)

---

176) 『인정』, 권1, 측인문1, 총론, 準的有無, "蓋準的之名雖同, 有以研究心得爲準的者, 有習慣事物爲準的者, 有以天人運化爲準的者. 論其大小周偏, 惟天人運化之準的, 大而周通."
177) 『인정』, 권11, 교인문4, 事物準的, "曰天理, 曰公道, 曰善, 曰吉, 皆以

준적이란 일종의 행위와 판단의 기준을 의미한다. 준적은 저마다의 관점과 처지에 따라 각기 다르게 도출되는데 최한기는 이러한 각기 다른 준적들 가운데 하늘과 사람의 운화, 즉 <천인운화>를 가장 올바른 준적이라고 간주한다. 혹은 달리 표현하면, 두 번째 인용문에서 말하고 있는 것처럼 자연의 변화과정으로서의 운화(運化)를 준적으로 삼아야 한다고 주장한다. 추측, 즉 탐구와 판단의 오류 가능성을 인정하면서도 인간의 행위와 판단이 운화라고 하는 준적을 도출할 수 있으며 이러한 준적을 기준으로 다시금 행위와 판단에 임해야 한다고 주장하고 있다는 점에서 최한기의 철학은 자연주의적인 특성을 갖는다고 규정될 수 있다.

인간의 능동적 행위를 중시했다는 점에서는 경험주의적이지만 운화라고 하는 준적의 성립을 강조했다는 점에서는 자연주의적이라고 볼 수 있다. 이러한 입장은 전통적 입장과 마찬가지로 자연에 대한 경이로움에서 기인했다고 볼 수 있겠지만 최한기에게는 그 의미가 남다르다고 할 수 있다.

> 천지의 운화는 스스로 사시(四時)의 춥고 더움(寒暑) 및 마르고 축축함(燥濕)이 있다. 사람의 기(人氣)의 운화도 사시에 따라 달라진다. 봄의 기는 온화하고, 여름의 기는 발양(發揚)하고, 가을의 기는 거두어 수축되고(收斂), 겨울의 기는 온축(蘊蓄)한다. 마땅히 온축하여야 할 때에 발양하면 기가 궤도(常)에서 어긋나고, 온화하여야 할 때에 거두어 수축되면 기가 병을 얻는다. 여기에서 천지의 운화가 사람의 기의 운화의 근원(根源)과 범위(範圍)임을 알

運化爲準的."

수 있다. 사람의 외형을 관찰하는(相人) 학문178)은 먼저 천지의
운화에 밝지 않으면 안 된다.179)

최한기는 서구의 자연과학적 지식 가운데 특히 천문학과 기상학
(氣象學)에 영향을 많이 받았다. 그는 천체의 운행에 대해서 서구에
서 유입된 비교적 최신의 정보들을 접할 수 있었으며 이러한 정보
들을 통해 그는 천체의 운행이 그 자체의 엄밀한 질서에 따라 조화
로우면서도 역동적으로 진행된다는 사실을 알 수 있었다. 자연의 운
행은 그 자체가 경이였으며 인간은 거대한 자연의 웅장하고 역동적
인 운행(流行之理)의 일부분에 지나지 않는 존재임을 자각하게 되었
다. 지구상에서 펼쳐지는 네 계절의 순환 또한 이러한 거대한 우주
적 차원의 움직임의 일부이며 인간 또한 마땅히 이러한 움직임의
과정에 동참해야 한다고 생각했다. 따라서 각 계절에 따라 인간도
계절에 맞는 행위를 해야 한다고 보았다. 추운 겨울에 기를 끓어오
르게 해서도 안 되며 만물이 생동하는 따뜻한 봄날 소극적으로 물
러나서도 곤란하다. 자연의 질서 있는 흐름에 동참하지 않는 기는

---

178) 물론 최한기는 사람의 외형을 살피는 학문인 상인(相人)보다 사람 자
  체에 대한 내면적 탐구와 판단인 측인(測人)을 훨씬 중시한다. 하지
  만 상인의 전통이 갖는 긍정적 측면도 무시하지는 않는다. 늘 진보를
  꿈꾸면서도 과격하지 않고 전통의 상대적 가치를 인정하는 융통성을
  보이는 점진주의적 특징은 여기서도 확인된다.
179) 『인정』, 권5, 측인문5 천인운화, 四時運化, "天地運化, 自有四時之寒
  暑燥濕, 而人氣運化, 隨而不同. 春氣溫和, 夏氣發揚, 秋氣收斂, 冬氣蘊
  蓄. 當蘊蓄而發揚, 氣反常也, 當溫和而收斂, 氣受病也. 是知天地運化,
  爲人氣運化之根源也, 範圍也. 相人之學, 不可不先明乎天地運化."

곧 병을 얻거나 준적에서 어긋나 부작용을 초래하고 만다고 보았다.

> 일신의 감각기관(九竅)과 사지(四肢) 및 오장육부(五臟六腑)는
> 제각기 따로 일하는 것이 아니라 하나의 신기(神氣)를 따라 두루
> 도는 것(周旋)이다. 사해(四海)의 모든 생명체들(生靈)도 비록 제
> 각기 따로 일하는 것 같지만 하나의 천기(天氣)의 운화(運化)를
> 따르고 있다. 일신의 신기도 역시 천기가 운화하는 가운데 있는
> 것이다. 일신의 운화로 사람을 판단하고 천지의 기화(氣化)에 비
> 교하여 징험(參驗)하는 것을 어찌 멀고 아득한(迂遠) 것이라고 여
> 기겠는가? 실로 지극히 절실한 것이다.180)

위 인용문을 통해 최한기의 자연관이 인간에 대한 유비를 통해
도출되는 유기체론적인 성격을 갖고 있음을 확인할 수 있다. 그는
인간에 있어 신기가 생명의 에너지 역할을 하는 것처럼 자연 전체
도 천기(天氣)가 운화하는 흐름이 있다고 간주하고 있으며 인간의
신기 역시 천기의 운화라는 거대한 흐름 속에 속해 있는 것으로 자
리매김하고 있다.

인간을 자연의 일부로 간주하는 이러한 형태의 유기체론은 앞에
서 지적한 것처럼 실상 경험적으로는 확인되기 어려운 것이다. 우리
가 경험을 통해 확인할 수 있는 사실은 우리가 우주 속에 속해 있
다는 사실 뿐이다. 여기서 더 나아가 인간에게 신기가 있는 것처럼

---

180) 『인정』, 권1, 측인문1, 총론, 天下測人同異, "一身之九竅四肢五臟六腑,
未嘗各各用事, 從一神氣而周旋. 四海之億兆生靈, 雖若各各用事, 從一
天氣之運化. 一身神氣, 亦在天氣運化之中. 以爲一身運化測人, 而參驗
天地氣化, 豈是迂遠? 實爲襯切."

우주 전체에도 천기의 운화가 있다고 말하는 것은 추측의 범위를 넘어선 하나의 가설에 지나지 않는다고 볼 여지가 있다. 최한기 사상 전체 구도를 견고하게 느끼지 못하게 하는 측면이 바로 이 부분이다. 자연에 대한 최한기의 입장이 전혀 추측에 의거해 있지 않고 일종의 목적론적 입장에 의거해 있다는 점에서 가설2와 가설3에서 제기되는 의문이 제기될 여지가 생긴다.

그러나 최한기의 유기체론이 완전히 전통적 맥락에 사로잡혀 그 근본적 의의마저 훼손되는 것이라 평가하는 것 또한 너무 지나친 것이라 볼 수 있다. 그의 유기체론은 성리학의 선험적 전제에 만족하지 않으며 도가나 불가처럼 자연을 우위에 두는 수동적 태도에도 만족하지 않는다는 점에서 충분히 그 위상을 보장받을 여지가 있다.

도가나 불가의 유기체론은 인간을 자연의 일부로 보면서 자연을 인간의 우위에 둔다. 인간은 자율적 존재라기보다는 자연 앞에서 무기력한 존재로 간주된다. 자연 앞에서 무기력한 인간이기에 이러한 현실을 대하는 인간은 어쩔 수 없이 공(空)과 허(虛)라는 가르침을 필요로 한다. 공과 허의 가르침을 통해 무기력한 인간은 자연에 대해 굴복할 수 있는 변명으로 삼는다. 자연이 제아무리 인간을 능멸하고 인간 위에 군림한다 해도 자연을 포함한 모든 것이 다 허무하고 공허하기 때문에 인간은 좌절할 필요가 없다고 하는 위안일 수도 있다. 최한기의 유기체론은 이처럼 자연에 굴복하는 도가와 불가의 무책임한 태도를 비판함으로써 그 현실성을 확보하고 있다는 점에서 가장 적극적 의미의 유기체론이라고 평가할 수 있다.181)

아래에서는 최한기의 자연주의적 유기체론의 한계에도 불구하고 그것이 갖는 장점들을 준적에 관한 설명을 통해 드러내 보고자 한다.

④ 준적은 주관적 편견으로부터 벗어나게 해 주는 포괄적 원칙

> 마땅히 사람의 감정(情)과 사물의 조리(物理)를 절충하여 바름
> (正)을 얻는 것을 준적(準的)으로 삼아야 상벌과 권선징악을 마땅
> 히 베푸는 한계가 거의 있게 된다. 만약 준적을 얻지 못한 사람이
> 라면 자신의 애증(愛憎)에 따라 상벌을 내리고 편벽된 습관에 빠
> 진 채 권선징악할 것이다... 무릇 준적이란 사물이 귀속(歸屬)되어
> 바탕으로 삼는 것이다. 부분적으로 부합한다거나 일시적으로 연결
> 된다고 해서 성급히 규정(質定)지어서는 안 된다. 반드시 소통하
> 는 것이 널리 미치고 익숙해져서 상하와 사방으로 치우쳐 막히는
> 것이 없고, 옛날이나 오늘날, 처음이나 마지막 어느 때나 막히는
> 것이 없기를 기다려야 한다.[182]

위 인용문은 준적의 의의를 직접적으로 설명해 준다. 준적이란
사람들의 주관적 감정(情)과 사물의 조리(物理)를 절충해서 무엇이
옳은 것인지를 획득하게 하는 기준을 말한다. 자신의 감정에만 치우
친다면 편견에 빠지고 말 것이다. 자신의 감정과 함께 자신 이외의

---

181) "노장(老莊)의 무리는 단지 이것(허무)만 보고 백성의 도(民道)를 구
　　제하려 하지 않으니 이것은 지나친 것이다." 『추측록』, 권1, 추측제
　　강, 所知無幾, "老莊之徒, 只見於此, 而不肯做民道之營濟, 是則過也."
182) 『신기통』, 권1, 체통, 書籍準的, "當以人情物理之折衷得正爲準的, 賞
　　罰勸懲, 庶有當施之界限. 若未得準的者, 賞罰從其愛憎, 勸懲溺於偏
　　習... 夫準的, 乃事物歸屬之所宗也. 是不可以一隅之合, 片時之契, 遽然
　　質定. 須待所通, 周遍慣熟, 上下四方無偏滯, 古今始終無梗塞."

사물의 조리, 즉 물리(物理)를 절충해야만 상벌을 내리고 권선징악하는 행동이 정당화될 수 있다. 준적이란 우선 우리로 하여금 주관적 편견에서 벗어나게 해 주는 의의를 지닌다. 또한 준적은 일반적인 기준의 역할을 해야 하므로 성급히 규정되어서는 안 된다. 시대와 장소를 모두 포괄하여 적용될 수 있을 때 제대로 된 준적이 도출되었다고 평가할 수 있다.

⑤ 최한기 자연주의의 원리주의적 성격

앞장에서 살펴본 것처럼 최한기의 능동적인 경험주의는 듀이의 프라그마틱한 경험주의와 맥락을 같이한다고 볼 수 있는 측면이 강하다. 또한 듀이는 경험을 자연과의 상호작용, 즉 인간이 처한 환경과의 상호작용으로 파악하면서 경험과 자연의 연속성을 주장하였다는 점에서도 최한기와 유사한 면모를 보이고 있다. 듀이는 자신의 철학을 <경험적 자연주의>, 혹은 <자연주의적 경험론>이라고 규정하고 있는데,[183] 이러한 입장은 자연과 인간을 존재론적으로 준별하여 자연에 대한 객관적 탐구가 가능하다고 믿는 주체의 철학에 대해 뚜렷이 반대한다. 듀이를 비롯한 미국 프라그마티즘의 기본적인 구도 자체가 경험과 자연의 연속성을 전제로 하는 자연주의를 기반으로 하고 있다고 볼 수 있는데 이러한 측면은 인간의 능동적 경험과 준적으로서의 자연의 의의를 동시에 강조하는 최한기의 입

---

183) Dewey, J., The Later Works 1: 1925, London: Southern Illinois Univ. Press, 1969, pp. 10 - 12

장과 유사하고 볼 수 있다.

그러나 최한기는 듀이보다 준적으로서의 자연의 의미를 훨씬 강조한다. 듀이는 자연의 일차적 특성을 <안정적인 것>과 <불안정적인 것>으로 구분하여 묘사하면서[184] 인간의 삶의 불안정성과 불확정성이 바로 자연의 불안정성에서 기인한 것으로 간주한다.[185] 환경으로서의 자연 자체의 불안정성으로 인해 그러한 자연을 접하고 경험하는 인간의 삶 또한 불안정적일 수밖에 없다고 보았고 이에 따라 불안정한 자연에 대한 경험은 어떤 표준, 즉 최한기가 말하는 준적을 가질 수 없으며 끊임없는 진행 과정 속에서 그 참다운 맥락을 스스로 발견해 나가고 창출해 나가야 할 뿐이라고 보았다. 최한기와 비교하여 상대주의적인 측면을 좀 더 강조하는 입장이라할 수 있다.

최한기는 자연의 역동적인 변화의 모습을 활동운화(活動運化)라고 규정하면서도 그 운화가 일정한 질서, 즉 유행지리에 따라 오차 없이 움직인다고 간주한다는 점에서 듀이와 결정적으로 차이를 보인다. 인간 경험의 불안정성과 불확정성은 인간 자신에게 유래하는 것일 뿐 자연에게는 책임이 없다고 본 것이다. 듀이에게 있어 자연은 인간의 삶의 질서와 행복을 위해 경험하고 이해해야 할 동반자이지만 최한기에게 있어 자연은 인간과 사회의 규범을 도출하기 위해

---

184) Dewey, J., The Later Works 1: 1925, London: Southern Illinois Univ. Press, 1969, pp.41-46, 47, 62, 75-76
185) 정순복, 「존 듀이의 철학에서의 자연과 트랜스액션(transaction)의 문제」, 『미학』, Vol.20, 1995, 327쪽

<받들어 좇아야(承順)> 할 대상이다. 최한기는 듀이보다 훨씬 강하게 원리주의적 입장을 취하고 있다고 볼 수 있다.

3) 자연주의적 관점의 보완

최한기의 유기체론적 자연주의는 성리학적 자연주의나 도가적 의미의 자연주의와 분명 차이를 보이지만 여전히 전통적 맥락의 목적론적 특징을 보이고 있다는 점에서 경험을 중시하는 그의 추측론적 입장과 갈등을 빚는 측면이 있음을 앞에서 살펴보았다. 본 절에서는 그의 자연주의적 관점에 대한 보완적 논의들을 통해 좀 더 긍정적인 측면에서 그의 입장을 살펴보고자 한다.

① 승순(承順): 인간의 삶의 질을 높이는 자연에 대한 학습

아래 인용문은 운화, 즉 인간 행위의 준적을 좇아 따르는 행위(승순)의 의미와 관련하여 흥미로운 이야기를 제시하고 있다.

> 호랑이를 기르는 사람은 살아 있는 생물을 (먹이로) 주지 않는다. 살아 있는 생물을 죽이면서 성내는 것에 익숙해지기 때문이다. (또한 살아 있지 않은 것이라 해도) 동물을 통째로 주지도 않는다. 동물을 찢어발기면서 성내기 때문이다. 굶주리고 배고픈 때를 잘 맞추고 기분이 좋을 때와 성난 때를 완전히 파악하여 호랑이로 하여금 자기를 기르는 자에게 순종하도록 만드는데 이것은 운화를 따르는 것에서 비롯된다. 운화를 거슬러서는 안 된다. 추우면 따뜻

하게 하고 더우면 시원하게 해서 그 속성(性)에 맞춰 간다. 추움
과 더움이 어긋나면 다른 사육하는 행위들을 제대로 하더라도 결
국 모두 어긋나고 만다. 그러므로 짐승을 기르는 것이나 백성을
다스리는 것은 크건 작건 그것을 베풀 적에 모두 운화를 승순(承
順)하는 것을 첫 번째 과제로 살펴야 한다.186)

호랑이는 살아 있는 짐승을 찢어발기며 먹는 속성(性)을 지니고
있다. 그러한 속성을 드러나도록 만든다면 호랑이를 사육하면서 다
루기 쉽지 않게 된다. 가급적 그러한 사나운 속성이 드러나지 않는
방법을 취해야 호랑이를 사육하기 쉬워진다. 이처럼 호랑이의 속성
에 대한 이해를 통해 인간은 호랑이를 적절히 제어하는 방법을 터
득하게 된다. 최한기에 의하면 이것이 곧 운화에 승순하는 행위를
의미한다. 호랑이의 속성을 아랑곳하지 않고, 즉 운화에 승순하지
않고 제멋대로 산 짐승을 통째로 먹이로 준다면 호랑이는 결국 그
러한 산 짐승들을 찢어발기면서 먹는 야수의 속성을 그대로 드러내
게 되어 인간에 의해 제대로 사육되지 못하고 말 것이다.
이처럼 기화에 승순한다는 것은 자연의 운행질서, 혹은 그러한
운화의 질서 가운데에 있는 사물의 속성이나 사태의 핵심 등을 면
밀히 파악하여 그것을 인간의 삶에 도움이 되도록 적절히 제어하는

---

186) 『인정』, 권25, 용인문6, 以養獸喩牧民, "養虎者, 不敢以生物與之. 爲瞥
殺之之怒也. 不敢以全物與之. 爲猰碎之之怒也. 時其饑飽, 達其喜怒, 使
虎媚于養己者, 由於順運化. 不宜逆運化. 寒則就溫, 暑則就涼, 俾適其
性. 寒暑有違, 諸般善養, 皆逆. 故養獸與牧民, 大小施爲, 俱以順運化爲
第一義諦."

것을 일컫는다. 즉 승순이란 자연적 질서를 효율적으로 인간화하는 것을 의미한다.

그리고 이러한 승순의 원칙은 단지 사육이라는 측면뿐만 아니라 백성을 다스리는 정치의 영역에까지 관철되어야 하는 것으로 이해되어야 한다. 이처럼 준적에 대한 승순이란 단지 자연과학적 지식을 쌓는 것에만 머물지 않고 인간의 삶의 유용성과 관련되는 행위로 이해되어야 하는데 아래의 인용문은 이러한 최한기의 입장을 더욱 명확히 드러내 주고 있다.

② 과학적 지식은 윤리와 사회적 가치를 풍요롭게 만든다.

인의예지(仁義禮智)의 경우, 부족한 측면에 따라 (약을) 계속 복용(服用)한다.[187]

인간의 중요한 속성 가운데 하나인 인의예지까지 그는 생리적 작용과 관련하여 파악한다. 인의예지가 하늘로부터 내려 받은 본성이 아니라 누대에 걸친 경험의 결과인 이상 그것은 결국 경험적으로 치유될 수 있는 것이며, 동시에 인간의 생리라고 하는 자연과학적 측면에서도 그 개선이 도모될 수 있는 것으로 간주되어야 한다. 최한기에 있어 경험과 자연은 구분되는 것이 아니며 서로 연결될 수 있는 것으로 간주된다. 약을 복용함으로써, 즉 의학적 처방을 통해 인의예지라는 인간의 속성이 개선될 수 있다고 보았다는 점에서 윤

---

187) 『신기통』, 권3, 변통, 疾病難得變通, "仁義禮智, 從不逮而連服."

리의 문제를 과학과 별개의 것으로 구분하는 기계론적 세계관과의 차이점이 다시금 확인된다.

또한 아래 인용문을 통해 최한기가 인간의 영역에서뿐만 아니라 사회의 영역에서도 이와 같은 노력이 필요하다고 주장하고 있음을 알 수 있다.

> 다만 아침과 저녁의 운행 및 시간(時月)의 변화를 고요히 관찰할 수 있기에 타인이 부귀한 것을 보면 기뻐하고 타인이 빈천한 것을 보면 불쌍히 여길 뿐이다. 타인의 원통함을 들으면 그것을 씻어 주고자 생각하고 타인의 방자한 악행을 들으면 그것을 근절시키고자 하는 마음을 먹으며, 분발하는 사람은 계도하여 드러내주고(啓發) 아둔한 사람은 지도하며, 천하 사람들과 함께 태평을 누릴 것을 생각하는 것이 곧 사람을 판단하는 커다란 준적(大準的)이다.[188]

타인의 부귀를 함께 기뻐하는 것, 타인의 빈천을 측은히 여기는 것, 나아가 세상사람 모두와 더불어 평화와 행복을 누리는 것을 최한기는 사람을 판단하는 행위의 대준적(大準的)이라 말한다. 천지의 운화로서의 대준적이란 이처럼 인간의 삶과 사회적 행복이라는 맥락과 밀접히 연관된 것으로 묘사된다. 그리고 이러한 사회적 맥락을 그는 가장 중요시했다. 그는 "통민운화는 기학의 중심축"[189]이라

---

188) 『인정』, 권2, 측인문2, 총론, 三等測人, "但可靜觀朝暮之運時月之化, 見人富貴, 惟喜之而已, 見人貧賤, 惟矜之而已. 聞人冤枉, 而思欲伸雪之, 聞人肆惡, 而心欲誅之, 忿悱者啓發之, 愚迷者指導之, 思與天下人共享泰平, 即測人之大準的也."

말한다. 통민운화, 즉 <백성 전체의 기의 소통을 도모하는 역동적 변화의 과정>은 그의 사상의 핵심적 주제였다.

> 일신운화(一身運化)는 통민운화에 어긋나서는 안 되고 통민운화는 천지운화(天地運化)에 어긋나서는 안 된다. 어긋나는 것이 있으면 올바른 도(善道)가 아니다. 일신운화가 통민운화에 승순하고 통민운화가 천지운화에 승순하는 것을 일러 올바른 도라 일컫는다.190)

그는 인간의 개인적 영역(일신운화)이 사회적 영역(통민운화)을 넘어서 논의될 수 없다고 간주하며 사회적 영역은 결국 천지운화, 즉 자연 전체의 질서에 어긋나서는 안 된다고 주장한다. 그리고 준적으로서의 자연이란 앞에서 인용한 것처럼 사회적 공동선을 지향하는 것으로 이해되어야 한다고 본다.

앞의 인용문에 나온 호랑이 사육의 예와 인의예지의 처방전에 관한 예 및 사회적 행복을 준적이라고 간주한 그의 입장을 통해 우리는 최한기의 자연주의가 자연에 대한 인간의 복종만을 강조하는 수동적 세계관이 아니라 자연의 원리를 탐구함으로써 인간의 삶과 사회적 행복을 향상시킬 수 있다는 <인간주의적 세계관>이라는 점을 확인할 수 있다. 그리고 이러한 측면을 통해 다른 유교 사상들이

---

189) 『기학』, 2-97, "統民運化, 爲氣學之樞紐."
190) 『인정』, 권10, 교인문3, 人心義理, "一身運化, 不可違於統民運化, 統民運化, 不可違於天地運化. 有違則非善道也. 一身運化, 承順於統民運化, 統民運化, 承順於天地運化, 是謂善道也."

갖지 못하는 현대적 의의를 이끌어 낼 수 있다고 평가할 수 있다.

현대 의학은 과거에 윤리적 악으로 규정되었던 정신병이라든지 몇몇 전염병 등에 덧씌워진 부당한 혐의들을 과학의 힘을 빌려 벗겨내 주었다. 또한 사람의 성품이나 기질도 의학적 처방에 의해 충분히 변화될 수 있음이 점차로 밝혀져 가고 있다. 괴팍한 성질을 일으키는 뇌파와 호르몬은 인간의 도덕적 품성에까지 영향을 미친다. 인의예지라고 하는 윤리적 규범을 단순히 인간의 윤리적 의지에만 맡기지 않고 그 생리적 흐름을 고려하여 처방을 내린 최한기의 진단을 통해 그가 말한 인간의 자연화, 나아가 사회의 자연화의 긍정적 의의가 드러날 수 있지 않을까 생각한다.

최한기의 자연주의적 입장에 의하면 우리가 통상 유교윤리에서 용인될 수 없다고 간주해 온 여러 문제들을 보다 융통성 있게 판단할 계기를 마련할 수 있을 것이라 기대해 볼 수 있다.

가령 동성애의 경우, 과거에는 그것을 윤리적 잣대만으로 판단하고 평가했다. 그러나 현대에 이르러서는 여러 과학적, 의학적 성과들에 힘입어 그 윤리적 잣대가 자의적이고 폭력적이라는 점이 속속 드러나고 있다. 물론 아직까지는 동성애를 완전히 윤리적으로 해방시켜 순전히 개인적인 선택과 취향의 문제, 혹은 유전적 속성의 문제라고 단언할 단계에까지 이른 것은 아니다. 동성애에 대한 윤리적 논란은 아직도 진행 중에 있다. 그러나 분명한 것은 동성애 논의에서 과학적 성과는 매우 중요한 요소로 작용한다는 점이다. 최한기의 자연주의적 입장은 이처럼 인간의 행위와 관련한 논쟁을 펼치는 과정에 과학적 성과가 반영되어야 한다고 주장했다고 해석된다. 이런 점에서 성리학과는 달리 현대의 윤리적 문제 및 사회적 가치의 문제와 대화를 나눌 여지가 훨씬 많다고 평가될 수 있다. 인의예지·충효·오륜 등의 유교적 사회규범들조차 과학의 성과에 힘입어 재발견하고 재평가해야 한다고 주장했다는 점에서 최한기의 자연주의적 입장이 보이는 가장 두드러진 긍정적 특징을 발견할 수 있다.

V.

규범의 근거와 그 보편성

　최한기의 경험론적 자연주의는 인간의 능동적인 경험활동을 지식과 가치 및 규범을 파악하는 원천으로 간주하며 자연을 이러한 활동의 준적으로 규정짓는다. 자연에 대해 확인되지 않은 이념을 투영하여 그를 바탕으로 전개되는 맹목적인 보편주의를 경계하지만 경험에만 의존하는 상대주의로 전락하는 것 또한 반대한다. 이에 따라 사회적 규범의 영역에서도 그는 보편성과 상대성의 어느 한 가지 측면으로 기울지 않은 채 균형을 이룰 것을 강조한다. 자연이라는 준적을 전제한다는 점에서 규범의 보편성을 지향하며 인간이 경험을 통하여 제한적이고 확률적인 지식과 가치만을 발견할 뿐이라고 간주한 점에서 상대성의 현실을 인정한다. 이러한 입장은 논리실증주의의 보편적 과학지상주의와 문화 상대주의자들의 극단적인 상대주의를 모두 비판하며 듀이의 능동적 경험주의를 바탕으로 내재적 실재론(internal realism)을 주장한 퍼트남(H. Putnam)의 입장[191]과 유사하다.

　　논리 실증주의자들처럼 합리성이 이상적인 전자계산기의 프로그램에 의하여 정의될 수 있다는 생각은 엄밀 과학에 의하여 고무된 과학 지상주의이다. 문화 상대주의자들처럼 합리성이 단순히 각 지경의 문화적 규범에 의하여 정의된다는 생각은 인류학에 의하여 고무된 과학 지상주의이다. 퍼트남은 이 두 과학 지상주의가, 어떻게 하면 이성이 관여하는 영역을 건전하고 인간답게 기술할 것인가 하는 문제를 해결해 주지 않고 오히려 회피하고 있다고 본다.[192]

　　그러나 이러한 절충주의적인 시도는 늘 보편주의와 상대주의의 양편으로부터 공격을 받기 쉽다. "패스모어의 비유를 빌자면, 퍼트남은 객관주의와 상대주의 사이의 비좁고 복잡한 하나의 길을 따라 <줄타기 곡예>를 시도하고 있는 것"[193]으로 묘사되는데 최한기의 시도 역시 보편성과 상대성 사이의 비좁은 길(人道)을 탐색하는 힘겨운 과정을 겪어 가는 것이라 볼 수 있다. 최한기 스스로 인간에 대한 판단을 "마치 달리는 말을 탄 채 달아나는 토끼를 쏘아 맞히는 것과 같다."[194]고 묘사한 바 있다. 보편적 원리가 지도하는 바가 없다고 단언하지만 토끼를 쏘아 맞히는 것이 불가능하다고 체념하

---

191) Putnam, H., Reason, Truth and History, Cambridge: Cambridge Univ. Press, 1981, pp.3 - 5, pp.12 - 13, p.49.
192) 이윤일, 「합리성과 상대주의」, 『철학연구』, Vol.41, 1997, 204쪽.
193) 노양진, 「퍼트남의 내재적 실재론과 상대주의의 문제」, 철학, Vol.39, 1993, 360쪽.
194) 『인정』, 권1, 측인문1, 총론, 無一定規. "測人之方, 如乘馳馬而射中走兔."

지도 않는다.

> 뭇사람들이 물들여 익힌 것(習染)은 과거에 있고, 운화가 처리
> 하는 것(措處)은 현재에 있다. 과거와 현재에 모두 어긋남이 없는
> 것은 경상윤강(經常倫綱)으로서 과거를 따라도 되고 현재를 따라
> 도 된다. 그러나 때에 따라 변통(隨時變通)하는 것은 현재를 따라
> 야 한다. 과거를 따라서 그때그때 상황에 맞추어 처리(臨機措處)
> 해서는 안 된다. 만약 과거와 현재에 차이가 있으면 마땅히 과거
> 를 버리고 현재를 따라야 한다.195)

과거에 얽매이지 말고 현재의 맥락을 따르는 수시변통(隨時變通)
을 강조한다는 점에서 최한기는 지극히 현실주의적이다. 그러나 준
적으로서의 자연이 가지는 의의를 강조하는 측면에서 볼 경우 최한
기는 경상윤강(經常倫綱)의 보편적 규범을 강조하는 낡은 유교적 도
덕주의자이기도 있다. 현실주의와 도덕주의라는 양 극단의 모습을
동시에 보임으로써 그의 사상의 이중성 문제가 또다시 제기된다. 과
연 이 모순된 두 가지 모습의 공존이 가능한 것일까? 보편과 상대
사이의 비좁고 구불구불한 길을 선택한 그의 줄타기 곡예의 맥락을
더듬어 따라 그의 본래의 모습을 이해해 보도록 하자. 이를 위해
본 장에서는 규범이 도출되는 근거와 이를 통해 형성되는 보편적
규범에 대해 살펴본다.

---

195) 『기학』, 2-68, "衆庶之習染在古, 運化之措處在今. 古今無違者, 經常
倫綱也, 從古亦可, 從今亦可. 然隨時變通, 可於從今. 不可於從古臨機
措處也. 若古今有異, 當捨古而從今耳."

1. 규범의 근거

강력한 규범체계를 가진 사상들은 그 근거를 존재의 영역을 넘어선 초월에 의지하기 쉽다. 성리학은 그 길을 따랐다. 그러나 최한기에겐 그러한 초월의 영역이 없다. 존재하는 것은 현실뿐이다. 현실 속에서 규범을 도출하여 사회적 합의를 이끌어 내는 방법을 취할 수밖에 없다. 사회는 개별적 인간의 욕망과 의지가 만나는 공간이다. 사회적 규범은 인간들의 욕망을 어떻게 평가하고 어떻게 제어할 것인가 하는 주제에 대한 논의와 합의를 통해 도출된다.

종래의 연구에 의하면 최한기는 욕망의 의의를 적극적으로 인정한 근대적 사상가로 이해된다. 그러나 본서에서는 근대적 욕망론과 구별되는 최한기의 욕망론을 살펴봄으로써 그가 제시하는 규범의 창출과정이 근대적 기획과는 성격을 달리하는 모습을 보이고자 한다.

1) 욕망과 자유

① 성선설의 부정: 욕망과 자유의 긍정

욕망의 문제는 근대적 사회철학의 방향을 가늠하는 중요한 주제이다. 성리학의 엄격한 도덕주의와 기독교의 교조적 욕망론은 근대적 기획의 장애물로 간주될 수 있다. 유럽의 근대는 기독교의 교조적 욕망론을 벗어남으로써 근대적 사회구상의 출발점에 설 수 있었지만 동아시아는 성리학의 욕망론으로부터 탈피하지 못하여 주체적으로 근대적 인간관과 사회철학을 구성할 수 없었다는 것이 대체적인 학계의 공통된 견해이다. 그런데 최한기의 경우 욕망을 적극적으로 인정하면서도 유럽의 근대적 특징을 보이는 데에까지 나가지는 않는다. 욕망에 대한 그의 입장을 통해 최한기의 입장이 근대적 기획과는 방향을 달리하고 있음을 확인할 수 있을 것이다.

앞서 살펴본 것처럼 최한기가 이해하는 인간에게는 태어날 때부터 주어진 선험적 선(善)이란 것은 없다고 이해된다. 선과 악은 인간 스스로 선택하고 행하는 행위에 대한 경험적 판단에 의해 개별적으로 규정될 수 있을 뿐이다.

> 어린아이 시절부터 장성하기까지 얻어 낸 지식과 깨달음(知覺) 및 사용하는 탐구와 판단(推測)은 모두 자기 자신으로부터 얻은 것이지 하늘이 자신에게 준 것이 아니다. 선한지 선하지 못한지 여부는 그 사람이 택하여 취하는 것에 맡겨져 있다. 이룰 것인지 이루지 못할 것인지 여부는 그 사람의 힘쓰기에 달려 있다.[196]

인간은 명령받는 존재가 아니라 스스로 행위하는 존재이다. 인간에게 내재된 선(善)의 이념이란 없다. 모든 것이 인간 자신의 책임이며 모든 결과는 인간 자신이 향유하고 책임을 진다. 인간은 기본적으로 <자유로운> 존재이다. 그리고 인간의 자유는 <욕망>이

---

196) 『신기통』, 권1, 知覺推測皆自得, "自孩嬰至壯盛, 所得之知覺, 所用之推測, 皆自我得之, 非天之授我也. 善不善, 任其人之擇取. 成不成, 在其人之用力."

라는 추진력을 통해 더욱 그 능동성을 보장받는다.

> 욕망이 없다면 행위도 없다. 욕망이 있어야 행위가 있는 것이
> 다. 욕망을 가지는 가운데 마땅히 좋은 욕망·나쁜 욕망·귀한 욕
> 망·천한 욕망을 구분해야 한다.[197]

욕망은 행위의 원천이다. 좋은 욕망과 귀한 욕망은 오히려 권장
된다. 물론 나쁘고 천한 욕망은 악(惡)으로 귀결되기에 제어되고 정
화되어야 한다. 인간에게 있어 자유와 욕망은 축복이자 굴레이다. 그
러나 다행인 것은 인간에겐 유행지리로서의 자연이라는 준적이 주
어져 있다는 점이다. 자유와 욕망을 통해 인간은 자연이라는 준적의
사회화, 즉 규범의 창출에 이를 수 있다.

인간의 자유와 욕망은 성리학의 전통 속에선 언제나 부정적인 맥
락에서 논의되는 주제였다. 하늘이 품부해 준 선한 본성(性)의 의미
를 내면적으로 탐구하는 데에 방해가 되는 것들이라고 간주될 뿐이
었다. 욕망을 인정한다 해도 그것은 언제나 인간의 생존을 위한 최
소한의 필요를 충족시켜 주는 한에서의 극히 제한적인 것이었다. 자
유를 인정한다 해도 그것은 미리 주어진 선한 본성을 발견하는 일
방통행의 길 위에서만 인정되는 극히 제한된 것이었다. 그러나 인간
에게 내재된 선험적 의미를 부정하는 최한기에게는 오히려 인간의
자유와 욕망은 참다운 인간의 길(人道)을 발견해 나가는 필연적 계

---

197)『인정』, 권4, 측인문4, 無欲有欲, "無欲而無爲. 有欲而有爲. 有欲之中,
當分善欲惡欲貴欲賤欲."

기로 간주된다.

　좋은 욕망과 귀한 욕망은 인도(人道)의 유익함에 쓰일 수 있는
것이므로 오히려 그것을 용맹하게 추진하지 못하게 될까 봐 염려
한다. 악한 욕망과 천한 욕망은 단지 자기 자신의 이익만을 위하
고 타인의 해로움에 대해서는 돌보지 않는 것이므로 마땅히 제거
하는 것을 기뻐한다. 좋은 욕망과 귀한 욕망이 더욱더 추진되어
넓혀지게 된다면 만백성에게 그러한 욕망이 나뉘어 만백성이 화합
하고 기뻐하여 마침내 (나쁜) 욕망이 없는 단계에 이르게 된다. 그
러나 악한 욕망과 천한 욕망이 더욱더 들끓게 된다면 두 걸음의
욕망이 한 걸음의 욕망에 더해지고 네 걸음의 욕망이 세 걸음의
욕망에 더해져 마침내는 그 (좋은) 욕망을 죽이는 지경에 이르게
된다. 기가 부족한 사람은 욕망이 있어도 성취할 수 없고 기에 여
유가 있는 사람은 항상 욕망에 넘친다. 욕망이 많은 사람은 타인
에게 쓰이는 경우가 많지만 욕망이 적은 사람은 타인에게 쓰이는
경우가 적다. 욕망이 (아예) 없는 사람은 타인에게 쓰이지도 못하
고 타인을 쓰지도 못하며 타인의 욕망을 판단할 수도 없다. 무릇
사람은 욕망의 세계(欲世界)에서 살고 있다. 먼저 자신의 욕망을
스스로 가려낸 다음 타인의 욕망이 좋은 욕망인지 악한 욕망인지
귀한 욕망인지 천한 욕망인지를 판단해야 교접운화(交接運化, 사
회적 운화)가 시행될 수 있는 것이다. 만약 타인의 욕망과 자신의
욕망을 알지 못한다면 산 사람이겠는가, 죽은 사람이겠는가?198)

198) 『인정』, 권4, 측인문4, 無欲有欲, "善欲貴欲, 可用於人道之有益, 猶恐
其不勇進. 惡欲賤欲, 只爲自己之利, 不顧在人之害, 當喜其除却也. 善欲
貴欲, 進進擴充, 分其欲於萬姓, 而萬姓和悅, 竟臻於無欲矣. 惡欲賤欲,
進進益熾, 二步之欲, 加於一步之欲, 四步之欲, 加於三步之欲, 竟至於死
其欲也. 氣不足者, 有欲而不能遂, 氣有餘者, 常溢其欲. 欲多者, 多爲人
用, 欲少者, 少爲人用. 無欲者, 不爲人用, 亦不可以用人, 又不可測人之

욕망은 추진력이다. 추진력이 없으면 좋은 일이건 나쁜 일이건 아무런 결과도 얻을 수 없다. 이 세상을 <욕망의 세계(欲世界)>라 묘사하는 최한기의 과감한 욕망론은 세계를 선의 이념의 내재화로 파악하는 성리학과 근본적으로 다르다. 그리고 바로 이러한 측면 때문에 사회철학의 근대성이 거론된다.

② 좋은 욕망과 나쁜 욕망: 마키아벨리와의 비교

그러나 그는 욕망을 전면적으로 긍정하지는 않았다. 욕망은 추진력이지만 좋고 나쁨, 귀함과 천함의 척도에 따라 준별되어야 한다. 최한기의 사회철학은 성리학의 선험적 도덕론에 근거한 사회사상과 다르지만 사회적 행위를 신(god)에 의한 선과 악의 구도에서 탈피시켜 인간의 자율성 영역의 문제로 간주한 유럽의 근대적 사회철학의 기획과도 다르다. 신의 영역에서 해방된 인간의 영역, 예컨대 <정치(politics)>에는 정치 이외의 것과는 무관한 자기 고유의 법칙이 있다는 정치적 근대의 자율성 테제는 인간의 자유와 욕망에 대한 긍정으로부터 파생되는 필연적인 결론이다. 이러한 정치적 근대의 아이디어는 마키아벨리(N. Machiavelli, 1469–1527)의 정치사상에서 비롯되었다.

欲. 夫人生於欲世界. 先自擇我所欲, 又測人之所欲, 善惡貴賤, 交接運化, 可以措施. 若不識人之欲我之欲, 生者乎死者乎?"

마키아벨리는 정치의 필요성(necessity)과 자율성(autonomy)을 발견한 것으로 알려져 있다. 도덕적 선악을 초월해 있거나 도덕적 선악의 하위에 있는 정치는 그에 대해 저항해 봐도 부질없을 만큼의 고유한 법칙을 가지고 있다는 것, 그리고 성수를 뿌려 정치를 이 세계로부터 축출할 수도 없다는 것이다. 이것은 그의 모든 저작에 관철되는 중심적인 개념이다. 이러한 개념이 설교조의 현학적 엄격성(흔히 철학으로 오인되는)을 갖추어 정식화되는 것은 아니지만, 그리고 그것이 종종 마키아벨리에 대한 열광적인 지지자들이 그려놓은바 정치적 미덕과 사악한 권력욕 사이에서 동요하는 형상 때문에 혼란이 생김에도 불구하고, 이 개념은 하나의 심오한 철학적 개념으로 간주되어야 한다. 또한 이 개념은 정치 철학의 진정한 기초를 나타내 주는 것이다.[199]

모든 가치와 인식의 가능성을 신에게만 의지해 오던 유럽 중세의 질곡에서 벗어나는 길은 곧 인간의 자유와 욕망을 긍정하는 길이었다. 신의 의지는 인간의 자유와 욕망의 자율성으로 대체되어야 한다. 중세적 의미의 정치학엔 신학과 윤리학이 뒤섞여 있었다. 마키아벨리는 정치의 영역을 신학과 윤리학으로부터 독립시킴으로써 근대적 정치사상의 기획을 가장 적극적으로 이론화하였다. 그에게 있어 정치는 "도덕적 선악을 초월해 있거나 도덕적 선악의 하위에 있는" 것이었다.

최한기 역시 마키아벨리처럼 정치학에서 신학을 분리시켰다. 사회

---

199) Concerning the History of the Philosophy of Politics; Croce, B., Politics And Morals, Castiglione, S. J. trans., Kessinger Publishing, LLC, 2007, p.59 - 60.

는 선험적 이념의 명령에 의해서가 아니라 사회 자체의 질서에 의해 새롭게 조직되고 이론화되어야 한다고 보았다. 서양의 모든 근대적 노력이 <신의 억압>으로부터의 해방이었던 것처럼 최한기도 선험적 이념으로부터의 해방을 추구했다는 점에서 공통적이다. "보는 것과 소통하는 것, 만들고 행동하는 것은 모두 나 자신으로부터 얻는 것이며 나 자신으로부터 행하는 것으로서 장래의 학문을 열어젖힘에 이를 뿐"200)이라 보았다. 그러나 그 내용과 해결책은 다르다. 최한기는 정치에서 <윤리학>까지 구별해 내지는 않았던 것이다.

마키아벨리는 신으로부터 탈피하여 인간의 자유와 욕망을 긍정하고 선과 악의 영역까지 벗어나는 정치학을 구상했지만 이는 너무 멀리 지나친 것이다. 인간의 욕망과 자유에 대한 전면적 긍정은 또 다른 신화로 연결될 수밖에 없기 때문이다. 그는 신화적 세계를 부정하는 대신 근대적 <가상현실>을 새로이 전제하고 말았다. 인간의 자유와 욕망에 의해 점진적으로 진실에 다가가는 확률적 행위를 주장했던 최한기와는 달리 그는 자유와 욕망에 의해 건설되는 새로운 신화적 이미지를 창안해 냈다. 그가 『군주론』에서 묘사한 이상적인 군주란 현실에서는 찾을 수 없는 <반인반수(半人半獸)의 가상적 존재>일 뿐이다. 근대적 회화가 원근법을 통해 새로운 <풍경>을 발견하고 근대적 음악이 조성체계를 통해 <음악적 가상현실>201)을 만들어 낸 것처럼 마키아벨리 역시 근대적 <가상공간>

---

200) 『신기통』, 권1, 通有得失, "所見所通, 所作所行, 皆自我得之, 自我行之, 至於開來學而已."

201) 최유준, 「음조성의 문화정치학」, 동아대학교 박사학위논문, 2005, 85-

을 창출함으로써 그에게 있어서 정치는 일종의 <숭고한 기술>[202)
이 되고 말았다.

> 결국 마키아벨리는 예술가와 같은 태도로 정치를 그렸다. 그는
> 권력과 정복 행위에서 (조각에 상응할 만한) 창조적 작업을 보았
> 을 뿐, 영혼의 헌신을 명령받은 순수한 실존적 인간에 의해 완수
> 되는 행위를 본 게 아니다. 마키아벨리에 의해 덕(virtu)은 말하자
> 면 아리스토텔레스적인 덕의 개념을 미학적으로 변용시킨 것과 같
> 아진다.[203)

근대의 과학이 신에 의한 숙명론에서 탈피하고자 했지만 결국 과
학적 기계론이라는 또 다른 숙명, 혹은 <가상현실>을 낳음으로써
현실을 질식시키고 말게 된 것처럼 마키아벨리의 정치학은 신으로
부터 정치의 영역을 독립시켰지만 또다시 정치적 가상현실을 전제
함으로써 현실을 도외시하는 결과를 초래하고 말았다.

③ 최한기의 상식의 욕망론: 가상으로의 도피에 빠지지 않음

그러나 최한기에게는 이러한 <가상현실>이 필요치 않다. 오히

89쪽 참조.

202) Croce, B., Politics And Morals, Castiglione, S. J. trans., Kessinger
Publishing, LLC, 2007, p.62 참조.

203) Raymond Aron, "French Thought in Exile: Jacques Maritain and
the Quarrel over Machiavellianism(1943)" in his In Defense of
Political Reason, Mahoney, D. J. ed. Lanham, MD: Rowman &
Littlefield, 1994, pp.54-55.

려 이러한 가상현실이야말로 무형(無形)의 것으로서 배척되어야 한다. 선험적 원리를 거부했다는 점에서는 공통적이면서도 마키아벨리처럼 또 다른 가상현실을 전제하지 않을 수 있었던 건 최한기의 상식의 욕망론 덕분이다.

그는 마키아벨리처럼 욕망을 전면적으로 긍정하지는 않는다. 그는 정치의 영역에서 도덕과 윤리의 측면을 완전히 독립시킬 수 없다고 보았다. 욕망에 대한 전면적 부정과 전면적 긍정은 서구의 중세와 근대를 가르는 유용한 준거점이 되지만 두 가지 주장 모두 현실을 이해하지 못한 성급한 보편주의라는 점에서는 공통적이다. 욕망을 위계화하지 않고 전면적으로 긍정할 경우 서로 부딪치는 욕망들 사이의 갈등을 어떻게 제어하여 참다운 정치체계를 구축할 수 있는지가 중요한 문제로 대두된다. 마키아벨리는 그것을 현실 속에서가 아닌 가상의 틀을 창안함으로써 해결할 수밖에 없었다. 눈앞의 복잡한 현실의 맥락을 뛰어넘고자 스스로 창안한 근대적 정치 시스템 속에서 결국 현실을 질식시키고 만 것이다.

마키아벨리의 가상현실 속에선 나의 욕망과 타인의 욕망이 배치될 경우 타인의 욕망은 무시될 수밖에 없다. 모든 욕망에 대한 긍정이란 곧 나의 욕망의 절대화를 의미할 뿐이다. "정치라는 범주를 떠나 사회의 삶 속에서 자기 자신의 이익을 위해 거리낌 없이 타인을 희생시키는 처세방식"[204]이야말로 마키아벨리가 추구하는 삶의 방식일 수밖에 없었다. 그러나 최한기의 욕망론은 이러한 욕망의 역

---

204) 곽차섭, 「마키아벨리즘」, 김영한, 임지현 편, 『서양의 지적 운동 I 』, 지식산업사, 1994.

설에 빠지지 않는다. 욕망의 위계를 인정하고 타인의 욕망을 위계적 판단의 틀 안에서 받아들이거나 거부한다. 정치학과 사회학 역시 윤리와 도덕 영역의 문제일 수밖에 없다.

> 밖에 있는 사람의 감정(人情)과 사물의 조리(物理)는 감각기관과 감각능력에 의해 소통되어 안으로 거두어 모은다. 바야흐로 거두어 모으면서 선을 취하고 악을 버리는 자도 있고, 악을 취하고 선을 버리는 자도 있고, 선을 드러내고 악을 없애는 자도 있고, 선과 악을 아울러 취하는 자도 있고, 선과 악을 모두 취하지 않는 자도 있다. 선과 악의 분별은 바로 여기에서 뚜렷하다. 인(仁)과 불인(不仁), 의(義)와 불의(不義)로 나뉘는 것 또한 여기에서 발원(發源)하고, 나아감과 물러남(進退) 및 (진실을) 붙잡음과 놓음(操縱)도 오로지 여기에 달려 있다. 어찌 중하고 또 크지 아니하겠는가?[205]

의(義)와 불의(不義)라는 사회적 정의의 문제와 선악의 문제는 구별되지 않는다. 이건 모든 유교사상이 공유하는 최소한의 합의점이다. 최한기 사회철학은 그 외형적 근대성에도 불구하고 여전히 강하게 윤리학과 결합되어 있다는 점에서 근대적 정치학과 구별된다. 근대에 대한 고민을 기반으로 하는 성찰적 근대, 혹은 퍼트남의 내재적 실재론에서 오히려 비교될 측면을 더욱 많이 발견할 수 있을 것이다.

---

205) 『신기통』, 권1, 체통, 收入於外發用於外, "在外之人情物理, 從諸觸諸竅而通, 收聚於內. 方其收聚也, 有取善而遺惡者, 有取惡而遺善者, 有彰善而殫惡者, 有并取善惡者, 有善惡俱無取者. 善惡之分, 於斯判焉. 至於仁不仁義不義, 亦由斯而發源, 進退操縱, 專係於斯. 豈不重且大歟?"

최한기에 있어 인간은 자연의 변화 가운데 있는 존재이며 자연으로부터 생명을 부여받은 자연의 아들이다. 자연은 초월적 이념도 아니며 중세적 신 또한 아니다. 근대적 의미의 객관적 탐구의 대상은 더더욱 아니다. 자연은 끊임없이 인간이 소통하여 의미를 발견해 나아가야 할 연계되어 있는 존재이다. 인간의 자유는 자연과의 소통을 통해 열려 있을 때 가치를 가진다. 인간의 욕망은 자연의 의미를 발견하기 위해 발휘될 때 가장 의미가 있다. 인간의 자유와 욕망은 자연으로부터의 절연을 의미하는 것이 아니라 줄기찬 소통의 가능성을 의미할 뿐이다.

2) 욕망의 제어와 악(惡)

좋은 욕망은 북돋고 나쁜 욕망은 제어한다는 것이 최한기의 상식의 욕망론의 결론이다. 욕망의 위계를 인정하는 상식의 인간론을 포기하지 않음으로써 최한기는 욕망의 역설에 빠지지 않을 수 있었다. 온갖 변수와 돌발적인 상황들이 난무하는 욕망의 세계는 그때마다의 현실적 맥락을 고려하면서 추와 측, 습염과 변통의 방법을 통해 교접하고 개선해 나갈 뿐이다. 이제 나쁜 욕망을 어떻게 제어하고 악을 어떻게 제어하느냐에 따라 건전한 사회를 구상하는 시도의 정당성 여부가 판가름 나게 된다.

① 사물과 사태 그 자체에만 나아가 욕망의 좋고 나쁨을 판단

　최한기는 자연을 준적이라 선언하지만 그것을 직접 끌어다 쓸 수는 없다고 그 한계를 명확히 설정한다. 그 내용의 전모에 대해서는 인간의 한계로 인해 아직 모른다고 인정할 수밖에 없기 때문이다. 나쁜 욕망과 좋은 욕망은 현실의 맥락과 대조하고 검증하여 북돋거나 제거할 뿐이다. 어떠한 선입관이나 어떠한 외부적 명령 없이 행위 그 자체만을 탐구해야 한다. 판단이 어렵고 고통스럽더라도 이념이나 신에게 의지해서는 안 된다. 사물과 사태 그 자체에만(zu den Sachen selbst) 나아갈 뿐이다.

　선과 악은 같은 기원을 갖는다. 욕망에 대한 잘못된 판단과 처방으로 인해 악이 발생할 뿐이다. 욕망과 욕망이 부딪치는 욕망의 세계에서 모든 욕망이 충족될 수는 없다. 반인반수의 가상적 존재가 아닌 저마다 욕망을 가진 개별적 인간 자신이 그러한 충돌을 조정하고 해소해야 할 책임을 진다. 최한기는 그러한 판단과 처방 및 개선을 위한 몇 가지 지침만을 마련해 줄 수 있을 뿐이다. 현실은 각자 맞서 보지 않으면 알 수 없다. 욕망과 악에 관한 아래 인용문을 통해 그의 생각을 확인해 보도록 한다.

　　수많은 사람들이 생(生)을 탐하고 욕망이 극에 달한다. 어찌 바르지 못한 행위가 전혀 없을 수 있겠는가? 바르지 못함(不正)에도 세 가지가 있다. 천품(天稟)이 순정(純正)하여 바르지 못한 행위를 하지 말아야 함을 알 뿐만 아니라, 항상 다른 사람들(衆人)이 바르지 못한 행위를 저지를 것을 염려하여 반드시 그 이유를 연구하

여 교화(敎化)하고 억지하는 것이 으뜸(上)이다. 비록 바르지 못한 행위를 할 생각은 있지만 왕법(王法)을 두려워하고 선을 행해야 된다는 질책(責善)을 두려워하여 감히 행하지 못하는 것은 중간치 (中)이다. 가마솥에 삶아져 죽는(湯鑊) 등의 형벌도 두려워 않고 사람과 사물(人物)을 해치는 것은 최하급(下)이다. 비록 융성(隆 盛)한 시대라 하더라도 어찌 바르지 못한 백성이 없겠는가? 그들 을 바로잡는 방도(道)는 수원(水源)을 통해 (물이 자연스럽게) 흘 러 나가도록 이끄는 것에서부터 출발한다. 바로잡을 수 있는 사람 에게 맡겨 바르지 못한 백성을 바로잡도록 한다면 형세에 순응(順 應)하여 쉽게 된다. 물결이 부딪치고 꺾이도록 하는 것에서부터 출발하게 되면 자연히 바르지 못한 정치로 귀결되고 만다. 도리어 (부정한 백성이나 그들을 잘못 이끈 사람이) 서로 모두 잘못하고 있다는 비판을 초래하게 되는 것이므로 형세에 역행(逆行)하여 어 렵게 된다. 이렇듯 정치가 사람에게 관계되는 바는 중대하다.206)

위 인용문에서 알 수 있듯 최한기는 천품이 순수하고 바른 인간 을 인정하고 있다. 그러나 그러한 인간은 성리학적 본성이 내재된 인간을 뜻하지는 않는다. 생이지지(生而知之)를 인정한 것도 아니다. 그저 타고난 자질(質)이 뛰어난 인간을 말할 뿐이다. 하지만 이런 인간들은 극히 적다. 대부분의 인간은 욕망으로 인한 악의 가능성을

---

206) 『인정』, 인정서, "億兆人民, 貪生肆欲. 詎盡無不正之爲? 不正有三. 天 稟純正, 非獨知不正之不可爲, 常慮凡衆之行不正, 必究其緣起, 敎化而 遏之上也. 雖有不正之心, 畏王法畏責善, 而不敢發中也. 不顧湯鑊刑戮, 戕害人物下也. 雖在邦隆之世, 豈無不正之民? 其所正之道, 出於由源而 導流. 委任可正之人, 以正不正之民, 順勢而易. 出於激迫摧折, 自歸不 正之治. 反起胥失之誚, 逆勢而難. 是以政之於人, 所關重大."

갖고 있지만 형벌이나 비난이 두려워서 하지 못하는 부류들이다. 최한기는 이런 대부분의 보통 사람들이 내적 성찰과 직관을 통해 선의 이념에 도달해야 한다고 주장하는 대신 정치를 통한 교화의 역할을 강조함으로써 점진적으로 선에 도달하게 된다고 주장했다. 수원(水源)을 터주어 자연스럽게 물이 흘러가도록 하는 것처럼 정치는 인간의 속성(性)을 따라 욕망을 다스리고 선을 찾아 행할 수 있도록 길을 터 주는 행위이다. 산 짐승을 찢어발기며 먹는 호랑이가 가진 야수의 속성(性)을 다스리는 것처럼 욕망으로 꿈틀대는 인간의 속성(性)을 다독여 스스로 선을 행하게끔 유도하는 것이 바로 그가 말하는 <정치>인 것이다.

> 천지가 사람과 만물을 생겨 이루어지게(生成) 한다. 이것은 단지 기일 뿐이다. 움직임과 고요함, 숨을 들이켜고 내쉬는 것, 먹고 마시고 작용하는 것들 모두 기가 아닌 것이 없다. 아는 것도 기요 모르는 것 또한 기이다. 생각하건대 이것은 알기 쉬운 것이다. (기를) 알지 못하기 때문에 천지운화가 부여해 준 신기(神氣)라는 지극한 보물을 저버려 기꺼이 진흙탕에 손쉽게 내버리며, 부모가 당당한 대장부가 되도록 길러 줬음을 저버려 (대장부의 기개를) 기꺼이 초목과 마찬가지로 썩게 하며, 성현(聖賢)들이 후생(後生)들을 가르치신 경전에서 전해 오는 말씀들(經傳)을 저버려 기꺼이 자포자기(自暴自棄)에 빠지며, 사농공상(士農工商)이 서로 돕고 함께 즐겁고자 하는 소원(素願)을 저버려 기꺼이 부끄러움이라고는 없는 완고하고 어리석은 사람이 되고 만다.[207]

---

207) 『인정』, 권10, 교인문3, 不知運化, "天地生成人物. 只是氣也. 動靜呼吸, 飮食作用, 無非氣也. 知之是氣, 不知亦氣也. 顧此易知之物, 緣於不

② 선과 악: 생성론적 이해

그러나 선과 악에 대한 탐구와 판단을 통해 올바른 정치로 나아가게 하는 길은 너무도 힘겨운 과정이다. 선과 악은 미묘한 현실의 맥락에 따라 언제나 그 모습을 달리할 수 있기 때문이다.

이전에 선을 행하던 사람이 변하여 악한 일을 행하고, 이전에 악을 행하던 사람이 변하여 선한 일을 행할 경우 어쩔 수 없이 자신이 이전에 행했던 선악에 대한 판단을 고침으로써 지금 현재의 선악에 대한 자신의 판단을 새롭게 하게 된다. 선이라 판단했던 것을 악이란 판단으로 바꾸고 악이라 판단했던 것을 선이란 판단으로 바꾸게 되는 것이다. 그러나 이전에 이른바 선을 행했다고 하는 것이 순일(純一)한 선이 아니고 그 안에 악의 뿌리가 잠재되어 자라고 있었던 것이기에 이제 와서야 자신의 선이라는 판단이 미진했음을 알 수 있게 된 것이고, 이전에 이른바 악을 행했다고 하는 것이 완전히 악한 것만은 아니고 그 안에 선의 뿌리가 잠재되어 자라고 있었던 것이기에 이제 와서야 자신의 악이라는 판단이 미진했음을 알게 되는 것이다. 이것은 운화가 바뀌어 가는 것 가운데에 스스로 미리 알 수 없는 부분이 있음을 의미하며, 또한 자신이 판단한 바에도 완전함과 불완전함의 구분이 있음을 의미한다.[208]

知, 孤負天地運化付與神氣之至寶, 而甘心輕棄於塵泥, 孤負父母養成軒昂之丈夫, 而甘心同朽於草木, 孤負聖賢開導後生之經傳, 而甘心頹惰於暴棄, 孤負士農工商相濟同樂之素願, 而甘心無恥之頑嚚."

208) 『인정』, 권1, 측인문1, 총론, 所測變, "前日行善之人, 變行惡事, 前日行惡之人, 變行善事, 不可不改我前日善惡之測, 以新我方今善惡之測. 測善變爲測惡, 測惡變爲測善. 然前日所謂行善者, 非純一之善, 內有惡根

선과 악은 존재론적으로 파악되지 않는다. 그것은 늘 변하며 그 안에 서로 반대의 가능성을 잠재적으로 갖고 있는 변화하는 현실이다. 선이 악으로 변하는 것이 아니고 선 안에 담긴 악의 가능성이 이후에 드러나는 것일 뿐이다. 고도의 판단력을 가졌다면 이러한 잠재된 가능성까지 따질 수 있겠지만 우리는 늘 드러난 것만을 토대로 판단하기 때문에 실수를 저지르기 일쑤다. 잠재된 가능성까지 고려하는 종합적 판단은 수많은 경험과 수련을 거쳐 그 정확도를 높여야 도달되는 경지이다. 성리학적 인간이 욕망을 억제하여 야위고 신념에 찬 꼬장꼬장한 선비의 이미지를 연상시킨다면 최한기의 인간은 욕망을 꿰뚫어 보고 다스리며 잘못에 대해 융통성 있는 태도를 지닌 건장한 CEO의 이미지를 연상시킨다.

③ 정약용의 초월적 선악론과의 비교

그런데 이러한 최한기의 인간과 욕망에 대한 이해는 그보다 한 세대를 앞서 살다 간 정약용의 인간론과도 매우 다르다.[209] 정약용은 성리학적 인간학의 인문적 시도가 가지는 의의는 인정하면서도 근본적으로 그 시도가 세계 속 인간의 지위를 제대로 이해하지 못

之潛長, 則到今可知我測善之有未盡, 前日所謂行惡者, 非完全之惡, 內有善根之潛長, 則到今可知我測惡之有未盡. 是乃運化遷移, 自有不可前知者, 又有我所測有盡未盡之分."
209) 최한기와 정약용의 비교에 관해서는 금장태, 「다산과(茶山) 혜강의(惠岡) 인간이해」, 『동양학』, Vol.24, 1994, 임형택, 「정약용의 경학과 최한기의 기학」, 『대동문화연구』, Vol.45, 2004 등 참조.

하고 있기 때문에 잘못된 길을 걸어 왔다고 혹평한다.

성리학은 인간의 선한 본성의 기원을 형이상학적 이(理)에서 찾고 악의 기원을 기(氣)에서 찾는다. 그런데 이(理)의 이념은 언제나 기(氣)의 제약 속에서만 현실화될 수 있기 때문에 인간은 그 시초부터 타락의 가능성으로부터 자유롭지 못하다. 보다 더 완전한 선의 가능성을 발견하고자 했던 정약용은 형이상학적으로 선하면서도 내재성의 제약을 받아 악에 의해 오염될 수 있는 이(理)와는 달리 그보다 훨씬 더 근원적이고 초월적인 무언가에서 그 근원을 찾아야 한다고 보았다.

그가 택한 방법은 선의 근원으로서의 이(理) 대신 다른 무엇을 찾는 것이었다. 성리학적 의미의 이(理)를 가지고선 그가 가진 인간과 악에 대한 적절한 설명방식을 제시할 수 없었기 때문이다. 그는 성리학이 말하는 이(理)에서 이념성을 떼어내 버리고 이(理)를 단지 사물과 사태의 맥락을 가리키는 수동적인 개념으로 그 의미를 축소시켜 버린다.[210] 그리고 이(理)에서 분리된 이념성에다 시원성(始原性)과 인격성을 보태어 생생한 인격적 신(神), 즉 상제(上帝)의 이미지를 창출해 낸다.

이제 인간에게 의미를 부여해 주는 능동적 역할은 상제가 맡는다. 인간은 비인격적인 이(理)의 이념이 내재된 건조한 존재가 아니다. 인간은 현실의 너머에 있는 초월적이고 신학적인 기원을 갖게 됨으로써 신과 연결되는 생동하는 존재이다. 육신과 정신은 분리된다.

---

210) 한형조, 『주희에서 정약용으로』, 세계사, 1997, 199 – 202쪽.

"육신은 부모로부터 받되 정신은 초월자(天)에게서 온다."211) 정신과 육신을 분리하지 않고 그 기원을 모두 이(理)와 기(氣)에서 찾는 성리학의 인간론은 애초부터 이(理)의 타락을 전제한 불완전한 성선설이다. 초월자로부터 부여된 정신의 능동적 활동을 통해 인간은 생생하게 신과 연결된 존재로 파악되며 육신은 초월자로부터 부여된 정신에 의해 규율되는 수동적 대상으로 간주된다.

그리고 정약용은 인간 정신의 초월적 기원에 대한 자신의 믿음이 공자로부터 유래한다고 주장했다. 정약용에 의하면 성리학은 공자의 초월적 신학을 불완전한 인문주의로 변질시킨 것에 불과한 것이다.

> 영혼과 육신의 이분법은 기독교만의 것이 아니다. 공자의 극기복례(克己復禮) 역시 인간성의 실현을 생물학적 조건을 극복하는 과정에서 찾아야 한다는 가르침이었다. 그리고 그 극복의 근거는 언제나 초월적 신성에 있었다. 공자와 맹자에서 중용으로 이어지는 천(天)은 바로 인간의 도덕감과 그 실현의 초월적 근거였던 것이다. 유학의 윤리학은 본시 신학의 바탕 위에 서 있었던바, 정약용은 이 문맥에 철두철미하려 한 사람이다. 그는 고전의 재발견을 통해 성리학이 묻어 버린 신학적 측면을 회복시키고자 노력했다.212)

이것은 공자의 사상에서 경험과 추측작용을 통해 현실을 점진적으로 개선해 나가는 실용주의자의 모습을 발견한 최한기와는 정반

---

211) 한형조, 앞의 책, 227쪽.
212) 한형조, 앞의 책, 227–228쪽.

대의 이해이다. 정약용에 의하면 성리학의 인간론은 공자의 초월적이고 신학적인 인간론을 어설프게 인문화한 것에 불과하다. 반면 최한기에 의하면 성리학의 인간론은 공자가 시도한 현실주의적 인문화의 방향과는 정반대로 향하는 퇴행이요 신비주의화이다. 최한기에 의하면 공자는 초월과 신학을 주장하지 않았다. 그에게 있어 공자는 현실주의자이며 사회에 참여하여 점진적 발전을 도모하고자 했던 사회 사상가였다.

　　주공과 공자의 학문은 실질적인 조리(實理)를 좇아 앎을 확충함으로써 나라를 다스리고 천하를 평화롭게 하는 데에까지 나아가기를 바랐다. 즉 기는 실질적인 조리(實理)의 바탕이요, 추측은 앎을 확충하는 요체(要)이다.213)

　　이로써 성리학적 인간론의 형이상학적이면서도 내재적인 이중적 인간론은 두 가지 서로 다른 방향의 비판에 직면하게 된 셈이다. 정약용은 성리학이 내세운 이(理)의 이념조차 불완전하다고 간주하고 보다 더 근원적인 시원을 초월의 영역에서 찾고자 했던 반면, 최한기는 이(理)의 이념이 구축해 놓은 비현실적이고 검증이 불가능한 맥락을 무시해 버리고 철저히 현실의 맥락인 기(氣)에서 진실을 발견하고자 했다.

　　정약용이 성리학적 이(理)에서 이념성을 떼어 내 그 지위를 격하시

---

213) 『추측록』, 기측체의서, "周孔之學, 從實理而擴其知, 以冀進乎治平. 則氣爲實理之本, 推測爲擴知之要."

킨 채 보다 더 근원적인 신에게 더욱 강력한 이념성을 부여해 준 반면 최한기는 이(理)에서 이념성을 떼어 내는 것에 그치지 않고 이념성 그 자체를 폐기해 버리고 오로지 기(氣)만으로 설명되는 세상을 묘사했다. 정약용은 극단적인 이념화를 위해 이(理)를 격하시킨 반면 최한기는 이념의 폐기를 통해 이(理)를 격하시키게 된 것이다.214)

④ 선과 악에는 초월적 기원이 없다

최한기의 인간론이 정약용의 신학적 인간론과 달라지는 구체적 차이점은 인간의 <자유와 악>에 대한 관점에서도 드러난다. 최한

---

214) 정약용과 최한기 모두 이른바 "실학(實學)"의 대표자로 알려져 있다. 하지만 그 사상적 내용을 본다면 서로 극단적으로 다르다. 사상의 내용뿐만 아니라 학문방법에서도 다르다. 정약용은 경학에 충실한 학문방법을 고수했던 반면 최한기는 경학을 완전히 벗어난 독자적인 방법을 통해 학문을 전개했다. 이에 따라 그 둘을 "실학"이라는 하나의 개념으로 묶어 연구하는 것에는 많은 무리가 따른다는 지적이 김용옥에 의해 제기된 바 있다. 이에 대해서는 김용옥, 『독기학설』, 통나무, 1990 참조. 그러나 학문방법과 내용이 다르다 해서 그들을 "실학"이라는 하나의 범주로 다루는 것이 완전히 난센스인 것만은 아닐 수도 있다. 근대 유럽의 경험주의와 이성주의는 최한기와 정약용만큼 서로 구별되지만 중세적 신학을 극복하며 인간 지식의 근원에 대한 탐구라는 문제의식을 공유했다는 점에서 모두 근대철학의 범주 안에서 다뤄질 수 있다. 정약용과 최한기 또한 성리학이 지배한 중세적 사유체계에 대해 도전했으며 밀려오는 서구문물에 대한 개방적 태도를 취했다는 점에서 본질적으로 최한기와 문제의식을 공유하는 측면이 강하다고 할 수 있다.

기는 인간에게 어떠한 종류의 형이상학적, 초월적 기원도 없다고 간주한다. 그저 주어진 것은 기와 생명뿐이다. 삶의 의미와 가치는 인간 스스로 찾아 나가야 한다. 인간이란, 초월적 하늘이 그 정신을 부여해 주었기에 하늘의 초월적 이념에 복무해야 하는 수동적 존재도 아니며 이(理)와 기가 뒤섞인 애매함의 질곡에서 헤어 나오지 못하는 고민스런 존재도 아니다. 인간은 가능성으로 뭉쳐진 능동적 주체이다.

인간이 느껴야 할 도덕적 의무감이 있다면 그것은 자신에게 생명을 준 하늘에게 고마움을 느껴야 하는 정도의 최소한에 그친다. 그 최소한의 의무감마저 없다면 인간은 존립 자체가 불가능하다. 그러한 의무감으로 말미암아 자연의 질서에 순응하여 생존을 유지할 수 있기 때문이다. 또한 악이란 인간의 경험과 판단으로 규정되는 사태일 뿐 그 자체가 선과는 다른 어떤 특정한 기원을 갖는 것이라 간주되지 않는다. 그러나 정약용은 선과 악의 기원을 분리한다.

> 정약용은 선(善)을 하고자 욕구하는 선천적 경향성으로서의 성(性)을 절대적으로 선한 것으로 규정하고 있다. 말하자면 선에 대한 의지로서의 선의지 자체만이 절대적으로 선하다고 보고, 이런 의지 외에 다른 욕구도 함께 가진 마음(心)은 순선(純善)하지 않다고 구별하고 있다. 이 때문에 정약용은 우리가 아무리 사악하고 부도덕한 행위를 일삼더라도 오직 이 성(性)만은 절대적으로 변할 수 없는 것임을 역설하게 된다.[215]

---

215) 백민정, 「정약용 철학의 형성과 체계에 관한 연구」, 연세대학교 박사학위논문, 2006, 141쪽.

정약용에 있어 인간의 선한 본성(性)은 이(理)가 내재된 것이 아니라 신의 은총에 의해 주어진 것이다. 그것은 선한 행위를 하고자 하는 강력한 충동이며 신에 의해 보증되는 절대적이고 보편적인 경향성이다. 선을 행하고자 하는 이러한 강력한 충동은 오로지 인간에게만 부여된다.

정약용의 성선설은 성리학의 성선설보다 더욱 과격하고 급진적이다. 인간과 동물은 근본적으로 구분된다. 인간과 자연을 동일선상에서 파악하고자 하는 성리학의 일원론적 자연의 의인화는 부정된다. 악이란 이러한 강력한 충동에서 벗어난 동물적 욕심(氣質之性)에서 기인한 것으로 간주된다. 인간의 자유가 의미를 가지는 것은 인간에게만 부여된 본연지성(本然之性)을 드러낼 경우에만 한정된다.

⑤ 사회적 행위가 없으면 선과 악도 없다

선과 악을 미묘한 현실의 맥락에 따라 끊임없이 새롭게 평가될 수밖에 없는 역동적인 사태로 바라보는 최한기의 구상은 이처럼 정약용의 극단적 성선설의 구상과는 너무나 멀리 떨어져 있다.

> 과거의 이른바 심체(心體)라는 것은 곧 신기이다. (신기가) 몸에 운화하면서 강약(强弱)과 청탁(淸濁)이 있게 되고, 인간 몸 밖의 기(外氣)와 교접(交接)하면서 선악과 허실(虛實)을 행하게 된다. 선(善)이란 기에 순응하는 것(順氣)이고 악(惡)이란 기에 거스르는 것(逆氣)이며, 허(虛)란 기를 망령되이 하는 것(妄氣)이고 실(實)이란 기를 충만하게 하는 것(充氣)이다. 교접운화(사회적 소통행위)

를 통해서 (비로소) 선악과 허실이라는 명칭이 생긴다. 교접운화가
있기 전에 어찌 선악과 허실이라는 명칭이 있을 수 있겠는가?216)

선과 악은 인간이 자기 이외의 타인이나 외물과 접촉하여 사회적
소통행위(交接運化)를 한 이후에야 판단되는 사태일 뿐이다. 존재론
적으로 선(善)한 본성(性)이 있다는 정약용의 성선설은 사태도 겪지
않은 채 성급하게 판단하는 무형의 이(理)에 관한 이론으로 간주된
다. 비록 정약용 스스로는 인의예지가 실천 이후에 획득되는 덕목이
라 말하지만 인의예지의 단서로서의 사단(四端)을 신의 은총에 의해
선험적으로 주어진 것으로 보고 있다는 점에선 성리학과 마찬가지
로 선험주의에 입각해 있다. 그러나 최한기는 이와 같은 선험적인
도덕론을 인정하지 않는다. 주어진 사태의 성질과 그 사태가 빚어내
는 영향 및 효과 등에 대한 종합적 고려를 거쳐야만 선과 악의 판
단이 가능하다고 그는 보았다.

최한기는 구체적인 증거나 논거가 없으면 도무지 아무것도 믿으
려 하지 않고 인정하려 하지 않았다. 그는 눈에 보이고 손에 잡히
는 구체적인 사물이나 사태가 없으면 어떠한 판단도 성급히 행하지
않는 실용주의적이고 현실주의적인 사유의 패턴을 지닌 인간이었다.
사회적 소통행위가 있기 전엔 선과 악 자체가 있을 수 없다는 최한
기의 선언은 선과 악에 대한 기존의 존재론적 접근법을 근본적으로

---

216)『인정』, 권9, 교인문2, 善惡虛實生於交接, "古所謂心體, 卽神氣也. 運
化於身, 有强弱淸濁, 交接於外氣, 爲善惡虛實. 善者順氣也, 惡者逆氣
也, 虛者忘氣也, 實者充氣也. 由交接運化, 而有善惡虛實之名. 未有交接
運化, 有何善惡虛實之名."

반성할 것을 주문한다.

규범이란 이렇듯 선과 악에 대한 갖가지 경험과 판단을 통해 도출되는 사회적 합의이다. 그 합의는 시간에 따라 새로이 검증되어 폐기될 수도 있고 아무리 시간이 지나도 폐기될 수 없어 보편성을 획득하는 경우도 있다. 규범들 사이엔 층위가 있을 수밖에 없다.

최한기가 제시하는 보편적 규범들이란 시간과 공간의 제약을 뛰어넘어 유지되는 규범들일 뿐 선험적인 전제에 의해, 혹은 성인의 생이지지적 통찰에 의해 수동적으로 주어지는 이념이 아니다. 만약 이후의 예측할 수 없는 사태와 발견으로 인해 그가 제시한 보편성이 부정되어야 할 상황이 온다면 기꺼이 그 보편성을 포기할 수 있는 열린 규범들이다. 최한기 스스로 보편적 학문으로 자부한 기학(氣學)조차 더 나은 학문이 나온다면 스스로 폐기할 수 있다고 고백한다.

> 만약 어떤 사람이 보통과는 다른 사태나 사물의 참된 실질을 특별히 거론한 것 가운데 기학보다 더 보탬이 되고 증험되는 것이 기학보다 많으며 사태마다 기학보다 우수하여 그것을 천하에 밝히게 된다면 기학은 결국 폐기할 수 있게 된다.217)

---

217) 『기학』, 2−19, "若有人特擧別般事物之誠實, 加於氣學, 證驗多於氣學, 事事勝於氣學者, 明之于天下, 氣學乃可廢也."

2. 규범의 보편성

최한기는 인간의 경험적 행위에 의해 규범이 도출된다고 보았다. 그리고 그 과정은 자연이라는 미확인의 준적을 전제로 그것에 수렴해 가는 과정이라고 간주했다. 본서에서는 이러한 과정이 <공(公)적 요청>을 통해 형성된다고 파악한다. 본 장에서는 규범의 보편성이 도출되는 과정과 그 구체적인 내용을 살펴본다.

1) 공(公)적 요청으로서의 규범의 보편성

① 인의예지의 선험성을 부정하면서 어떻게 그 보편성이
　정당화되는가?

무릇 모든 사상체계는 모순을 안고 있다. 중요한 것은 모순의 유무가 아니라 모순 속에 깃든 창조적 의미일 것이다. 삼위일체론과 유일신 사상 사이의 모순에 대한 고민과 이에 대한 갖가지 변론작업(theodicy)을 통해 기독교는 현대에 이르기까지 세계적으로 가장 막강한 영향력을 행사하는 종교로 부상할 수 있었다. 자아를 부정하는 무아론(無我論)과 자아의 윤회사상 사이의 모순에 대한 성찰은 불교로 하여금 풍부한 이론적 성찰로 이끌기도 하였다. 이(理)와 기(氣) 사이의 모순, 즉 불리부잡(不離不雜)이라는 이중성의 질곡은 그 자체가 성리학의 이론적 정밀함의 근거가 되기도 한다. 앞서 살펴본 바와 같이 극단적 경험주의의 인식론을 주장했던 흄조차 그 도덕론에 있어서는 자연주의적으로 해석될 여지가 있다는 점에서 그의 사상 또한 모순의 혐의에서 자유롭지 못하다.

최한기 역시 마찬가지이다. 그의 사상 또한 보편주의와 상대주의의 모순된 측면을 두루 포함하고 있다. 아마도 최한기 스스로는 자신의 사상에 깃든 모순을 인식하지는 못한 듯하다. 그에게는 이론적 정합성보다 자신의 주장 속에 담긴 실질적 의미가 더 중요했을지 모른다.

그는 인의예지의 선험적 내재성을 부인하면서도 인의예지의 보편성 자체를 부정하는 단계에까지 나가지는 않는다. 결코 전면적으로 상대주의를 긍정하지 않았다. 그렇다면 도대체 인의예지의 보편성은 어떻게 경험적으로 확인되는가? 그것은 과연 증험 가능한 것인가? 선험성의 부정과 보편성의 긍정은 과연 양립 가능한 문제인가? 규범의 실용성과 문화의 상대성 및 인식과 판단의 오류 가능성을 그토록 힘주어 강조했으면서도 인의예지와 오륜 등 유교적 윤리에 대해서는 확고한 보편적 신념을 가졌던 근거는 무엇일까? 규범의 보편성과 상대성 사이에서 <줄타기>, 혹은 <말 탄 채 활쏘기>를 시도한 맥락을 따라가 봄으로써 그의 사상의 모순성 안에 깃든 창조적 의미를 적극적으로 드러내 보도록 하자.

② 공적 요청을 통해 도출되는 규범의 보편성

최한기에 있어 규범의 보편성은 인간들 사이의 활동, 즉 공적 영역에 대한 준적의 확립이라는 요청을 통해 도출된다. 개별적 인간들의 사적 영역만으로는 사회의 질서가 성립되지 않는다. 최한기는 자신의 전 저작을 통해 단 한 순간도 이러한 공공성의 문제를 염두에 두지 않는 내용을 제시하지 않는다. 그의 인간론과 인식론은 철저히 사회적 연결망 속에 있는 인간과 지식에 대한 문제를 과제로 삼는다. 그는 뼈 속 깊이 사회 철학자였다. 자기 자신에 대한 탐구(推己)는 곧 타인에 대한 판단(測人)으로 연결되어야 했다. 사적 영역에 대한 고려는 결국 타인과 연결되어 있는 공적 영역으로 나아가는 첫걸음이었던 것이다.

> 먼저 자기 자신에 대한 탐구에서 무언가 얻는 게 있어야만 타인을 판단할 수가 있다. 공적 마음(公心)을 가지고 (자신을) 반성적으로 살필 수 없다면 편견과 폐쇄성에 쉽게 빠지게 되고, 타인을 판단하면서도 또한 사랑과 증오(즉 사적 편견)라는 폐쇄성을 면하기 어렵게 된다. 자신에 관해서건 타인에 관해서건 상관없이 여러 사람들의 견해를 모아 공론(公論)으로 합하는 것이 곧 판단인 것이다. 판단은 반드시 넓어야 하는 것이며 좁아서는 안 된다. 판단은 반드시 멀리 있음(즉 공적인 측면)을 귀하게 여기며 가까이 있음(즉 사적인 측면)을 귀하게 여기지 않는다.218)

사회적 행위의 출발을 의미하는 타인에 대한 판단은 반드시 자기 자신에 대한 탐구를 먼저 수행한 다음에 실행되어야 한다. 자기 자

---

218) 『인정』, 권1, 측인문1, 총론, 一統測, "先有得於自己之測, 乃可以測人. 自己行事, 不能以公心反觀, 易陷於偏蔽, 其所測人, 亦難免愛憎之蔽. 無論在己在人, 集衆見合公論, 乃是測也. 測宜廣不宜狹, 測貴遠不貴近."

신에 대한 탐구 없이 섣불리 타인과 사회에 대해 판단할 경우 반드시 편견과 폐쇄성으로 귀결되고 만다. 최한기에게 있어 사적 영역은 공적 영역으로 나아가는 건전한 출발점, 즉 자신에 대한 반성적 탐구이면서 또한 공적 영역에 대한 온갖 편견을 낳게 되는 오해의 출발점, 즉 사적 편견이기도 하다. 사적 영역에 대한 이해는 그래서 중요하다. 사적 영역은 그 자체로 부정되어야 할 악도 아니며 그 자체로 긍정되어야 할 욕망도 아니다. 인간의 속성(性)을 그 자체로 악하다고도, 선하다고도 결정짓지 않고 하나의 가능성으로 파악한 것처럼 그에게 있어 사적 영역 또한 하나의 가능성의 영역일 뿐이다.

그러나 공공성이라는 요청을 전제로 할 경우 최한기는 강하게 사적 편견에 빠지지 말 것을 경고하는 입장을 취하게 된다. 그가 제시한 추와 측, 습염과 변통의 경험주의적 작업은 모두 개인적 편견과 근거 없는 선험적 독단에서 빠져나와 함께 나누는 공공의 영역으로 나올 것을 목표로 하고 있다. 인간이 사적 영역을 건전하게 벗어나 공공의 마당에 나오게 됨으로써 규범의 보편성이 확보될 수 있다고 보았다.

> 사회적 활동(交接)을 하면서 (타인을) 받아들임과 (타인에게) 허락하여 줌(許與)이 없으며 평생 동안 (누군가를) 우러러 흠모함이 없는 자는 곧 독불장군(獨夫)이다. 물정에 어둡고 괴이한 견문을 가지고 있기에 취사하는 것이 치우쳐 있고 좁다. 경전에서 (자신의 주관적인) 뜻에 부합하는 글귀들을 주워 물정에 어둡고 괴이한 견해에 이용해 버린다. 사물을 대할 경우엔 일부러 항상 궤도에서 벗어남으로써 물정에 어둡고 괴이한 행위(습관)를 행한다. (쓸 만

한) 사람이 없다는 탄식이 입에서 끊이지 않으며 용서하는 도량을 가지려 애쓰지 않는다. (결국) 자기 자신이 타인과 협력하지 않게 될 뿐만 아니라 타인 역시 자기 자신과 어울리려 하지 않게 된다. 무릇 타인과 더불어 사회적 활동(交接)을 영위하는 천하의 모든 사람들은 자신보다 나은 자나 못한 자를 막론하고 모두 (그 인물의) 그릇에 맞게 쓰일 수가 있는 법이니 거의 버릴 만한 사람이 없는 것이다. 가르치고 깨우쳐 나아가도록 이끌고, 권장하고 격려하여 뛰어남을 발휘하도록 도우면 또한 무용한 사람이 거의 없게 된다. (그러나) 이 독불장군은 가슴속에 조그마한 지혜를 가지고 있어 자존심이 너무 크다. 타인의 말을 귀담아 듣지 않으니 깨닫게 되는 것도 없게 된다. 이런 행위와 자포자기(自暴自棄)하는 행위에 무슨 차이가 있겠는가?219)

심학에 몰입하여 사회적 활동을 등한시하는 은둔형 선비들은 최한기가 보기에 독불장군(獨夫)에 지나지 않는다. 그들은 타인과 더불어 행하는 사회적 활동으로부터 스스로를 격리시킬 뿐만 아니라 타인 또한 그들에게 접근하지 못하도록 장벽을 쌓는다. 현실에 아무런 보탬도 줄 수 없는 흘러간 옛 경전들에서 맥락에 맞지 않는 구절들을 인용하며 편견과 아집을 공고히 하는 선비들의 모습에선 사

219) 『인정』, 권5, 측인문5, 천인운화, 獨夫, "交接無許與, 平生無仰慕者, 乃是獨夫也. 以迂怪見聞, 取捨偏隘. 經傳上, 掇拾合意句語, 用之以迂怪之見. 事物上, 故違尋常軌轍, 行之以迂怪之事(習). 無人之歎, 不絶於口, 容恕之量, 不勉于中. 非獨己不協於人, 人亦不稱於己. 凡天下之交接人者, 無論勝於我不如我, 皆可隨器須用, 差鮮可棄之人. 敎誨而引進, 勸誘而獎拔, 亦寡無用之人. 斯人胸中有小慧, 而自恃太甚. 他人言論不入耳, 而無所覺悟. 是何異自暴自棄也."

222

회 철학적 가능성이 발견될 수가 없다. 주관적 편견만을 쌓아 가는 이들에게는 오로지 낡은 경전 속의 신화적 성인들만이 떠받들려야 할 가치 있는 사람으로 간주될 뿐이다. 현실 속에서 숨 쉬는 살아 있는 인간들은 모두 무가치한 소인배로 전락하고 만다. 사람의 가치를 그 그릇에 맞게 발견할 줄 아는 창조적 인간학이 그들에게는 원천적으로 불가능하다.

인간뿐만 아니라 동식물, 나아가 만물에게까지도 하늘의 순선한 이념이 본질적으로 (즉 본연지성에 의해) 내재되어 있다고 믿는 성리학이지만 실상은 극소수의 선비 계급만을 인정하는 배타적 성격을 보이게 된 것이다. 심학은 생업에 종사할 필요가 없는 선비 계급만을 위한 극히 개인적인 닫힌 수양을 주장하는 것에 그치고 만다. 선비를 제외한 농업·공업·상업 등에 종사하는 평민들은 실제로 인간답게 대우해 줘야 할 대상도 아니다. 한족(漢族)만을 인정하고 그 밖의 민족을 오랑캐라 이름 짓고 업신여기는 폐쇄성도 그들의 보편적 이념의 학문과는 어울리지 않는다. 지나친 보편주의는 필연적으로 극단적인 배타성으로 연결된다는 역설을 역사는 뼈아프게 증언하고 있다.

③ 공공성: 보편성의 전제

선험적 보편주의를 거부하고 자연과 인간 및 사회에 대한 겸허한 탐구와 확률적 판단을 통해서 점진적으로 진리에 도달하고자 하는 최한기의 신기의 인간학은 공공성의 요청을 통해 저마다 인간이 가진 가능성에 주목하게 된다. 세상 모든 사람들의 가치를 인정하는 것, 그것이 바로 최한기의 사회철학에서 주장하는 보편적 규범의 전제가 된다. 선비들에게만 적용되는 특수한 인간학이 아니라 살아 숨쉬는 모든 인간들에게 적용되는 보편적 인간학에 의할 경우에만 규범의 건전한 보편성은 도출될 수 있다. 선비들과 평민들에게 따로 적용되는 규범이 아닌, 저마다 가치를 가진 소중한 사회적 구성원으로서의 인간들 모두에게 보편적으로 적용되는 규범이 있을 수밖에 없는 것이다.

그 첫 번째 전제가 바로 골방에서 빠져나와 소통하고 교접하라는 명령이다. 심학에 대한 비판은 곧 농업, 공업, 상업 등 사회적 행위에 몰두하는 사람들을 천시하던 성리학의 폐쇄적인 사회철학에 대한 도전으로 나아간다.

> 눈에 마주치는 사물들이 모두 가르침이다. 실천해 나가는 사태들(事)이 모두 가르침이다. 태어나고 자라고 늙고 쇠하는 것은 육체가 평생 겪는 가르침이다. 친밀하고, 의롭고, 준별하고, 질서 있는 것(親義別序)은 오륜(五倫)을 완성시키는(成體) 가르침이다. 예악형정(禮樂刑政)은 하늘을 대신하여 백성을 다스리는 가르침이다. 사농공상(士農工商)은 서로의 직무에 소통하여 도우며 일하는(通功易事) 가르침이다. 이러한 것들은 모두 하나의 기가 운화(一氣運化)한다는 가르침에 뿌리를 두고 있다. 이것을 어기면 혼란스러워지고 받들어 따르면(承順) 화합하게 된다.220)

---

220) 『인정』, 권8, 교인문1, 師敎, "寓目之物皆是敎. 踐履之事皆是敎. 生長衰老, 一身始終之敎. 親義別序, 五倫成體之敎. 禮樂刑政, 代天理民之敎.

세상의 모든 사물과 사태, 인간의 생리적 변화와 윤리적 덕목 및 사회적 규범들 모두가 인간을 가르친다. 사농공상의 엄격한 존재론적 신분제는 단순히 기능의 분화를 의미하는 것으로 변경된다. 사농공상 각각의 직분 자체에 차등이 존재하는 것이 아니라 각기 주어진 기능을 어떻게 발휘하느냐에 따라 각 직분 내부에서의 차등이 판별될 뿐이다.

사농공상의 직분이 세습된다는 부분에 대해 최한기는 문제의식을 느끼지 않는다.[221] 사농공상의 직분에 덧대어진 가치관 자체를 부정하는 마당에 신분의 세습 여부는 오히려 중요한 문제가 아닌 것이다. 선비로 태어났든, 농부로 태어났든, 아니면 장사치로 태어났든 그것은 중요한 문제가 아니다. 자신에게 주어진 직분을 제대로 수행하는 것이 오히려 중요한 문제이다.[222]

최한기는 선천적으로 부여된 직분을 벗어나고자 하는 신분적 갈

士農工商, 通功易事之敎. 皆本於一氣運化之敎. 違越則亂, 承順則和."
221) 정성철은 이러한 측면 때문에 최한기의 사회철학을 <계급조화의 설교>에 지나지 않는다고 혹평한다. 정성철, 『조선철학사』, 도서출판 좋은 책, 1988, 474쪽.
222) 그럼에도 불구하고 사회계급에 대한 그의 태도에 석연치 않은 점이 있는 것은 사실이다. 본서에서는 보다 적극적인 차원에서 그를 평가하고자 한다. 신분제와 관련한 비판적 논의는 신해순 「최한기의 사민평등사상」, 『혜강 최한기』, 예문서원, 2005, 397-436쪽에 상세히 기술되어 있다. 신해순은 최한기의 사민평등사상을 적극적으로 인정하면서도 노비를 인정하고 선비 계급의 특수성을 인정하였으며 여성에 대한 차별에 대해 문제의식을 갖지 못했다는 점을 비판하고 있다. 황경숙, 「혜강 최한기의 사회사상의 구조와 성격」, 『한국학보』, Vol.19, No.1, 1993에도 마찬가지의 견해가 실려 있다.

등의 문제를 오히려 부차적인 문제로 간주한다. 신분적 위계 자체를 부정하기 때문이다. 아버지의 사업을 이어 가는 것은 오히려 자연스러운 과정일 수 있다. 만약 주어진 직분을 버리고 다른 직분을 원하는 것에 대해 최한기의 의견을 물었다면 그는 당연히 <허용된다!>고 답했을 것이다. 그에게 있어 사농공상이란 단지 주어진 직분의 서로 다른 다양한 명칭일 뿐이다.

세상의 모든 사물과 사태는 하나의 기의 변화(一氣運化)에 따른 서로 다른 양태이다. 따라서 이렇게 서로 다른 양태 자체에 대해 인간의 자의적 편견에 따라 가치를 부여하는 것은 옳지 않다. 모든 사물과 사태를 포괄하는 하나의 기에 대한 믿음은 자연스럽게 보편적 규범을 요청하게 만든다. 신분에 따라 차등적으로 적용되는 것이 아니라 모든 인간에게 공통적으로 적용되는 규범, 신기의 인간이기에 시간과 장소를 막론하고 어느 누구에게나 적용되어야 할 보편적 규범은 필연적으로 요청된다. 여기에는 신분적 차등도 없으며 이민족에 대한 차별과 편견도 없다. 오로지 신기로서 평등한 인간만이 존재한다.

> 오직 공(公)적이야 타인을 판단할 수 있다. 공적이라는 것은 사사로움(私)과 협잡(挾)이 없이 기의 변화(氣化)를 받들어 좇아서 (承順) 사람의 일을 밝게 살피는 것이다. 사사로움이 있으면 (주관적) 애증(愛憎)에 가려지게 되고 협잡이 있으면 자만에 빠지게 된다. 기의 변화를 받들어 좇지 못하면 준적(準的)이 세워지지 않아 의거할 바가 없게 되어 어쩔 수 없이 방술(方術)에 의지하거나 속설을 찾아 헤매게 된다... 만약 의거할 준적이 없다면 공공됨(公)을 어떻게 얻으며 또 어떻게 변통하겠는가? 대개 공적인 길(公道)

과 공적인 마음(公心)이란 모두 운화하는 기를 받들어 좇는 것을 가리키는 것이다. 또한 하늘의 길(天道)과 하늘의 조리(天理)도 운화하는 기를 받들어 좇는 것을 가리키는 것이다. 오직 공(公)이란 한 글자가 네 가지에 대한 판단을 총괄한다.[223]

공(公)적이라는 의미는 곧 사적 영역을 넘어 준적(準的)에 따라 사회적 보편성을 획득해 나가는 과정을 의미한다. 추측지리가 받들어 좇아야 할(承順) 준적으로서의 유행지리는 사회적 영역에서 공(公)이라는 이름으로 구체화된다. 우주의 경우 변화하는 보편적 질서로서의 유행지리라는 준적이 세워져 있다. 유행지리를 준적으로 삼아야 하는 공적 영역으로서의 사회에도 또한 보편적 규범이 창출될 수밖에 없다. 최한기에 있어 보편적 규범이란 자연 그 자체가 인간에게 건네준 선물이 아니라 자기 자신에 대한 면밀한 탐구와 이해를 통해 공적 영역으로 나아감에 따라 도출되는 창조적 질서인 것이다.

---

223) 『인정』, 권5, 측인문5, 천인운화, 公是順氣, "惟公可以測人. 公者無私無挾, 承順氣化, 明察人事也. 有私則蔽於愛憎, 有挾則奪於自恃. 不能承順氣化, 則準的不立, 依據無所, 勢不得不附會方術, 演繹俗說… 若無依據準則, 公何見得, 又何以變通? 凡所謂公道公心, 皆指運化氣之承順也. 又所謂天道天理, 亦指運化氣之承順也. 惟一公字, 總括四者之測."

2) 인의예지 · 효 · 오륜(五倫) 그리고 인도(人道)

① 낡은 규범들에 새로운 활력을 불어넣는 재구성

그렇다면 이렇듯 공적 요청으로서 창출되는 보편적 규범에는 구체적으로 어떤 것들이 있을까? 최한기는 인의예지와 효 및 오륜 등 전통적으로 유교에서 중시한 보편적 덕목들을 그대로 보편적 규범이라 인정한다. 서구의 과학에 대한 경이, 신기의 인간관과 추측의 방법론 등 새로운 시도를 통해 얻게 된 결론치고는 맥이 빠지는 것일 수도 있겠다. 그러나 동일한 결론에 다가가는 과정은 너무나 다르다. 동일한 결론만 보게 된다면 그의 독창성은 드러나지 않는다. 과정상의 독창성을 지나치게 강조하면 허무한 결론에 실망하고 말지도 모른다.

최한기 사회철학의 강점은 바로 종래의 선험적이고 존재론적인 차원에서 이념적으로 제시되었던 규범들을 경험과 탐구 및 변통의 역동적인 과정을 통해 새롭게 제시함으로써 자칫 낡고 시대에 뒤처지는 규범으로 전락할 수도 있었던 유교적 규범들에 새로운 활력을 불어넣어 주었다는 점에서 찾을 수 있다. 과거의 유교가 과정에 대한 설득력 있는 논설 없이 결론만 나열한 반쪽짜리 답안지였다면 최한기의 새로운 유교는 신기와 추측, 습염과 변통의 구체적인 증험의 과정을 서술한 창조적인 답안지라고 평가할 수 있다. 그는 종래의 유교사회철학을 재구성하고자 했던 것이다.

② 효: 부모 자식 사이의 추측을 통해 획득되는 보편적 정서

그는 보편적 규범들을 무조건적으로 강요하지 않는다. 그러한 규범들을 반드시 지켜야 한다면서 경전을 들이대며 그 권위에 호소하지도 않는다. 규범들의 의미를 자신의 언어로 새롭게 소화하여 제시하고자 할 뿐이다. 예컨대 효에 대한 아래의 설명을 보자.

> 어린아이들도 자기 어버이를 사랑할 줄을 알고 자기 형을 공경할 줄 아는데 이것은 탐구와 판단(推測)으로부터 나오는 것이다. 탐구와 판단이 없으면 어버이와 형이 자신과 혈연관계에 있다는 사실을 알기 어렵게 되는데 어떻게 사랑과 공경을 논할 수 있겠는가? 아버지와 형의 곁에서 태어나 양육된 사람은 저절로 습염된 견문이 있게 되기 때문에 두세 살의 어린아이가 되면 자기 어버이를 사랑하게 되고, 더 자라게 되면 자기 형을 공경하게 되는 것이다. 만약 태어나자마자 바로 다른 사람에게 길러지게 되고 (자기가 다른 사람에게 길러지고 있다는 사실을 누군가가) 말해 주거나 그런 기색을 드러내 주지 않는다면 비록 십수 년이 지나더라도 그 사람이 어떻게 신령하게 통해서(靈通) (자신의 친부와 친형을) 알 수 있게 되겠는가? 또한 태어날 때부터 귀가 먹고 눈이 멀었다면, 비록 아버지와 형의 곁에서 자라고 양육된다 하더라도 어떻게 그 사랑과 공경을 다할 수 있겠는가? 따라서 어버이를 사랑하고 형을 공경하는 것은 진실로 여러 해에 걸쳐 습염된 견문과 탐구 및 판단에서 나오는 것이다. 이른바 사랑과 공경이 양지(良知)와 양능(良能)에서 나온다고 하는 주장은 특히 그 습염 이후를 말하는 것이지 습염 이전의 일을 말하는 것이 아니다.[224]

---

224) 『추측록』, 권1, 추측제강, 愛敬出於推測, "孩提之童, 無不知愛其親, 無

최한기에 의하면 효는 이제 더 이상 인간의 선험적 본성의 작용으로 설명되어서는 안 되는 주제이다. 그것은 탐구와 판단을 통해 경험적으로 획득되는 자연스런 현실이다. 선험적인 양지와 양능 또한 부정된다. 양지와 양능은 가능성으로만 있던 효라는 덕목이 습염을 거쳐 획득된 이후의 상황을 묘사한 것일 뿐이다. 효는 더 이상 경전에 나와 있기 때문에 따라야 하는 강요된 덕목이 아니라 낳아 주고 길러 준 은혜를 느끼고 파악해 나감에 따라 자연스럽게 솟아나오는 건전한 감정의 총체로 이해되어야 한다. 효에 대한 이러한 새로운 설명방식은 유교의 핵심적 규범인 인의예지에도 고스란히 적용된다.

③ 인의예지: 추측을 통해 도출된 인간의 보편적 속성

손상 입히고 해치는 것을 미워하며 생성(生成)을 좋아하는 것을 인(仁)이라 말한다. 잘못에 대해서는 불안해하고 알맞고 마땅함(適宜)에 대해서는 편안히 여긴다. 그러므로 알맞고 마땅함(適宜)을 의(義)라 말한다. 차례를 잃으면 어지럽게 되고 순서를 따르면 (일이) 이루어진다. 그러므로 순서를 따르는 것을 예(禮)라 말한다. 단지 보고 듣고 말하고 움직이는 것뿐만 아니라 권장할 수 있고

不知敬其兄, 出於推測. 未有推測, 親與兄天屬之義難知, 何暇論其愛敬? 生養於父兄之側者, 自有漬染之見聞, 至二三歲孩提時, 愛其親, 及其長也, 敬其兄. 若使出胎時, 卽爲他人收養, 不露言論氣色, 雖至十數年, 斯人何能靈通而識得? 且有天聾天盲, 雖長養於父兄之側, 何能盡其愛敬也? 是以, 愛親敬兄, 實出於積年染習之見聞推測矣. 所謂愛敬出於良知良能者, 特擧其染習以後而言也, 非謂染習以前之事也."

징계할 수 있는 것이 바로 지(知)이다... 온 세상의 인하지 못함, 의롭지 못함, 무례함, 알지 못함이란 대개 탐구와 판단을 통해 얻는 바가 없기 때문(에 발생하는 것)이다. 만약 탐구와 판단을 통해 얻는 바가 있다면, 옛 가르침을 꼭 기다릴 필요 없이 저절로 인의예지를 따를 방법이 있게 된다. 사물(事物)을 참작하여 그것을 얻는 것은 나에게 달려 있으며 이미 내가 그것을 얻은 후 그것을 이루어 내는 것은 일을 실천함(行與事)에 달려 있다. 사람들은 혹 "인의예지가 나의 본성(性)에 본래 갖추어져 있다."고 한다. 이런 식으로 생각이 흘러 버리면 그 폐단은 결국 사물을 내팽개치고 (모든 것을) 오직 자기 자신에게서만 구하게 만든다. 이래서야 어찌 그 구하여 얻을 수 있는 방법을 논할 수 있겠는가? 예컨대 금은보화(金玉)를 거둬 모으는 이는 스스로 쌓아 나감으로써 얻게 된다. 그리고 이것은 사람마다 모두 가능한 것은 아니다. 만약 누구나 금은보화를 거둬 모으는 방법을 가지고 있다고 하면 옳다. 그러나 만약 누구나 본래 쌓아 놓은 금은보화가 있는데도 그것을 이용할(須用) 줄을 모르는 것뿐이라고 말하면 옳지 않다. 그러므로 맹자(孟子)는 "사람은 누구나 요순(堯舜)이 될 수 있다."고 말했던 것이지 "사람은 누구나 요순인데, 다만 요순의 도(道)를 행할 수 없을 뿐"이라고 말하지는 않았던 것이다.225)

---

225) 『추측록』, 권3, 추정측성, 仁義禮智, "惡戕害喜生成者曰仁. 艴虩於過差, 而妥帖於適宜. 故適宜者曰義. 亂於失緖, 而成於循序. 故循序者曰禮. 非獨視聽言動而已, 能勸能懲, 是爲知也... 天下之不仁不義無禮不知者, 多以其無攸得於推測也. 若有得於推測, 則不必待古訓, 而自有仁義禮知可循之方. 參酌乎物, 而得之在我, 旣得乎我, 而成之在行與事矣. 人或以爲仁義禮知, 素具於我性. 其流之弊, 遺物而只求於我. 烏可論其求得之方也? 如收聚金玉者, 自有積累而得. 非人人所可能也. 若謂人皆有收聚金玉之方則可. 若謂人皆有素積之金玉, 而不得須用則不可. 故孟子曰, 人皆可以爲堯舜, 不曰人皆是堯舜, 而不能行堯舜之道."

인의예지는 경험 이전에 이념이 예비해 둔 선험적 덕목이 결코 아니다. 인간에게는 그러한 덕목이 내재되어 있지 않다. 인의예지는 더 이상 선험적 본성(性)이 아니라 단지 가능성으로서의 속성(性)으로 새롭게 규정되어야 한다. 인간에게 인의예지가 이미 갖추어져 있다고 간주한다면 인간은 반드시 인간 자신에 대한 탐구에만 골몰하게 된다. 그러나 얻을 수 있는 건 아무것도 없다. 인간에게는 가능성으로서의 속성만이 주어져 있기 때문이다. 그 가능성의 발현은 외부 사물 및 타인과의 접촉을 통할 때만 실현된다. 인의예지는 이제 인간의 본성에 대한 <존재론>적 문제가 아니라 인간의 사회적 가능성에 대한 <사회철학>의 주제로 넘어간다.

인의예지의 내용을 들여다보자. 이는 철저히 사회적 규범들로 구성되어 있다. 타인에 의해 손상되는 것을 싫어하고 타인에게 해를 입는 것을 싫어하며 생겨남과 이루어짐(生成)을 좋아하는 것이 인(仁)이다. 어떤 사회적 행위에서 알맞고 마땅함을 느껴 마음이 편안하도록 해 주는 것이 의(義)이다. 사회적 구성원들이 저마다 순서를 따라 질서를 갖추는 것이 예(禮)이며 타인에게까지 권장과 징계라는 영향을 미치는 행위가 지(知)이다. 그런데 그러한 사회적 규범이 인간에게 이미 내재되어 있다고 간주한다면 결국 사회적 규범의 문제를 인간학의 하위 문제로 전락시키게 되고 만다. 사회적 문제는 인간의 문제로 환원되고 말며 결국 사회철학은 설 자리를 잃고 모든 사회적 문제를 개인의 차원에서 해결하고자 하게 된다. 국가적 재앙과 사회적 혼돈을 국왕 개인의 수양의 문제에서 찾고자 했던 유교 국가의 답답한 선비들의 처방에서 우리는 그러한 폐단을 무수히 찾아볼 수 있다.

금은보화는 우리 집에 없다. 그것을 찾아 우리는 밖으로 나가야 한다. 금은보화가 우리 집 안에 있는데 아직 그것을 발견하지 못할 뿐이라고 간주한다면 늘 집 안팎을 헤매는 우스꽝스런 일이 벌어지고 말 것이다. 아무런 경험적 행위와 증험도 없이 태어날 때부터 우리에게 인의예지가 갖춰졌다고 주장하는 것은 일종의 종교적 선언이거나 경전의 권위에 기대는 일방적 명령에 불과하다. 우리는 요순이 아니다. 단지 요순이 될 가능성을 가진 생동하는 주체일 뿐이라고 최한기는 강조한다.

> (인간의) 속성은 다른 것(경험 이외의 선험적 원리 등)으로부터는 (제대로 된) 지식을 구할 수 없다. 따라서 반드시 그 드러나는 단서(즉 구체적인 경험적 사실로서의 인간의 감정)로부터 그 근원을 탐구해야 한다. 맹자(孟子)가 "측은히 여기는 감정은 인(仁)의 단서이고 (악을) 부끄러워하고 미워하는 감정은 의(義)의 단서이며, 사양하는 마음은 예(禮)의 단서이고 옳고 그름을 판단하는 감정은 지(知)의 단서이다."라고 말한 것은 대개 후학(後學)들로 하여금 측은히 여기는 감정부터 탐구해 나아가 그 인을 확충하도록 하고, (악을) 부끄러워하고 미워하는 감정부터 탐구해 나아가 그 의를 확충하도록 하며, 사양하는 마음으로부터 그 예로 힘껏 나아가도록 하고, 옳고 그름을 판단하는 감정으로부터 그 앎을 힘껏 이루어 나가도록 하고자 해서이다. 진실로 이것이 (사단이라는 인간의) 감정을 탐구해서 (인의예지라는 인간의) 속성을 판단하는 것(의 의미)이다.226)

---

226) 『추측록』, 권3, 四端, "性不可從他求知. 故必從其所發之端而測其原.

④ 사단과 사덕: 추측의 결과로 드러나는 것

최한기는 성리학과 마찬가지로 성(性)을 사덕(四德, 즉 인의예지)
이라 간주하고 정(情)을 사단(四端)이라 간주한다. 성리학적 의미에
익숙해 있다면 앞에서 인용한 구절은 성리학적 테제의 최한기식 변
용에 불과한 것으로 오해될 수 있다. 그러나 최한기에 있어 성(性)이
본성(nature)이 아니라 속성(attribute)을 의미한다는 점은 이미 앞서
살펴본 바와 같다. 인간에게 어떤 속성이 있는가 하는 것은 반드시
인간의 드러난 감정을 통해서만 판단되어야 한다. 그것은 하늘의 이
념이 선험적으로 우리들에게 내재되어 있기 때문에 그 자체로 자명
한 진리가 결코 아니다. 반드시 감정에 대한 면밀한 탐구(推)가 선
행됨으로써 판단(測)될 수 있는 경험적 진리이다. 맹자가 말한 사단
과 사덕의 의미를 성리학은 이념적으로 변질시켰다. 그러나 그것은
결코 이념적 차원의 선언이 아니라 드러난 감정에 대한 경험적 판
단의 결과로 해석되어야 한다.

세상의 모든 사람들에게 공통적으로 드러나는 네 가지 감정(四端)
을 면밀히 탐구하고 경험함으로써 결국 인간에게 그러한 감정을 불
러일으키는 네 가지의 속성이 가능태로 잠재되어 있음을 판단할 수
있을 뿐이다. 인간의 네 가지 가능성으로서의 인의예지는 결코 인간
이 태어나기 이전부터 존재했던 이념이 아니다. 그것은 인간이 우주

孟子曰, 惻隱仁之端, 羞惡義之端, 辭讓禮之端, 是非知之端, 蓋欲使後
學, 從惻隱推去擴充其仁, 從羞惡推去擴充其義, 從辭讓而克就其禮, 從
是非而克成其知. 實是推情而測性也."

의 자연스런 변화과정(天地運化)을 통해 생명을 얻게 된 이후부터 점차로 갖추어 나가게 된 후천적 속성일 뿐이다. 인간이 없다면 인의예지도 없다!

그러나 최한기에 있어서 인의예지라는 규범은 인간이 타인 및 사물과 서로 소통하고(交接運化) 반응을 주고받는 경험적 과정을 통해 획득되는 후천적 속성이라고 해서 결코 무시되거나 상대적 차원의 것으로 격하되지는 않는다. 그것은 인간의 생리적 활동과 마찬가지로 보편성을 획득한 속성으로 간주되기 때문이다. 인의예지뿐만 아니라 오륜이라는 규범 또한 그렇다.

> 버려서는 안 되는 것은 오륜(五倫) 및 목마를 때 물 마시고 배고플 때 밥 먹는 것 등(즉 생리적 속성)이다. 잊어서는 안 되는 것은 인의예지 가운데 지나간 것을 탐구하고 올 것을 판단하는 것이다. 이것은 과거부터 지금에 이르기까지 언제나 피차의 구별 없이 동일하게 적용되는 것이다.[227]

오륜과 인의예지는 인간의 생리적 속성과 마찬가지로 인간이 삶을 얻고 사회적 생활을 영위해 나가면서부터 자연스럽게 획득하게 된 보편적 속성이다. 그것은 잠시도 폐할 수 없으며 세상의 어느 누구에게나 적용되는 보편적인 특징이다. "오륜의 가르침은 가로막고 폐지하려고 해도 그렇게 되지 않는 것"[228]이며 "지극하고 완전

---

227) 『추측록』, 권3, 추정측성, 情之捨不捨, "不可捨者, 五倫及渴飮饑食之類. 不可忘者, 仁義禮知之推往測來也. 亘古亘今, 無有乎彼此, 無有乎不同."

(盡)하므로 그것을 천하에 탐구하여 확충시키면 저절로 모든 나라가 모두 화합하게 되는"229) 보편적 규범이다.

이처럼 유교적 규범들을 선험적 선언이 아니라 경험적 탐구와 판단의 과정을 통해 얻은 결론으로 간주하기 때문에 최한기가 말하는 규범은 내용이 풍부하며 지나친 도덕주의의 형식을 빌려 강요되지 않는다. 규범은 설득되고 논파될 수 있는 구체적인 덕목인 것이지 묵수하여 따라야 하는 갑갑한 종교적 교설이 아닌 것이다. 그리고 여기서 더 나아가 제한적이나마 규범 자체에 대한 비판의식으로까지 나아갈 수가 있다.

⑤ 보편적 규범조차 수정될 수 있다

최한기는 오륜을 강조하면서도 그와 짝을 이루는 규범인 삼강(三綱)에 대해서는 매우 소극적인 태도를 취한다. 삼강은 군위신강(君爲臣綱)·부위자강(父爲子綱)·부위부강(夫爲婦綱) 등의 세 가지 항목들을 가리킨다. 그런데 이들 항목은 모두 임금과 신하, 아버지와 아들, 남편과 아내 사이의 일방적 규범들로 구성되어 있다. 즉 임금은 신하에게 벼리가 되며, 아버지는 아들에게 벼리가 되며, 남편은 아내에게 벼리가 된다는 것이다.

반면 오륜은 군신유의(君臣有義)·부자유친(父子有親)·부부유별

---

228) 『인정』, 권8, 교인문1, 人道, "五倫之敎, 雖欲遮廢而不可得也."
229) 『인정』, 권18, 선인문5, 畎畝敎法兆民有和, "五倫之敎, 至矣盡矣, 而推擴天下, 自有萬國咸和."

(夫婦有別)・장유유서(長幼有序)・붕우유신(朋友有信) 등의 다섯 가지 덕목들을 가리키는데 이들 덕목은 모두 상호 간에 서로 영향을 주고받는 성격을 가진다. 즉, 임금과 신하는 서로 의(義)를 주고받아야 하며, 아버지와 아들은 친밀함을 주고받아야 하며, 남편과 아내는 서로 구별됨이 있어야 하며, 연장자와 연소자는 서로 질서가 있어야 하며 친구들끼리는 서로 믿음이 있어야 한다는 것이다.

그런데 '삼강'이란 용어는 청년기 저작인 『기측체의』에만 세 번 나올 뿐 이후의 저작인 『인정』과 『기학』에는 단 한 번도 등장하지 않는다.230) 반면 오륜이라는 용어는 『기측체의』를 비롯해 모든 저작에서 매우 빈번하게 거론될 뿐만 아니라 최한기의 윤리규범의 핵심적 내용으로 다뤄지고 있다. 최한기 스스로 밝히지는 않았지만 이는 의미 있는 변화라고 보인다. 그는 명시적으로 언급하지는 않았지만 유교적 규범 가운데 삼강처럼 한쪽의 일방적인 의무만을 강조하는 규범보다는 서로 지켜야 할 상호적 규범들을 더욱 강조한 것으로 보인다. 삼강과 오륜은 짝을 이뤄 일컬어지는 경우가 많지만 최한기는 의도적이라고 볼 수 있으리만치 오륜만을 강조한다.

전통적으로 유교적 규범이라 간주되어 온 모든 덕목들에 대해 최한기는 일단 탐구와 판단을 거쳐 그 보편성을 경험적으로 확증할 것을 주문한다. 비록 명시적이지는 않지만 삼강이라는 전통적 규범은 이러한 경험적인 검증의 과정을 통해 탈락한 것으로 간주될 수

---

230) 삼강과 오륜에 대한 의견은 안외순, 「유가적 군주정과 서구 민주정에 대한 조선 실학자의 인식」, 『한국정치학회보』, Vol.35, No.4, 2001, 80-81쪽에서 빌어 왔다.

있을 것이다. 최한기가 강조하는 규범의 보편성은 존재론적인 결론이 아니라 경험에 의해 확률적으로 도출된 결론이기 때문에 그 자체로 확정적인 것이 아니다. 아무리 보편적 규범이라 해도 미처 예측할 수 없는 변화된 현실을 맞이하게 된다면 그 보편성까지도 의심하고 새롭게 판단해야 한다.

⑥ 인도, 보편적 규범, 상대적 규범

최한기는 비록 인의예지와 효 및 오륜 등의 구체적인 규범들을 보편적이라고 제시하고 있지만 그것을 확정하기보다는 이러한 규범들을 창출하게 되는 더 큰 범주로서의 인도(人道), 즉 사람의 길을 제시함으로써 결정주의적인 틀 안에 갇히지 말 것을 권고한다. 모든 인간에게 보편적으로 적용되는 틀, 즉 인도가 있다는 사실 자체가 중요한 것이다. 인도라는 보편적 틀 안에서 구체적인 규범들은 경험적으로 새롭게 도출되어 나가야 한다.

> 이른바 사람의 길(人道)이란 하늘과 사람의 범위 가운데에서 사람이 항상 행하여야 할 길을 얻는 것으로서 위 아래로 관철되어 조금도 모자람이 없는 것이다. 만약 한 마을의 한때의 소견을 인도라 간주한다면 편벽된 습속의 혼란에 빠지게 됨을 면하기 어렵다. 또한 한 나라에서 (고작) 몇 세대 동안 행한 것을 인도라 간주한다면 어찌 풍속의 기운(風氣)이 속되고 정체(滯)되지 않을 수 있겠는가? 이 우주 안의 모든 사람들은 생김새가 대략은 같지만 서로 차이가 있다. 각 나라에 대한 견문을 두루 살펴보면, 흑인과

백인(白人)의 서로 다른 종족이 있고 키가 큰 사람과 작은 사람이 섞여 있다. 코가 큰 사람, 눈이 우묵한 사람, 털이 붉은 사람, 눈동자가 푸른 사람 등을 모두 눈으로 볼 수 있게 된다. (하지만) 결국 세상엔 크게 다른 생김새를 가진 사람이 없음을 알게 된다. 여러 나라의 정치와 혼동 및 그 연혁의 경우, 어질고 빼어난 인재를 얻으면 나라가 크게 융성하고 간사하고 아첨하는 사람을 기용하면 쇠약해지고 멸망한다. 가르침과 문화(敎文)가 일어나면 옳은 당(黨)이 이루어지고 쇠퇴하면 옳지 않은 당이 이루어진다. 전쟁과 배척을 통해 강한 나라와 약한 나라의 차이가 생긴다. 재색과 탐욕은 어느 곳이나 모두 그러하고 옷 입고 음식을 먹으며 생업에 골몰하는 것도 동일하다. 이 모든 것들이 신기(神氣)에 실려 있으므로 세상 모든 사람들이 살아 나가는 도리에 자연 그 범위가 있음을 알게 된다.[231]

보편성은 경험을 통해 확인된다. 세상 사람들은 모두 저마다 다른 생김새를 갖고 있지만 크게 보아 결국 사람의 생김새를 공유한다는 점에서는 마찬가지이다. 각 나라의 풍속과 정치도 또한 그렇다. 저마다 다른 조건과 다른 현실에 처해 각기 다른 방식의 삶을 영위하고 있지만 재색과 탐욕, 의식과 생업이라는 조건은 보편적으

---

231) 『인정』, 권6, 측인문6, 인도, 統察人道, "凡所謂人道, 在於天人範圍之中, 得人常行之道, 澈上澈下, 少無欠闕. 若以一鄕之一時所見爲人道, 則難免偏俗之擾奪. 又以一國之數世所行爲人道, 則詎無風氣之俗滯? 是以宇內人民, 容貌大同而差., 統察於各國聞見, 黑白異種, 長短相雜. 高鼻深目, 紅毛碧瞳, 盡入眼相. 乃知天下無懸殊之容貌矣. 萬國之治亂沿革, 得賢俊而興隆, 用奸佞而衰敗. 敎文起滅, 而是非成黨. 戰爭驅逐, 而强弱異勢. 財色貪慾, 到處皆然, 衣食汨沒, 生業所同. 咸載於神氣, 乃知天下民生道理, 自有範圍."

로 공유한다. 빼어난 인재를 얻으면 융성하고 아첨하는 인물을 등용하면 망한다는 사실은 동서고금을 막론한 보편적 진실이다.

이렇듯 경험에 의해 확인되는 보편성을 통해 이 모든 세상 사람들이 공유할 수밖에 없는 보편적 규범을 요청하지 않을 수 없게 된다. 그리고 그러한 보편성은 인도, 즉 사람의 길이라 명명된다. 최한기는 그 인도를 인의예지와 효 및 오륜이라고 구체적으로 지적하면서 결국엔 이러한 보편적 규범이 전 세계인에게도 관철될 수 있다고 믿었다. 이러한 태도는 자민족 중심의 윤리를 타민족에게 강요하는 오만한 보편주의도 아니며 모든 나라가 저마다 가진 특성을 인정해야 한다면서 모든 사회적 현상에 대한 가치판단 자체를 꺼리는 무책임한 상대주의도 아니다. 최한기는 여전히 상대주의와 보편주의 사이에서 줄타기, 혹은 <말 탄 채 활쏘기>를 하고 있다.

3) 신비주의와 종교에 대한 비판

① 경험으로 확인되지 않는 일체의 선입견들을 배격

규범의 보편성은 탐구와 판단이라는 경험적 과정을 통해 이뤄진다. 나와 타인, 나아가 타국에 대한 종합적이고 다양한 탐구와 판단을 통해 모든 사람들에게 공통적으로 적용되는 규범이 도출된다. 이렇듯 경험을 통해 규범의 보편성을 창출해야 한다고 주장하는 최한기에 있어 기본적으로 전제되는 것은 경험되는 대상이 유형의 것이어야 한다는 점이다.

240

사람의 생리적 작용과 현실적 활동 및 각 나라의 문화와 제도 등은 모두 탐구와 판단의 대상일 수 있다. 그러나 확인되지 않고 경험될 수 없는 것들에 대해서 그는 단호하게 추측의 대상으로조차 인정하지 않는 태도를 취한다. 불교·기독교·이슬람교·도교 등의 모든 종교적 활동은 부정된다. 그것은 틀려서 부정되는 것이 아니라 확인할 수 없는 것들에 대한 무조건적인 믿음을 근거로 하고 있기 때문에 부정된다.

> (알 수 없는 것들의) 실상이 이렇다, 혹은 그렇지 않다는 (주장의) 창시자는 분명 잘못이다. (하지만) 이것을 비난하는 것 또한 분명 잘못이다. 우주(六合) 밖에 존재하는 것(즉 무형의 알 수 없는 것)이므로 논하지 않는다. 알지 못하는 것을 모른다고 하는 것이 곧 아는 것이다.[232]

알 수 없는 무형의 것을 주장하는 것과 함께 그것에 대한 비판까지도 그는 모두 잘못이라 규정한다. 보편적 규범은 이러한 무형의 것에 대한 일체의 논의 자체를 무의미하다고 간주한다. 초월적인 믿음을 무의미하다고 간주하는 그의 일관된 태도가 다시금 확인된다. 그러나 무형의 것에 대한 논의가 낳는 폐해는 경험할 수 있다. 그러한 폐해에 대해서까지도 침묵할 수는 없다. 최한기는 종교와 신비주의가 낳는 폐해에 대해 기회가 있을 때마다 힘주어 비판하고 경계한다.

---

232) 『기학』, 1-9, "實狀之然不然, 創始者, 固非也. 丁寧訾毁者, 亦非也. 六合之外存而不論也. 不知爲不知是知也."

부처를 숭상하고 신을 섬기는 것은 화복(禍福)에 빠지는 것이고, 음양설(陰陽說)과 방술(方術)은 길흉에 빠지는 것이다. 이러한 것들을 처음 주장한 사람들이 꼭 이처럼 빠져서 미혹케 한 것은 아니다. (그들은) 단지 그 단서를 약간 연 것뿐이다. 후세에 (그것을) 숭상하여 섬기고 받들어 따라서 더욱 첨가하여 덧붙인 것이다. 이는 밝게 빛나는 큰길(大道)을 버리고 어두컴컴한 사술(私術)을 억지로 조작하여 평평한 탄탄대로를 피하고 험준한 변방의 굽은 길로 기어 들어가는 것이다.233)

그는 불교의 교의 자체를 논하지 않는다. 그것은 확인되지 않는 것에 대한 무의미한 논쟁을 낳을 뿐이다. 불교의 창시자에 대해서도 그는 관대하다. 그러나 불교를 믿는 종교인들의 잘못된 행태에 대해서는 단호하게 비판한다. 일체의 형이상학적인 논의를 중단하고 우리가 처한 현실 속의 문제들에만 집중하라는 경험주의적 사회철학은 이 부분에서도 확인된다.

② 기독교의 케리그마: 확인되지 않는 보편적 열망의 강요

서구 종교(教術)의 경우 불교(佛教)가 변하여 이슬람교(回回教)가 되었고, 이슬람교가 변하여 기독교(西洋教)가 되었다. 주재설(主宰說)234)로 불교를 극복한 것은 제대로 된 변화이지만 영혼을

---

233) 『신기통』, 권1, 체통, 虛妄之害, "崇佛事神, 溺於禍福, 陰陽方術, 沒於吉凶. 唱始者, 未必若是沈惑. 而微開其端. 後之, 崇事遵奉, 增衍附翼. 捨光明之大道, 而搆捏晦昧之私術, 避平夷之坦路, 而趨入險塞之曲徑."
234) 최한기는 신(God)이 세상을 주재한다는 의미의 주재설은 부정한다. 『인

242

주장하는 괴이한 설(靈怪說)로 대중을 미혹하는 것은 제대로 된 변화가 아니다. 그러나 앞으로 그 잘못된 변화를 제대로 변화시키게 되면 보편적 길(常道)에 이를 수 있다... 상선(商船)을 타고 와서 (무언가) 바라는 것이 있는 사람들은 그 하늘을 섬기는 이론에 의거하여 (조상에 대해) 추원보본(追遠報本)하는 모든 제사(祀) 행위를 전부 폐기해 버린다. 또한 사람이 가진 지각(知覺)이라는 오묘함에 근거하여 밝히기 어려운 괴이하고 허망한 말들을 해 댄다. 배를 타고 도착하는 곳마다 이러한 말들로 어리석고 우매한 사람들을 유혹한다. 서로 사귀어 경영하고자 하는 것이 이러한 계략에서 나온 것이다. 본래 그 종교(教術)가 어찌 이처럼 결국 옳은 것으로 귀결됨이 없겠는가? 서양 각국의 경우 재주 있고 지혜로운 사람들이 세대마다 나와서 법과 기술(法術)을 점차 밝혀 왔음을 염두에 둔다면, 결국 보편적인(經常) 큰길(大道)을 얻는 사람이 나와 십자가(十字架)와 소상도(塑像圖)235)와 영혼을 주장하는 괴이한 설(靈怪說)과 예배(膽禮會)를 처음에는 (개인적으로) 종신토록 행하지 않는 단계에 있다가 결국에는 모든 백성들에게까지 금지하는 단계에까지 이를 것이다.236)

정』, 권13, 교인문3, "만물을 창조하는 신비한 사업에 주재자가 있다고 말하는 것은 기가 바로 조화임을 알지 못하는 것이다."라고 말한다. 그러나 기(氣)가 생명을 낳게 되는 능동적 주재로서의 제(帝)는 인정한다. 사람의 마음(心)을 본성이 내재된 주체라기보다는 행위의 가능성을 가진 주체로 본 것처럼 기(氣) 일반의 경우에도 그 총체적인 주체성으로서의 제(帝)를 인정하고 있다. 이런 측면은 가설3에서 제기되는 비판을 다시금 상기시킨다. 이것은 유기체론적 자연관에서 기인하는 한계라 볼 수 있을 것이다. 한편, 불교가 변하여 기독교와 이슬람교가 되었다고 파악하고 있는 점에서 그의 서구 종교에 대한 이해의 수준이 높았다고 보기는 어려워 보인다.

235) 아마도 마리아상의 그림을 말하는 듯하다.
236) 『추측록』, 권5, 추기측인, 西教沿革, "西域教術, 自佛教而變爲回回教,

비록 불교가 변하여 이슬람교와 기독교가 되었다고 잘못 알고 있긴 했지만 기독교의 폐해에 대해서 그는 정확히 파악하고 있었다. 최한기가 보기에 기독교의 가장 큰 폐해는 케리그마(kerygma)에 있었다. 그들은 타인들의 문화를 존중하지 않고 기독교 문명의 보편성에 대한 신념을 타 문화에 강요한다. 수천 년 동안 이어져 온 동아시아의 제사 문화를 부정하며 검증할 수 없고 경험할 수 없는 영혼설을 주장한다. 상선을 타고 와서 상업 활동에만 종사하는 것이 아니라 결국엔 이와 같은 종교적 행위에 열중한다. 보편적 신념을 가진 최한기에게 있어 이러한 기독교의 공격적인 행태는 결코 타인과 타국에 대해 개방적인 자세로 경험하고 탐구하며 습염하고 변통하여 진리에 도달해 나가는 참된 과정이라 간주될 수 없었다.

③ 동도서기?

서구의 근대를 특징짓는 두 가지 계기 가운데 최한기는 과학을 적극적으로 받아들인 반면 기독교는 단호히 거부한다. 그러나 이것을 동도서기(東道西器)론으로 간주하기는 어려워 보인다. 과학을 기(器)의 범주로 다루고 종교를 도(道)의 문제로 다루는 것은 서구의

自回回敎而變爲西洋敎. 以主宰之說辟佛, 是善變也, 以靈怪之說惑衆, 是不善變也. 又將其不善變而善變之, 則可至於常道… 商舶有求之人, 附演其事天之說, 而抹棄追報之諸祀. 因人有知覺之靈, 而說道難明之怪誕. 所到海澨, 將此而誘惑愚迷. 接濟營求, 出於其計耶. 原其敎術, 豈其若是而終無歸正也? 念西洋各國, 才智世進, 法術漸明, 畢竟有見得經常之大道者, 以十字架, 塑像圖靈怪說瞻禮會, 始則終身不事, 至於禁民爲非."

근대화 과정에 담긴 복잡하고 내밀한 특성에 대한 면밀한 이해와는 달리 사태를 지나치게 단순화해서 이해하는 방식이다.

그가 받아들인 과학이란 과학의 정신, 즉 서양인의 도(道)였다. 또한 그가 배척했던 성리학은 동아시아를 지배했던 도(道)였다. 그는 오히려 서양의 과학정신이라는 서도(西道)를 받아들이고 동아시아의 성리학적 동도(東道)를 거부한 서도주의자(西道主義者)였다고 평가될 수도 있는 것이다. 그러나 이러한 평가 역시 일면적이다. 그는 기독교라는 서구의 도(道) 또한 강하게 비판하고 있기 때문이다. 결국 역사와 사상의 복잡한 맥락을 반영하지 못한 기(器)와 도(道)의 개념으로는 최한기 사상의 복합적 특성을 제대로 드러낼 수 없을 것이다.

기독교에 대해 날카로운 비판을 가하면서도 최한기는 또다시 희망을 이야기한다. 비록 기독교가 사라지게 될 것이라는 그의 전망이 성급한 것이긴 하지만 그 안에 담긴 보편적 진실에 대한 희망의 메시지는 의미가 있다. 무형의 것에 대한 강한 비판은 이처럼 보편적 질서의 수립이라는 희망을 위한 불가피한 선택이다. 경험되지 않고 증험될 수 없는 것에 대한 지독하리만치 일관된 그의 비판은 보편적 규범에 대한 그의 강한 신념을 확인할 때 이해될 수 있다.

> 노씨(老氏)의 무리(즉 도교)는 조금이라도 분별(分別)이 있으면 바른 도가 아니라고 말한다. 선학(禪學)의 무리(즉, 불교)는 의지와 생각(意思)이 얻어낸 것을 허망한 견해라고 간주한다. 즉 "무위(無爲)이면서 유위(有爲)"라든가 "본래 하나의 사물도 없다"는

것이 곧 그들의 도이다. 도대체 무엇을 얻었다 하며 무엇을 보았
다 한단 말인가?237)

④ 지나친 보편주의 → 강박적 배타주의, 혹은 체념적 상대주의

지나친 보편주의는 강박적 배타주의, 혹은 체념적 상대주의로 전
락할 위험이 있다. 성리학이 지나친 보편주의로 말미암아 이민족에
대한 배타주의로 전락했다면 도교와 불교의 지나친 보편주의는 체
념의 상대주의로 전락하고 만다고 대조될 수 있다. 도교는 일체의
분별도 인정치 않는다. 모든 것은 균질적인 상태에 놓여 있어야 한
다. 「제물론(齊物論)」은 이러한 엄격한 보편적 일원론을 설파한다.

그러나 최한기의 경험주의는 확률적 진실을 추구한다. 애초부터
우주의 본질에 대한 통찰을 기대하지 않는다. 인간은 겸허하게 우주
의 일부분만을 파악하고자 애쓸 수 있을 뿐이다. 그렇다고 보편적
규범에 대한 신념을 포기하지는 않는다. 자연의 질서를 파악해 나가
는 만큼 인간의 규범도 보편성을 확대하면서 사회적 합의를 도출해
나갈 수 있다고 믿기 때문이다. 건전한 불완전성을 용인함으로써 오
히려 보편성으로 열려 있을 수 있게 된다.

불교 또한 마찬가지로 비판된다. 인간의 자의적인 탐구와 판단을
통해 확인할 수 없는 이론들만을 창출해 내기 때문에 그것을 허망

---

237) 『추측록』, 권5, 추기측인, 老佛學推測, "老氏之徒, 纔有分別, 便不是
道. 禪學之類, 意思所得, 以爲妄見. 則無爲而有爲也, 本來無一物, 卽其
道也. 云何有得, 云何有見?"

하다고 간주할 수밖에 없다. 자연의 명백한 변화과정(流行之理)을 대상으로 하지 않고 마음의 변화만을 탐구하기에 빚어지는 필연적인 절망이다. 차곡차곡 지식과 경험을 쌓아 나가는 것을 등한시하고 우주에 대한 통찰을 추구하는 이러한 종교들은 결국 허무주의로 귀결된다. 세상에 존재하는 모든 주장들을 전부 가벼이 여기고 세상에 존재하는 모든 사물들을 없다고까지 간주하게 되는 불행한 결론에 도달할 수밖에 없다.

⑤ 모든 신비주의 배격

종교에 대한 비판과 마찬가지로 방술과 귀신론, 점술과 음양오행론 등의 신비주의에 대한 비판 또한 신랄하다.

> 귀신에 혹하고 화복(을 점치는 일)에 빠지는 것은 우매한 자들이 벗어나기 어려운 일이다. 이에 따라 불행히도 방술(方術)이 생겨나게 되었다. 후세 사람들은 도리어 방술을 귀신(이 행하는 신비한 행위)라고 간주해 버린다. 어찌 (귀신과 무관하게 자연적 과정을 통해) 모이고 흩어지는(聚散) 기가 있음을 알겠는가? 또 방술을 화복으로 여기니 어찌 화복은 스스로 부르는 것인 줄 알겠는가.[238]

---

238) 『추측록』, 권2, 추기측리, 鬼神禍福, "惑於鬼神, 溺於禍福, 愚迷者所難免. 故方術作俑. 後之人反以方術爲鬼神. 焉知有聚散之氣也? 又以方術爲禍福, 焉知有自召之禍福?"

21세기에 이른 오늘날까지도 점술은 굳건하게 명맥을 이어 오고 있다. 첨단 과학문명을 이끌어 가는 대기업 삼성조차 인사팀에서 관상가에게 조언을 구한다는 얘기가 공공연하게 흘러나오고 있다. 인터넷에는 수많은 점술 사이트가 넘쳐 난다. 어쩌면 점술이란 인간이 어쩔 수 없이 무언가 신비한 것에 의존할 수밖에 없다는 불가피한 속성 때문에 존재하는 것인지도 모른다.

하지만 최한기는 이러한 점술을 보편의 이름으로 거부한다. "사람의 길흉을 점치는 것은 실로 인도(人道)의 득실과 손익에 있는 것이다. 신체의 부위나 (생년월일시의) 간지(干支)에 있는 것이 아니다."239)고 단언한다. 사람의 길흉은 오로지 보편적인 사람의 길(人道)을 얼마나 충실히 걷고 있는지 그렇지 못한지에 따라 판별되는 것이다. 타고난 생년월일시의 사주(四柱)에 따라 길흉이 정해진다는 신비주의적인 입장은 거부된다. 관상학 또한 단호한 비판의 대상이다.

『마의상서(麻衣相書)』・『수경집(水鏡集)』・『신상편(神相篇)』・『태청신감(太淸神鑑)』 따위는 모두 이목구비(耳目口鼻)・사지(四肢)・온몸의 뼈(百骸)・머리카락(毛髮)・사마귀(痣)・손금(紋)을 제각기 구분하고 항목별로 모아서 길흉을 잘라 말한다(論斷). 일신의 경우 길한 것이 수십 항목이고 흉한 것도 수십 항목이다. 그런데 (이들 책들은) 어떤 이는 길이 많고 흉이 적다고 하고, 또 어떤 이는 흉이 많고 길이 적다고 말하면서, 사람들에게 모두 이미 정해진 길흉이 있어서 화복을 바꿀 수 없다고 해 버린다.240)

---

239) 『인정』, 권1, 측인문1, 총론, 測有虛實, "占人之吉凶, 實在於人道之得失損益. 不在於部位干支."

최한기는 인간의 외모가 미래를 결정짓는다고 주장하는 신비주의적인 관상학을 반대한다. 관상은 언제든 변할 수 있으며 궁극적으로 후천적 노력을 통해 완전히 극복될 수 있는 부차적인 측면이라고 보기 때문이다. 그가 인정하는 관상이란 현대에서 말하는 이미지나 인상과 유사하다고 볼 수 있다.

> 병의 증세를 설명하고 있는 의서(醫書)에 입각하여 타인을 판단하는 도리를 깨닫고, 타인을 판단하는 도리에 의거하여 병의 증세를 설명하고 있는 의서를 밝히면, 자연히 서로 이익을 얻게 되어 세상의 의술(醫)을 깨달을 수 있다. 그러나 만약 오행(五行)의 생극(生克)을 장부(臟腑)와 약재에 적용하고, 간지(干支)의 순환이 인간의 수명과 질병을 결정한다고 한다면, 이는 병의 증세를 제대로 설명하는지 그렇지 못한지 여부와 아무런 관계도 없는 것일 뿐만 아니라, 이를 통해 그 의사(醫者)가 견강부회(附會)하는 것이 허무함을 판단할 수도 있게 된다.241)

앞서 살펴본 것처럼 최한기의 규범주의는 인간의 생리적 조건과 밀접하게 연관되어 있다. 인의예지를 제대로 구현하지 못하는 인간

---

240) 『인정』, 권1, 측인문1, 총론, 大小吉凶, "麻衣相書, 水鏡集, 神相篇, 太淸神鑑之類, 皆以耳目口鼻, 四肢百骸, 毛髮痣紋, 各各分散, 逐條類聚, 論斷吉凶. 一身之上, 吉者數十條, 凶者亦數十條. 或吉多凶小, 或凶多吉少, 人人皆有已定之吉凶, 不易之禍福."

241) 『인정』, 권1, 측인문1, 총론, 醫亦測人, "因醫書執證, 覺測人道理, 據測人道理, 明醫書執證, 自有互發之益, 可悟天下之醫. 若夫五行生克, 附于臟腑藥材, 干支循環, 定其壽夭疾病, 非特無關於執證得失, 可測醫者之附會虛無."

의 경우 적절한 의학적 처방을 통해 그것을 회복할 수 있다고 보았다. 병의 증세에 대해 설명하고 있는 의서(醫書)는 인간에 대한 판단과 인간의 사회적 기능의 회복에 도움을 주는 역할을 한다. 유기체론적 사유방식을 택한 자연스런 귀결이다.

⑥ 음양오행·사주학·관상학 등의 결정주의 부정

그는 음양오행의 생극론과 사주팔자의 간지에 의거해 있는 의술은 거부한다. 그것은 인간의 생리적 조건에 대한 올바른 탐구와 판단으로 이끌지 않고 인간을 결정주의적인 운명론에 굴복하도록 만든다. 음과 양은 단지 수축하고 펴지는 균일한 기(氣)의 변화과정에 대한 설명 방식일 뿐이다. 기를 오행으로 구분하여 각각의 성질을 가진 기가 서로 생(生)하고 극(克)한다고 설명하는 오행론으로까지 나아가는 것은 확인할 수 없는 형이상학적 가설을 인정하는 오류에 불과하다고 부정적으로 평가한다.242) 그의 사회철학에는 기의 일원

242) 이에 반해 조동일은 음양오행의 생극론을 적극적으로 인정한다. 그에 의하면 이(理)와 기(氣)를 준별하는 성리학의 경우 다수(氣)와 소수(理)의 관계가 원활하면 문제가 없지만 다수에 의한 소수의 억압이 발생할 경우 그것을 상생(相生)의 논리로 강제할 위험이 있다고 지적한다. 반면 소수에 대한 다수의 저항(예컨대, 혁명)을 긍정하는 변증법은 상극(相克)의 논리를 발전시켰지만 이에 의하면 다수에 대한 소수의 저항(예컨대 민족문제)은 해결될 수 없는 난제가 된다고 한다. 결국 다수에 대한 소수의 저항이라는 문제는 상생의 논리로 접근해야 하고 다수에 대한 소수의 억압이라는 문제는 상극의 논리로 접근해야 문제가 해결될 수가 있는데 이는 오로지 기일원론(氣一元論)적

적 특성을 신뢰하는 상생의 논리만이 담겨 있다.

> 아버지가 어질건 어질지 못하건 아버지를 따라 효를 이루는 사
> 람이 참된 효자이다. 어진 아버지에게는 효도할 줄 알면서 어질지
> 못한 아버지에게는 효도할 줄 모르거나, 어질지 못한 아버지에게
> 는 효도할 줄 알면서 어진 아버지에게는 효도할 줄 모르는 것은
> 모두 진정한 효(純孝)가 아니다. 임금이 현명하건 현명하지 못하
> 건 임금을 따라 그 충(忠)을 이루는 사람이 참된 충신이다. 현명
> 한 임금에게는 충성할 줄 알면서 현명하지 못한 임금에게는 충성
> 할 줄 모르거나, 현명하지 못한 임금에게는 충성할 줄 알면서 현
> 명한 임금에게는 충성할 줄 모르는 것은 모두 진정한 충(純忠)이
> 아니다.[243)]

아버지와 아들의 관계, 임금과 신하의 관계에서 비롯되는 문제를
그는 모두 상생과 화합을 통해 해결되어야 할 문제라고 간주한다.
잘못된 부분에 대한 급격한 비판과 시정의 노력은 오히려 상황을
더 악화시킬 뿐이라 보았기 때문이다. 상극의 논리는 그의 사회 철
학적 구상에서 찾아보기 힘들다.

생극론으로서만 가능하다고 한다. 조동일, 「문학, 기의 문학론을 찾아
서」, 『기학의 모험 2』, 철학아카데미, 2004, 15－45쪽.
243) 『인정』, 권24, 용인, 忠孝分別, "隨其父之賢不賢而成其孝. 眞孝子也,
可孝於賢親而不可孝於不賢親, 可孝於不賢親而不可孝於賢親, 俱非純孝
也. 隨其君之明不明而成其忠, 眞忠臣也. 可忠於明君而不可忠於不明君,
可忠於不明君而不可忠於明君, 俱非純忠也."

⑦ 보편적 상생의 원리: 지나친 낙관주의

최한기가 살았던 시절 발생했던 온갖 민란에 대해 그는 구체적인 문제의식을 드러낸 바가 없다. 민란의 원인을 제공한 당시의 상황을 분명 비판의 대상이라고 보았을 테지만 그 해결책을 폭력과 저항에서 찾아서는 안 된다고 보았던 상생의 기일원론적 입장을 취했기 때문일 것이다. 보편적 규범의 창출에 장애가 되는 신비주의를 그토록 힘주어 비판하면서도 정작 그는 그러한 신비주의에 대한 적극적인 공격과 비판은 부작용을 낳는다고 한 발 물러선다.

종교와 신비주의에 대한 최한기의 강한 비판은 어쩌면 인간의 한계상황이 빚어낸 속성을 제대로 이해하지 못한 지나친 합리주의적 결론일지도 모르겠다. 그러나 신비주의와 종교에 대한 강한 비판은 결코 존재론적으로 해석될 수 없다. 최한기 스스로 인정하듯이 종교적 신념은 해결될 수 없는 문제에 대한 성급한 결론에서 비롯된 오류일 뿐이다.

종교적 믿음 자체의 진실성은 논의될 주제가 아니다. 그에게 있어 중요한 것은 종교와 신비주의에 대한 믿음이 사회적으로 옳지 못한 병증을 낳게 된다고 하는 사실에 있다. 종교와 신비주의는 전체로서의 사회가 규범의 건전한 보편성을 확보해 나가는 과정에서 중대한 걸림돌 역할을 한다. 제각기 문화적 편견과 환경적 특수성이 결합되어 창안된 종교와 신비주의는 모든 나라의 모든 백성이 함께 지켜야 할 보편적 규범의 설득력을 반감시키는 부정적 역할을 한다. 종파적 특수성과 신비주의적 오해를 벗어날 때에 모든 이들이 인정하고 모든 이들에게 적용되는 보편적 규범은 가능하다.

그는 점술이 사라질 수 없다는 점을 하나의 본질적인 사회적 현상으로 간주하여 그 이면에 담긴 인간의 한계와 속성에 대해 논하는 사회과학적 태도를 취하지 않는다. 그는 사회과학자이기 이전에 사회 철학자였다. 신비주의와 종교가 사라지는 완전히 계몽된 합리적 사회를 꿈꾸었던 것이다.

VI.

규범의 상대성과 규범의 조화

욕망에 관한 최한기의 이해는 근대적 관점보다는 전통적 관점에 더 가깝다. 경험주의를 취하였지만 그는 욕망에 대한 전면적 긍정으로 나아가지 않았다. 그 대신 그는 공공성의 요청을 통해 보편적 규범이 도출될 수 있다고 보았다. 한편 그는 모든 규범들이 보편성을 갖는 것은 아니라고 보았다. 인간의 한계 상황과 환경의 차이로 말미암은 상대적 층위의 규범들이 존재함을 인정했다. 전통적 맥락의 욕망론을 견지하면서도 규범의 상대성을 인정함으로써 그는 성리학의 경직되고 엄숙한 존재론적 층위의 예학과 강박적 배타주의로부터 벗어날 수 있었다. 본 장에서는 규범의 상대성에 관한 그의 입장 및 보편적 규범과 상대적 규범이 어떻게 조화롭게 도출될 수 있는지 그 과정을 살펴본다. 그리고 최종적으로 그의 사회철학의 재구성 노력이 가지는 적극적 의의를 드러내 보고자 한다.

1. 규범의 상대성

1) 역사주의적 요청으로서의 규범의 상대성

인간의 삶과 사회의 문제를 존재론적 차원에서 접근하는 성리학에 의하면 예법의 세세한 절목 하나하나까지 모두 이미 존재론적으로 정해져 있는 것으로 간주된다. 조선조 내내 서인(西人)과 남인(南人)이 상복(喪服)의 문제를 가지고 다투었던 예송논쟁(禮訟論爭)은 곧 상례(喪禮)의 확고한 존재론적 위상을 전제로 해야 이해될 수 있다. 기년복(朞年服)을 할지 삼년복(三年服)을 할지에 관한 문제는 사회적 예법을 다투는 사회 철학적 문제라기보다는 그 자체가 영원불변하며 하늘의 이념을 담고 있는 원리에 대한 진리론으로 다뤄졌다.

최한기에 의하면 세세한 예법의 절목들에 얽매인 이러한 성리학적 태도들은 진정한 추측을 가로막는 존재론적 장벽으로 간주된다. 추측은 이 장벽을 넘어 현실을 직시할 것을 요구하는 상식의 철학이다.

최한기 사회철학의 가장 큰 특징은 규범들을 상대적 층위에서 바라볼 수 있었다는 점에 있다. 성리학의 경직된 규범주의는 사회적 차원의 소통과 대화를 가로막는 병증으로 간주되었다. 최한기는 규범을 경직된 보편적 영역에서 탈출시켜 역사라고 하는 상대적 층위에서 바라볼 것을 주문한다. 시대를 초월하는 보편적 규범이란 쉽게 도출되지 않는다. 역사를 통관하는 보편적 규범은 매우 제한적으로 엄격하게 도출될 뿐이다. 대부분의 규범들은 역사의 한계 내에서 바라보아야 한다. 유교사상에서 전통적으로 보편적 진리의 담지체로 간주되어 온 성인(聖人)을 최한기는 철저히 역사적 맥락에서 이해하고자 한다. 본 절에서는 성인에 대한 최한기의 유연한 사유가 규범에 대한 강박적 보편주의로부터 벗어나게 하는 데에 결정적 역할을 하게 되었다는 점을 서술한다.

① 순자: 하늘과 인간의 존재론적 단절로 인한 성인(聖人)의 역할

순자에게 있어 하늘과 인간은 존재론적으로 단절적인 것으로 파악된다. 하늘은 인간의 도덕적 삶에 아무런 근거도 되지 못하고 아무런 영감도 주지 못하는 독립적 객체일 뿐인 것으로 간주된다. 인간의 삶의 의미와 방향을 제시해 주는 이념으로서의 하늘을 부정함으로써 순자는 인간의 삶과 사회적 행위에 대해 냉정한 평가를 내릴 수 있는 날카로운 안목을 가질 수 있었다. 순자 당시에 난무했던 살육과 전쟁은 자연스럽게 순자로 하여금 인간의 본성을 악한 것으로 규정짓게 만들고 말았을 것이다. 맹자가 참혹한 현실 속에서도 하늘의 선한 이념을 믿으며 인간 속에서 선의 이념이 내재된 가능성을 발견하고자 애썼던 것과는 정반대의 지극히 현실적인 진단에 도달하게 된 것이다.

그러나 이러한 현실적이고 냉철한 진단은 이내 문제에 부딪힌다. 채인후는 이를 두 가지로 요약했다. 첫째, 인간의 악한 "본성이 어떻게 마음이 긍정하는 것에 의거하여 반드시 도를 따르는가?" 하는

문제에 대한 적절한 해답을 제시하는 것이 어렵다는 점이고 둘째, "인간의 본성이 악하다면 예의는 어디에서 나오는가?" 하는 문제에 대한 적절한 해답을 제시하기 어렵다[244]는 점이다.

순자가 유가적 윤리 그 자체를 포기했다면 이와 같은 문제에 직면하지는 않았을 것이다. 그러나 순자는 인의예지로 구체화되는 유가적 윤리를 포기하지는 않았다. 그는 선한 행위의 규범적 틀을 하늘이 아닌 <성인(聖人)>에서 구했다. 악한 본성을 지닌 인간을 통해서는 선한 행위의 준칙이 발견되기 어렵다. 인간이 의지할 수 있는 건 성인밖에 없다.

이로써 두 번째 문제에 대한 해답은 어느 정도 가능해졌다. 그러나 여전히 첫 번째 문제, 즉 '성인이 제정한 준칙을 도대체 악한 인간이 어떻게 따르도록 할 수 있겠는가?' 하는 문제에 대해서는 여전히 석연한 해답을 제시해 주기 어렵다.

<성인>을 강조한 순자의 정치철학은 앞서 언급한 바 있는 마키아벨리의 정치철학을 연상시킨다. 순자와 마키아벨리 모두 하늘의 이념과 신의 초월을 벗어 버렸지만 각각 <성인>과 <반인반수의 군주>라는 새로운 이념형을 만들어 낼 수밖에 없었다. 그러나 마키아벨리는 백성들로 하여금 <반인반수의 군주>를 따르게 만드는 구체적이고 간교한 계략을 제시하고 있다는 점에서 순자와 다르다.

두 사람 모두 인간의 세계가 탐욕과 질투, 배신과 전쟁으로 가득차 있다고 여겼다. 여기까지는 마찬가지이다. 그러나 마키아벨리는

---

244) 채인후, 『순자의 철학』, 천병돈 역, 예문서원, 2003, 86쪽.

이러한 사악한 인간 세계를 그대로 인정해 버리고 그 사악함 속에서 가능한 가장 질서 잡힌 정치체제를 창출하고자 했다. 그러나 순자는 인간의 사악함을 불가피하게 인정하면서도 결국엔 인간이 선한 행위로 나아갈 수 있으며, 또한 나아가야만 한다고 믿었다는 점에서 마키아벨리와 다르다.

마키아벨리가 묘사하는 군주는 선과 악의 경계를 넘어선 실용적 차원의 탈도덕적인 인물이다. <선>의 창출이 아니라 <질서>의 창출이 그의 목표이다. 그러나 순자가 묘사하는 성인은 다른 인간들과는 달리 홀로 선(善)을 확보하고 있는 존재이며 반인반수의 군주처럼 사악한 계략과 음모 따위에 기댈 수 없는 도덕적 존재이다. 순자의 성인론에 따르면 도대체 선한 성인이 창출한 그런 선한 제도를 악한 인간이 따르게 되는 과정이 설득력 있게 제시될 수가 없었던 것이다.

② 최한기: 성인에 대해 상대적으로 평가함으로써 성선설과 성악설로부터 탈피

최한기는 순자와 달리 인간 본성의 선악 여부를 미리 규정짓지 않는다. 인간의 속성(性)은 선과 악을 행할 수 있는 가능성만을 지니고 있다. 최한기의 인간론에 따르면 성인이란 단지 이러한 가능성을 강하게 타고난 인물일 뿐 순자가 말하는 것처럼 다른 악한 인간들과 본질적으로 구별되는 선의 구현자가 아니다. 따라서 최한기에

있어서 성인의 역할은 순자에 있어서의 역할보다 상대적으로 훨씬 작게 평가된다.

최한기는 성인을 존중하면서도 시대가 변천함에 따라 성인이 미처 다룰 수 없는 현실적 맥락이 끊임없이 발생한다고 본다. 이것이 바로 활동운화의 이론이 갖는 특징이다. 순자는 현실을 고정된 것으로 간주하였지만 최한기에게 있어 현실은 늘 변한다. 성인은 위대한 준칙을 발견해 주었지만 그것으로 방금운화(方今運化)의 현실을 모두 설명하고 규율할 수는 없다고 그는 보았다. 방금운화는 새로운 변통을 통해 재발견되는 규범들로 보충되어야 하는 것이라고 보았기 때문이다. 최한기에 있어 성인은 역사주의적 의의를 가질 뿐이다.

순자는 인간의 본성을 악하다고 간주함으로써 이를 규제할 규범을 <위>로부터, 즉 성인으로부터 확립하고자 했다. 이로 말미암아 순자를 뒤이어 한비자(韓非子)와 이사(李斯)의 엄격한 법치주의가 등장하게 됐다. 이들은 모두 위로부터의 규범을 강조한다. 따라서 강력한 전제군주와 법치주의를 내세울 수밖에 없었다.

그러나 최한기는 위로부터의 규범과 함께 <아래>로부터의 규범도 강조한다. 최한기가 『인정』을 통해 추구했던 것은 바로 이와 같은 아래로부터의 규범화를 위한 한 방도였다. 인재를 발굴하고 키우고 등용하는 과정이 바로 아래로부터의 규범을 형성하는 과정인 것이다.

순자의 성악설과 맹자의 성선설은 인간의 본성에 대해서 서로 달리 평가하지만 성인의 의미에 대해서는 동일하게 절대적인 관점을 취한다. 성인은 생이지지이며 유일한 선의 담지자로 추앙된다. 그가 제정한 제도와 문화는 시대와 장소를 초월해 항상 옳고 선하다. 그러나 최한기에 있어 성인은 역사주의적으로 파악될 뿐이다.

> 성인(聖人)을 스승으로 삼는 것이 운화(運化)를 스승으로 삼는 것보다 못하다. 성인은 원래 천지운화(天地運化)를 스승으로 삼아 도학(道學)을 이루었다. 교화를 만백성에게 베풀었으며 정치를 안정시킬 수 있는 사람을 택하여 등용함으로써 국운의 융성을 일으켰다. 그러나 후세에 성인을 배우는 사람들은 단지 성인의 움직임과 고요함이 베풀어서 행한 것만을 스승으로 삼을 뿐, 운화를 승순하는 것이 바로 사람을 쓰고(用人) 정치를 안정시키는 본원이 된다는 점은 스승으로 삼지 않는다. 그리하여 경전의 문자들(經文)을 해석하는 것에 천착하고 고증(考證)을 찾아 헤매는 데 지리(支離)해져서, 결국 그 말폐가 천도(天道)를 해치고 성인의 학문(聖學)을 어기는 데에까지 이르고 만다.245)

위 구절에서 그의 역사주의적인 성인관이 뚜렷이 확인된다. 성인은 존재론적으로 선하지 않다. 다만 역사적 관점에서 존중될 뿐이다. "성인을 스승으로 삼는 것이 운화를 스승으로 삼는 것보다 못하다"는 그의 진술은 성리학과 순자 모두에게 충격적으로 들릴 법하다.

성인의 과거 업적을 되새기는 것은 그의 행위를 통해 오늘 우리

---

245) 『인정』, 권25, 용인문6, 師運化, "師聖人, 不如師運化. 聖人, 元來師天之運化而成道學. 敷教化於天民, 擇其可治安者, 用之以躋邦隆. 後之學聖人者, 只師聖人動靜施爲, 不師其運化承順, 爲用人治安之本源. 穿鑿於經文解釋, 支離於考證通訪, 末流之弊, 至於害天道而違聖學."

의 문제를 해결하고 삶의 진보를 위해 도움이 된다고 믿기 때문이다. 중요한 것은 바로 지금 여기의 현실이며 변화하는 참된 질서로서의 천지운화이다. 성인은 당시의 다른 사람들에 비해 천지운화에 좀 더 가까이 다가갈 수 있었던 사람일 뿐이며 그러한 점으로 인해 당시의 문제를 보다 더 적실하게 해결할 수 있었던 사람일 뿐이다. 성인은 당시의 맥락에서 역사적으로 이해되어야 할 과거의 인물이지 오늘날에도 그대로 따라야 할 현재적 의미를 갖는 인물이 아니다. 이처럼 성인의 의의를 역사주의적 관점에서 파악함으로써 당대의 규범은 성인의 손을 떠난 현재의 현실적 입장에서 새롭게 정립될 여지가 확보된다.

> 국가의 정치와 사람의 학문은 때에 따라 수정되어야 그 해이함과 폐지에 이르지 않게 된다는 점에서 마찬가지이다. 삼대(三代, 즉 夏·商·周)가 각기 중시한 충(忠)·경(敬)·문(文)은 각기 오래됨으로 인해 폐단이 생기게 되었고, 폐단이 생기면 자연히 그것을 바로잡아 구제할 방법이 생기게 되어 앞 시대를 계승하게 된 것이다. (구체적 규범은 시대마다 다르지만) 보편적 윤리(倫常)와 기강(紀綱)을 뿌리박게(扶植) 하고자 했던 점에서는 모두 마찬가지이다.246)

최한기는 성인이 제정한 제도와 규범을 중심으로 하는 시대 초월적인 보편적 윤리를 주장하지 않는다. 모든 시대는 각기 시대의 요

---

246) 『추측록』, 권6, 추물측사, 政損益學沿革, "國之政事, 人之學問, 隨時修整, 不至弛廢, 則一也. 三代之忠敬文, 由久而有弊, 有弊而自有矯捄之方以承之. 其所以倫常紀綱之扶植皆同."

구와 현실적 맥락에 따라 서로 다른 과제에 마주치며 규범은 그에 따라 새로이 제정된다. 하(夏)나라의 시대적 규범은 충(忠)이었고 상(商)나라의 시대적 규범은 경(敬)이었으며 주(周)나라가 중시한 것은 문(文)이었다. 이는 각 시대마다 역사적 측면에서 중시하는 덕목이 서로 다름을 보여 주는 증거들이다. 그리고 그러한 덕목과 규범들은 시대가 지남에 따라 낡은 것으로 간주되어 새로운 규범에 자리를 내주게 된다. 그리고 이 모든 과정은 보편적 윤리와 기강이라는 공통된 목표를 지향하여 수행된다. 현재는 현재의 맥락과 비교되고 검증되어야 한다고 그는 보았다.

> 옛사람을 지금 사람과 비교하여 그 우열을 정하고자 하면 옛사람을 알지 못하는 것에 그치지 않고 지금 사람도 알지 못하게 된다.[247)

③ 성인의 존재론: 현실의 외면

전통적 유교가 주(周)나라의 낡은 체제를 그리워한 것은 성인의 업적을 정당하게 평가하지 못하고 그것을 존재론적인 진리로까지 착각하는 데서 비롯된 오류이다. 모든 시대에는 그 시대가 요청하는 성인이 끊임없이 배출되어야 하며 규범 또한 끊임없이 새로이 창출되어야 한다.

---

247) 『인정』, 권16, 선인문3, 古今人比較, "以古人比今人, 而欲定優劣, 非特不識古人, 亦不識今人."

모든 사태와 모든 사물들에는 다 시대를 따라 운화함이 있다. 사람이 제정한 법과 제도 또한 마땅히 운화를 따라 변통하여야 한다. 대체(大體)의 범위에 어긋남이 없어야 하며 흔들리는 세파와 무너진 풍속에 빼앗김이 없도록 해야 한다. 관리를 선발하는 좋은 법과 아름다운 제도가 이미 확고부동한 법(金石之典)을 이룬 상황이라면 누가 감히 하루아침에 무너뜨리겠는가? (아름다운 법과 제도라 해도) 수십 년 동안 시행하게 되면 반드시 물이 넘쳐흘러 수원(水源)이 막히고 끊기는 것처럼 된다. 넘치는 물을 막아 물길을 내는 공사를 즉각 시행하지 않으면 제멋대로 엇갈려 어지럽게 흘러가 제어하기 어려운 지경에 이르기가 쉽다.[248]

법과 제도는 시대적 상황에 맞게 줄기차게 변통되어야 한다. 아무리 좋은 법과 제도라 해도 불변의 것으로 간주된다면 결국 넘치고 흐르는 물처럼 그 근원을 잃고 말 것이다. 시대의 요구에 부응하여 법과 제도를 적절히 변통하는 것은 계절과 기후의 변화에 따라 도랑을 파고 물길을 내주는 것처럼 필수적인 과제이다. 최한기의 사회철학에서는 시대의 흐름에 따른 변통, 즉 규범의 상대적 층위가 강조된다.

사태는 비록 옛날이나 지금이 서로 같다 하더라도 지금이 옛날을 본받아 그대로 행하면 제대로 맞지 않는 것이 많게 된다. 그것은 때(時)·위치(位)·재능(才)·처지(處) 등이 같지 않기 때문이다.[249]

---

248) 『인정』, 권16, 선인문3, 變通選法, "萬事萬物, 皆有隨時運化. 人所設之法制, 當隨運化而變通. 要無違於大體範圍, 俾無奪於橫波頹俗. 選擧之良法美制, 已成金石之典, 誰敢一朝毀蔑哉? 行之數十年, 必有濫溢而傍流, 壅滯而斷源. 不有防弊濬導, 卽施之功, 易致橫馳潰流, 難禦之歎."

주(周)나라로 대표되는 과거를 지향하는 유교의 퇴행적 이미지는 최한기에 이르러 현재의 의의를 중시하는 현실주의적 모습으로 되살아난다.

2) 문화 상대주의와 사(私)적 영역

성인을 역사주의적으로 파악함으로써 사회적 규범 또한 절대적 층위의 경직성에서 벗어나 그 상대성을 확보하게 되었음을 앞에서 살펴보았다. 이제 규범이 가진 상대성을 공시적(共時的) 관점에서 다뤄 본다. 최한기는 규범에 관한 논의가 역사적 상대성과 공간적 상대성이라는 두 가지 층위에서 다뤄져야 한다고 보았다.

최한기 당시는 중국을 숭배하는 폐쇄적인 모화사상이 다방면에서 공격받고 의심받는 격변의 시기였다. 중국, 즉 청나라 자체가 이미 변화하고 있었고 서구라는 미지의 세계가 너무나도 낯선 새로운 세계관과 인간관을 강요하고 있었다. 위정척사(衛正斥邪)를 부르짖는 전통적 성리학자들은 이러한 변화를 단호히 거부했고 남인(南人) 계열의 이벽(李蘗)·이승훈(李承薰)·권철신(權哲身)·정약종(丁若鍾) 등은 이와 반대로 목숨을 건 채 신앙으로 받아들였다.

그러나 최한기는 이들의 극단적인 행동 모두를 비판한다. 변화를 거부하는 낡은 태도도 거부했지만 종교적 차원의 무비판적인 수용

---

249) 『추측록』, 권6, 추물측사, 事同不合, "事雖有古今相同者, 今日效倣行之, 而多不合者. 以其時也位也才也處也之不同."

또한 강력히 경계했다. 그에게 있어 변화하는 현실은 비교되고 검증되어야 할 추측의 대상이었기 때문이다. 밀려오는 외래 문물에 대한 평가는 추측과 변통의 면밀한 과정을 겪은 후 냉철하게 행해져야 한다. 조선과 중국 이외의 서구 여러 나라의 현실을 있는 그대로 파악하는 것이 그에게는 무엇보다 최우선의 과제였다.

① 미국을 긍정적으로 평가, 그러나 미국을 본받을 필요는 없다

『지구전요(地球典要)』에는 당시 서구 사회에 대한 그의 이해와 평가가 고스란히 담겨 있다. 영국의 입헌정치와 미국의 대통령제 및 선거제도(electoral system)와 주(州)정부 제도 등에 대해서 그는 정확히 파악하고 있었다. 뿐만 아니라 그는 이들 제도의 장점을 적극적으로 인정하면서 높이 평가하기도 하였다. 예컨대 미국의 정치체제에 대해 그는 이렇게 말한다.

> 국왕을 세우지 않았음에도 불구하고 일은 간결하고, 정치는 신속하며, 명령은 행해지고, 금지한 것은 중단되니 어진 임금이 다스리는 바와 다를 것이 없다. 이것은 또한 관리의 형태(官局)를 변화시켜 세계를 이룬 것이다.[250]

조선과 중국 이외의 모든 나라를 오랑캐라 간주해 왔던 시대착오적인 배타성은 최한기에 이르러 적극적으로 극복된다. 모든 판단의

---

250) 『지구전요』, 권10, 北亞墨利加米利堅合衆國, 8(王), "不立國王, 而事簡政速令行禁止, 與賢辟所治無異. 此又變官局而成世界也."

근거를 경험에서 찾는 경험주의적 사회철학이기에 가능한 융통성이다. 미국뿐만 아니라 전 세계 모든 나라가 우리의 비교 대상이 된다. 추측과 변통을 통해 좋은 것이라고 판단되는 외국의 문물은 주저 없이 받아들여야 한다.

> 바다에 배들이 두루 돌아다니고 서적이 서로 번역되어 눈과 귀에 전해져 보고 듣게 된다. 법과 제도(法制) 가운데 좋은 것, 기계를 사용(器用)하는 이로움, 토산품 가운데 좋은 것 등이 진실로 우리 것보다 낫다면 나라를 다스리는 도리 상 당연히 취하여 써야 한다. 그러나 풍속과 예교(禮敎)의 경우엔 (우리에게 이미) 마땅히 따라야 할 풍기(風氣)와 습염(習染)된 덕의 교화(薰陶)가 있으므로 비록 우리보다 나은 것이 있다 하여도 갑자기 바꿔서는 안 된다. (외국의 것들 가운데) 은폐되어 어두운 것으로 밝은 빛을 가리는 것과 신비하고 괴이한 것(神怪)으로 진실한 바름(誠正)을 뒤흔드는 것은 더 말할 나위도 없다.[251]

동도서기론(東道西器論)을 '서양의 물질문명과 동양의 사상 및 제도를 공존케 하고자 하는 노력'이라고 이해한다면 위 인용문은 최한기의 구상이 명백히 동도서기론의 범주에서 벗어나 있음을 확인해 준다. 최한기는 법과 제도를 기계나 농산물 등과 구별하지 않았다. 그에게는 그 모든 것들이 인간의 이로움을 위해 존재하는 수단

---

251) 『추측록』, 권6, 추물측사, 東西取捨, "海舶周遊, 書籍互譯, 耳目傳達. 法制之善, 器用之利, 土産之良, 苟有勝我者, 爲邦之道, 固宜取用. 至於 風俗禮敎, 自有風氣之攸宜, 薰陶之習染, 縱有勝我者, 不可以猝變. 況 以隱晦掩光明, 神怪撼誠正哉."

으로 간주된다. 좋은 것은 받아들이고 나쁜 것은 받아들이지 않을 뿐이다. 그가 우려했던 것은 풍속과 예교, 즉 사회적 관습이 급속한 변화를 겪음으로 인해 부작용을 일으키지 않을까 하는 측면이었다. 그는 풍속과 예교는 법이나 제도, 기계나 농산물과 달리 점진적으로 변화되어야 할 범주의 것들이라고 파악했다. 심지어 스스로 배척하는 외도(外道)와 이단(異端)에 대해서까지 그는 급격히 배척하지 말라고 주문한다.

외도와 이단은 마땅히 성실한 도(道)를 통해 감화하는 것을 위주로 해야 한다. 외도와 이단을 배척함으로써 적을 무너뜨리고 승리의 깃발을 드높이고자 하는 것을 위주로 해서는 안 된다. 그들도 마찬가지로 기화(氣化) 가운데에 있는 사람들이며 모두 선한 도를 구하는 마음을 가지고 있기 때문이다. 그들은 일찍이 자신들의 도를 진정한 최고의 법(無上法)이라고 간주하였다. 그들을 제대로 이끌어 되돌리는 방법은, 진실한 도와 그릇된 도를 통해 그들의 (도의) 잘못된 단서를 지적하여 알려 주고, (진실한 도로) 나아갈 수 있는 방법으로 이끄는 것이다. 만약 이기고 싶은 마음으로 (그들을) 공격한다면 그들도 또한 격렬히 일어나 대항하여, 서로 낭패의 지경에 이르게 된다.252)

---

252) 『인정』, 권12, 교인문5, 排異不可急, "外道異端, 當以誠實道感化爲主. 不可以擯之斥之, 期立勝旛, 摧伏敵陣爲主. 同是氣化中人, 俱有求善道之心. 彼嘗以其道爲眞正無上法. 挽回之方, 以道之誠僞, 指示差誤之端, 開導引進之策. 若以勝心撞罷, 彼亦激起忤逆, 至於彼此狼狽."

② 점진적 변화: 늘 오류 가능성을 염두에 두어야 하기 때문

풍속과 예교가 결코 그 우열을 판단할 수 없는 상대적 영역의 문제인 것은 아니다. 풍속과 예교 또한 그 우열은 어느 정도 판단될 수 있지만 그것을 바꾸는 것은 신중해야 한다고 최한기는 조심스럽게 접근했다. 각기 사회가 지닌 전통의 관성을 인정하면서 점진적인 차원에서의 변화를 도모해야 한다고 보기 때문이다. 끈기 있고 합리적으로 설득함으로써 더 나은 풍속과 예교로 나아가고 외도와 이단으로부터 벗어나야 하는 것이지 단번에 그 열등함과 옳지 못함이 지적된다 해서 곧바로 그것들이 바뀔 수 있는 것은 아니라고 그는 생각했다.

모든 문화는 각기 다른 나라에 의해 강제로 변경될 수 없는 고유의 전통에 의해 보호받으며 또한 다른 문화에 대해 강제로 이식되어서도 안 된다. 문화의 변화 역시 점진적 변화를 통한 습염의 과정을 통해 이루어져야 한다고 보았다. 최한기에게 있어 우리의 추측이 확보한 진실은 단지 확률적으로만 확보되는 것일 뿐이다. 오류 가능성의 부담을 안은 채 상대와의 대립을 야기하는 문화적 충돌을 감행하는 것은 슬기롭지 못한 태도로서 최한기에 의해 거부된다.

> 천지와 인간 및 만물 가운데에서 소통하는 것에는 깊음과 얕음(淺深), 많음과 적음(多寡)의 차이가 있다. 나와 타인의 경우 생김새가 서로 비슷하고 익힌 것도 서로 크게 다르지 않으므로 소통하는 것이 가장 많다. 나와 짐승(禽獸) 및 나무와 돌(木石) 등은 서로 생김새가 다르고 익히는 것 또한 다르지만 그것들을 종류별로

나누어 장차 이용하고 참작할 수 있으므로 소통하는 것이 다음으로 많다. 지구(地球)의 경우에는 그 전체가 너무나 광대하여 비록 배나 수레를 이용하더라도 두루 돌아다니는 게 불가능하지만 자신이 거주하고 있는 하나의 지역을 통해서 천하의 바다와 육지에 있는 모든 나라들을 탐구할 수는 있다. 각 나라의 토질과 생산물은 대동소이하며 법과 교육 및 풍속 등은 습염에 따라 서로 다르다. 귀로 듣고 눈으로 본 것들은 사신과 상인들의 왕래에 의하여 전해지고 문자는 책을 번역함으로써 그 이야기가 전해진다. 그러므로 그 소통하는 것이 단지 외면의 대략적인 것에 그칠 뿐이며 내면에 깊숙이 감추어진 신기에 대해서는 자세히 알기가 어렵다. 텅 비어 있고 거대한 천체(天體)는 그 끝 가는 데를 더더욱 알기가 어렵다. 단지 쌓여 있는 대기가 푸른 것과 해와 별이 밝게 빛나는 것을 바라볼 뿐이다. 전체 범위와 펼쳐져 있는 국면(排布)은 그 만분의 일도 엿볼 수가 없을 정도이다.[253]

추측을 통해 이해에 도달하는 과정에는 차이가 있다. 우주 전체는 가장 파악하기가 어렵다. 우리가 알 수 있는 것은 우주 전체의 극히 일부에 지나지 않는 것이다. 경험이 제약되어 있기 때문이다. 타국의 풍속과 문화 또한 단지 상인과 사신 및 책 등을 통해 간접

---

253) 『신기통』, 권1, 체통, 天地通難易, "天地人物之中, 所通有淺深多少之 分. 我與人形貌相類, 所習不相遠, 故其所通者最多. 我與禽獸木石, 形 貌不同, 所習又異, 只可從其類而分別, 將發用而參酌, 故其所通者次多. 至於地球, 全體廣大, 雖未得舟車之周遊, 以一方所居之地, 推之於天下 海陸諸邦. 土宜物産, 大同而小異, 法教風俗, 隨習而有異. 耳目轉達於 使商之來往, 文字傳說於書卷之翻譯. 故其所通者, 特其外面大致, 而腹 府所藏之神氣, 難得其詳. 又況天體寥廓, 不可窮其涯際. 只望其積氣蒼 蒼, 日星昭昭. 則其範圍排布, 萬分之一不可窺也."

적으로만 접할 수 있는 것이므로 정확한 추측이 대단히 어렵다. 외형만을 추측할 수 있을 뿐 그 내면의 깊은 신기까지 추측하는 것은 어렵다. 경험 이전의 선험적 논단을 통해 타인과 타국을 예단하는 것은 최한기의 사회 철학적 구상에 있어 허용되지 않는다. 모든 판단은 경험을 통해 이뤄져야 한다.

판단의 근거가 제약된 상황에서 우리가 할 수 있는 것이란 판단을 유보하고 겸허히 타국의 문화와 풍속을 인정하는 것뿐이다. 겸허하지 못한 단정적인 태도로는 변화하는 현실의 맥락을 따라잡을 수 없다.

> 단지 사람을 판단하는 것뿐만 아니라 모든 일에 있어서 단정적으로 고집을 부리는(固必) 사람은 다만 자기의 소견만 있음을 알 뿐 타인에게도 소견이 있다는 것은 모르며 다만 눈앞의 이득만을 알 뿐 이후에 도래할 운화의 변화과정은 알지 못한다.[254]

타국의 문화와 풍속에 대해서 우리는 간섭할 권리가 없다고 최한기는 한 발 물러서라고 주문한다. 비록 옳지 못한 것이라 해도 급격한 변동을 통한 부작용이 더 우려되며 옳지 못하다는 판단 자체도 부정확한 것이라고 보기 때문이다. 법과 제도, 기계와 토산품 등 정서적 차원의 관성으로부터 자유로운 부분들은 그 우열을 냉철하게 따져 좋은 것을 곧바로 수입해 들여올 수 있다. 그러나 감정적

---

254) 『인정』, 권1, 측인문1, 총론, 고필(固必)하는 측인(測人) "非但測人, 凡事有固必者, 但知有自己所見, 不知有人之所見, 但知目前所値, 不知後來運化變移."

요소가 개입되어 관성에 지배되는 풍속은 직접적 추측의 한계 밖의 요소이기 때문에 신중히 접근해야 한다. 역사주의적 관점에서 확보된 규범의 상대성은 이제 경험의 제약이라는 현실적 조건으로 인해 공시적인 측면에서도 상대성을 확보하게 된다.

그러나 최한기는 이러한 규범의 상대성을 강조하면서도 개인의 사적 영역의 자율성까지 보장하는 단계로 나아가지는 않는다. 그가 인정하는 규범의 상대성이란 공동체 내부의 공적 차원에서만 인정되는 것이다. 사적 차원은 상대성의 차원이 아닌 사욕과 이기심의 차원으로 다뤄진다. "오직 공적 측면을 지극히 하고 사적 측면은 없앰(至公無私)으로써 빛나는 하늘과 조화로운 태양 앞에 서야 한다."255)고 말한다. 사정(私情)·사욕(私欲)·사심(私心)·사의(私意)·사리(私利)·사지(私知)는 일관되게 부정된다. 이 점에서 다시 한 번 개인의 사적 측면을 인정하면서 그것의 조화라는 책무를 반인반수의 군주에게 맡기는 마키아벨리의 구상과의 차이점을 발견할 수 있게 된다.

2. 규범의 조화

최한기는 규범을 보편성과 상대성이라는 두 가지 축으로 구분하여 다루고 있음을 앞에서 살펴보았다. 공적 요청으로서의 보편성과 역사적·지역적 한계로 인해 발생하는 상대성을 모두 인정하고 있음

---

255) 『인정』, 권15, 선인문2, 考驗, "惟以至公無私, 立於光天和日."

을 확인할 수 있었다. 이제 그러한 규범들이 어떠한 과정을 거쳐 보편적, 혹은 상대적 규범이라고 각기 간주될 수 있는지를 살펴본다. 그리고 이러한 최한기의 사회철학의 재구성의 결과를 정리해 본다.

1) 공론화(公論化)와 지도자의 결단

① 공론화: 집단적 추측

사적 편견과 아집을 넘어 공적 마당을 향해 나아가는 추측활동은 유행지리라는 준적을 바탕으로 모든 인류에게 보편적으로 적용되는 규범의 확립을 요청하게 된다. 추측은 더 멀리, 더 폭넓게 수행되어야 한다. 추측의 범위가 넓으면 넓을수록 그를 통해 도출되는 규범의 보편성 또한 강한 실천력을 가지게 된다.

그리고 그러한 요청의 결과 최한기가 얻은 답은 유교적 덕목, 즉 인의예지와 오륜이었다. 비록 다른 문명권에 이러한 유교적 규범을 선보이고 받아들일 수 있도록 설득하는 과정이 실제로 있었던 것은 아니지만 최한기는 결국 모든 인류가 유교적 규범의 보편성을 받아들일 것이라 확신하였다.

그러나 지나친 확신은 금물이다. 보편적 규범의 확립만을 지향하게 된다면 결국 또다시 초월적 규범을 추구하는 무리를 저지르게 될지 모른다.256) 적절한 수준에서, 즉 추측의 합리적 과정을 통해서

---

256) 박희병은 "기의 절대화는 담론의 단순화를 초래한다."고 우려하며 "운

규범에 대한 보편성 추구의 작업은 제약되어야 한다. 인간은 역사와 지역적 특수성의 제한을 강하게 받는 존재이기 때문이다. 그러한 제약은 성인에게도 예외 없이 적용된다. 성인은 과거의 특정한 시기에 존재했던 위대한 인물일 뿐 현재 우리의 문제를 해결해 줄 적실성까지 확보한 만능인이자 초월자는 아닌 것이라고 평가하기 때문이다. 이로써 역사주의적 상대주의와 지역에 따른 문화적 상대주의라는 요청이 확인된다. 이제 남은 것은 규범의 보편성과 상대성을 고려하여 현실의 공동체 안에서 어떻게 조화롭게 규범들을 창출해 내어야 하는지를 살피는 것이다.

> 대중의 견해를 합쳐 사람을 판단하면 공론(公論)이 자연히 그 가운데에서 도출된다. 여러 사람들의 이야기를 모아 사람을 판단하면 도에 다다름(達道)이 그 가운데에 있어 중심이 세워진다. 이것은 바로 여러 사람들(衆人)의 눈과 귀를 통해 취사하여 사람을 판단하는 것이다. 타인이 본 것을 자신은 혹 보지 못하고 자신이 본 것을 타인은 혹 보지 못한다. 타인과 내가 본 것을 모아서 빠뜨리지 않고 서로 비교한다면, 자신이 본 것이 더욱 밝아질 것이다.257)

화기의 절대화는 현실문제에 대한 더 깊은 음미나 분석을 차단하거나 방해하는 측면이 없다고 할 수 없다."(박희병, 앞의 책, 125쪽)고 결론짓는다. 하지만 최한기는 공론의 중요성을 강조함으로써 기에만 의지하는 환원주의적인 시각에 빠지지 않고자 한다는 점에서 박희병의 이런 우려는 지나치다고 생각한다. 현실문제에 대한 깊은 음미와 분석이야말로 최한기가 시종일관 주장했던 사회 철학적 과제였다고 보기 때문이다.

257) 『인정』, 권1, 측인문1, 총론, 輯羣言合衆見, "合衆見而測人, 公論自其中抽拔. 集羣言而測人, 達道在其中而鞕立. 是乃以衆人之耳目, 取捨而

274

도(道)란 (하늘이) 운화하고 유행(流行)하는 것이고 앎(知)이란 (인간이) 선후를 추측(推測)하는 것이다. 도는 하늘의 신기(神氣)에 있고 앎은 사람의 신기에 있다. 하늘의 신기는 크고도 멀며 사람의 신기는 작고도 미미하다. 작고 미미한 것을 가지고 크고 먼 것을 판단할 경우 짧은 시간에 혼자 얻은 견해로 결정지어서는 안 된다. 옛사람과 지금 사람들의 경험을 모으고 세상 사람들이 징험한 것을 모두 모아야 바야흐로 그 충만한 형질이 곧 조화의 창고임을 믿을 수 있다. 옛날과 지금의 모든 앎과 견해들을 합하지 않는다면 어떻게 이런 것을 대강 짐작이라도 할 수 있겠는가.258)

이 대목에서 추측의 상호성이 가진 적극적 의미가 드러난다. 추측은 주체인 내가 객체인 대상에 대해 인식을 쌓아 나가는 일방적 과정이 아니다. 타인 또한 나에 대해 추측할 수 있음을 고려하는 상호적인 작용이다. 공론(公論)이란 나의 추측뿐만 아니라 타인의 추측까지 모두 합하여 공동체적인 차원의 판단에 도달해 나가는 과정이다. 나의 한계는 타인에 의해 보완되고 타인의 한계는 내가 보완한다. 추측은 개인적 작업이 아니라 공동의 작업으로 완성되는 것이다. 온 세상 사람들의 모든 의견을 합하는 과정은 그 자체가 현대의 민주적 과정과 닮았다. 최한기는 민주주의에 대해 공식적으로

測人也. 人之所見, 我或未及見, 我之所見, 人或未克見. 合聚人我所見, 無遺漏有比較, 我之所見, 益有所明."

258) 『인정』, 권13, 교인문6, 天道未盡測, "道者, 運化流行, 知者, 先後推測. 道在於天之神氣, 知在人之神氣. 天之神氣大而遠, 人之神氣小而微, 以小而微者. 測大而遠者, 不可以暫時獨見質定焉. 合聚古今人之經歷, 集成天下人之證驗, 方可信其充滿之形質, 乃造化之府藏. 不有古今天下之合知合見, 何以得此大畧斟酌?"

언급한 적은 없지만 현대의 민주적 공론화 과정을 적극적으로 인정한 공동체주의의 선구적 역할을 한 인물이라 평가할 수 있을 만큼 공론의 중요성을 강조한다.

② 공론화의 함정: 중우정치 → 지도자의 결단

그러나 공론화 작업 그 자체가 목적일 수는 없다. 공론은 서로의 편견과 부족함을 보완하는 차원에서 의미를 가질 뿐이다. 대중들의 견해가 빗나갈 위험은 상존한다. "대중들의 견해는 사물과 자기 자신(物我)을 통관(統觀)하지 못하고 오직 자기만 있다고 믿을 뿐이다. 이 때문에 견해가 인도에 미치지 못할"[259] 경우가 많다고 그는 우려한다.

또한 대중들의 견해는 서로 심각한 갈등을 빚을 수도 있다. 이때엔 결국 대중들의 견해에 의지하기보다는 직접 준적을 끌어다 판단하는 수밖에 없다.

> 한 사람을 판단하는 데 대중들의 논의가 일치하지 않으면, 마땅히 운화를 준적(準的)으로 삼아 맞으면 취하고 어긋나면 버려야 한다. 또한 그가 일에 간여한 바를 통해 그 인품을 참조(參)하여 맞으면 취하고 어긋나면 버려야 한다. 단지 논의(論議)가 많고 적음 여부를 기준으로 하여 논의가 많은 것을 따르고 적은 것을 버려서는 안 된다.[260]

---

259) 『인정』, 권2, 측인문2, 총론, 從衆違衆, "衆人之見, 不能統觀物我, 惟恃有己. 此所以見不及於人道."

공론화 작업의 필요성이 강조되지만 그것만이 유일한 규범의 창출과정일 수는 없다. 공론화 과정과 함께 규범의 창출에 있어 중요한 축을 담당하는 것은 자연의 운행질서라는 준적이다.

> 만약 천지 및 사람과 사물이 운화하는 기를 알게 된다면, 현명함과 어리석음, 동서남북, 산사람과 바닷사람에 대한 서로 다른 판단들을 모두 모아 서로 같은 판단으로 귀결 지을 수 있게 된다. 현인은 운화를 승순하여 나가고 악인은 운화에 올라타 거스른다. 사람으로 하여금 운화하도록 하는 자는 귀인(貴人)이며 사람을 섬겨 운화하는 자는 천인(賤人)이다. 남극(極南)과 북극(極北)은 냉기(冷氣)가 운화하여 사람과 사물이 번성하지 못하지만 동서쪽 지역으로는 온기(溫氣)가 운화하여 사람과 사물이 번화하다. 바닷가의 기가 운화하면 사람과 사물이 혼탁해지고 산의 기가 운화하면 사람과 사물이 정결해진다. 모든 것은 하나의 기(一氣)의 운화로 말미암으며 만물은 가능성에 따라 순환하므로 그 맥락(脈絡)을 따라 탐구하여 찾아야(推尋) 한다. 기질이 서로 다른 것은 그 토착적 성질 때문이고 추측이 서로 같은 것은 기화 때문이다. 기화를 통해 판단한다면 여러 가지로 서로 같지 않은 사람들이 하나의 근원으로 함께 돌아가게 된다.261)

---

260) 『인정』, 권2, 측인문2, 총론, 衆測不齊, "測一人而衆論不齊, 當以運化爲準的, 合則取之, 違則捨之. 又以所幹事, 參其人稟, 合則取之, 違則捨之. 不可但以論議之多寡, 從其多而捨其寡矣."

261) 『인정』, 권2, 측인문2, 총론, 測之同異, "測賢人, 若有得於天地人物運化之氣, 賢愚貴賤, 東西南北, 山海之人, 會其異測而歸於同測. 賢人承運化而順廸, 惡人乘運化而忤逆. 使人而運化是貴人, 事人而運化是賤人. 極南極北, 冷氣運化, 人物未盛, 東西周圍, 溫氣運化, 人物蕃華. 海滋氣之運化, 人物渾濁, 山陬氣之運化, 人物精潔. 總由一氣運化, 萬物乘機循

이것은 추측에 능한 사람, 즉 천지 및 사람과 사물이 운화하는 기를 정확히 알고 있는 사람인 현인(賢人)으로서의 지도자에게 해당하는 내용이다. 일차적으로 행해지는 공론화 작업과 함께 이처럼 추측의 보편적 능력을 제대로 구현하고 있는 지도자에 의한 판단 작업이 병행되어야 한다고 그는 보았다. 각 지역은 그 토양과 기후가 다름으로 인해 질에서는 차이를 보이지만 기라고 하는 점에서는 공통적이다. 추측에 능한 사람은 이러한 보편적인 기화를 통해 서로 다른 질적 차이 가운데에서 보편적 가치를 찾아낼 줄 알 수 있다고 최한기는 기대한다.

③ 공론화 과정과 지도자에 의한 결단의 균형

일반 사람들의 서로 다른 견해들을 모으는 공론화 과정이 질적 차이를 고려한 계량적 취합 과정이라면 기화를 잘 알고 있는 지도자의 추측과정은 질적·양적 차이를 뛰어넘는 보편적 공통성에 대한 통찰에 의한 과정이다. 준적에 의거하지 않는 계량적 취합만으로는 보편성이 획득되기 어려우며 지도자의 추측에만 의지하는 위로부터의 규범주의 또한 일방적일 수 있어 위험하다. 공론화 작업과 지도자에 의한 추측의 과정은 병행되어야 한다. 그리고 이러한 이중적인 측면은 선악에 대한 설명에서도 그대로 드러난다.

環, 緣其脉絡而推尋. 所異之氣質, 由於土著, 所同之推測, 由於氣化. 舉氣化而測之, 多般不齊之人, 同歸一源也."

자기는 좋아하지만 백성들이 좋아하지 않는 것은 선(善)이 아니다. 자기는 싫어하지만 백성들이 싫어하지 않는 것은 악이 아니다. 이는 한 사람이 좋아하거나 싫어하는 것을 선이나 악으로 간주하는 것이 아니고 모든 백성들이 좋아하거나 싫어하는 것을 선이나 악으로 간주하는 것이다. 그러나 모든 악인들이 좋아하거나 싫어하는 것은 참된 선이나 악이 아니고, 한 사람의 선인(善人)이 좋아하거나 싫어하는 것은 참된 선이나 악이다. 이는 좋아하거나 싫어하는 사람의 수가 많은지 적은지 여부에 따라 선이나 악으로 간주하는 것이 아니고, 사람이 선한지 악한지 여부에 따라 그가 좋아하거나 싫어하는 것을 선이나 악으로 간주하는 것이다.[262]

그는 일단 대중들이 좋아하는 것을 선이라 간주하고 싫어하는 것을 악이라 간주한다는 <양적> 공리주의(功利主義)의 입장을 취한다. 그러나 뒤이어 그는 선과 악이 대중들의 호오에 의해 결정되는 것이 아니라 그것을 좋아하고 싫어하는 사람의 도덕적 수준에 따라 결정된다고 하는 <질적> 공리주의의 입장을 취한다. 이 두 가지 진술은 논리적으로는 서로 모순된다. 게다가 "선한 사람이 좋아하는 것이 선"이라는 진술은 동어반복(tautology)이기까지 하다. 여기서는 맥락을 따져야 한다.

그가 강조하고자 했던 것은 선악의 판별이 대중들의 공통된 호오를 통해 결정되는 과정과 한 사람의 뛰어난 지도자의 호오를 통해 결정

---

262) 『추측록』, 권1, 추측제강, 善惡有推, "我好之而民不好之者, 非善也. 我惡之而民不惡之者, 非惡也. 是不以一人之好惡爲善惡, 以蒸民之好惡爲善惡也. 衆惡人之好惡, 非眞善惡也, 一善人之好惡, 乃眞善惡也. 是不以好惡之衆寡爲善惡, 以人之善惡爲好惡之善惡也."

되는 과정의 두 가지 서로 다른 갈래를 가진다고 하는 점이었다고 논자는 해석하고자 한다. 공론에 따르는 선악의 결정은 벤덤(Bentham)이 주장했던 양적 공리주의에 의한 과정이며 선하고 유능한 지도자에 의한 선악의 결정은 밀(J. S. Mill)이 주장했던 질적 공리주의에 의한 과정이라고 해석된다. 선과 악에 대한 규정, 보편적 규범과 상대적 규범의 창출 등은 아래로부터의 공론화 과정과 지도자의 결단에 의한 위로부터의 일반화 과정의 복합적 산물로 이해되어야 한다.

예컨대 풍속이 안정되고 공동체 정신이 충만한 사회라면 그 사회는 공론화 작업 위주로 규범이 도출되고 선악이 판별될 것이다. 그러나 도덕적 해이가 팽배하고 부정부패가 만연한 사회라면 공론화 과정보다는 지도자의 강력한 리더십에 의한 위로부터의 규범주의가 필요할 것이다.

규범의 창출과정은 논리적으로 설명되는 과정이라기보다는 현실에 대한 적실성을 따져 판별되어야 하는 복합적 과정이다. 성인에 의한 일방주의, 혹은 대중에 의한 계량주의의 한 가지 과정은 논리적 측면에서는 일관되지만 현실을 설명하는 적실성 측면에선 경직되어 위험할 수 있다. 최한기는 지극히 상식적인 차원의 이중적 처방을 제시함으로써 공론의 민주주의와 지도자의 결단주의 모두를 포기하지 않고자 한다고 논자는 해석한다.

④ 자연법과 구별되는 최한기의 자연주의

최한기는 인의예지의 보편적 규범을 자연주의적인 원칙에 따라 도출하지만 그것을 자연법이라고 규정짓지는 않는다. 인의예지를 자연법으로 규정하는 것은 곧 인의예지라는 인간의 규범을 자연에 의탁하는 자연에 대한 의인화의 결과이다. 인간의 규범은 인간과 사회의 맥락에 따르는 공론화와 준적에 따르는 지도자의 추측과 결단에 의해 복합적으로 창출되는 것이다. 이때 하늘의 운행질서(流行之理)는 그 자체로 인의예지라는 구체적 규범을 초월적으로 간직하고 있는 것이 아니다. 인의예지라는 규범은 인간의 삶과 사회적 행태가 자연의 운행질서를 유비적으로 해석하여 인간과 사회에 적용함으로써 도출되는 것이다.

자연을 준적으로 하여 규범을 도출하는 최한기의 자연주의적 규범주의는 스토아의 경직된 자연법이 아니라 20세기 이후 등장한 유연한 자연법과의 유비를 통해 그 현대성을 더욱 보장받을 수 있다.

> 보편타당하고 영구불변한 자연법을 실정법이 그대로 복제해야 한다고 주장한 스토아 자연법론은 20세기 초반에는 존립근거를 상실하였다... 그러나 20세기 초에 등장한 자연법론은 자연법의 구체적 내용은 사회와 시대가 변함에 따라 달라질 수밖에 없다고 주장하였다.263)

최한기는 성리학의 경직된 규범주의로부터 탈피하고자 애썼지만 결코 자신의 사회철학을 그 반대에 위치한 양적 공리주의로 귀결짓지는 않는다. 아래로부터의 공론화 과정과 위로부터의 권위주의가

---

263) 최봉철, 「19세기 말 20세기 초 자연법론과 사회학적 법사상에서 사회의 의미」, 『법철학연구』, Vol.4, No.1, 2001, 21-22쪽.

만나는 생동하는 복합적 과정의 중간 지점에서 적실성을 확보할 것을 주문한다. 인간의 추측뿐만 아니라 사회적 규범의 창출 과정 또한 말을 탄 채 활을 쏘는 힘겨운 과정인 것이다.

2) 실용주의와 진화론

① 공론화와 지도자의 결단의 전제: 실용주의

최한기에 의하면 공동체를 구성하는 성원들의 합의 및 뛰어난 지도자의 결단이라는 두 가지 방향에서 수행되는 작업을 통해 갖가지 규범들이 도출되고 선과 악이 판별된다. 그리고 이러한 두 가지 방향의 작업은 모두 인간의 삶의 조건이라는 현실에 실질적인 도움을 주는 것이어야 한다는 실용주의를 기반으로 하고 있다. 앞에서 이미 살펴본 것처럼 선과 악은 도덕적 차원의 판단이기 이전에 사람들의 좋아함과 싫어함이라는 실용적 차원의 유용성 문제로 다뤄진다. 규범과 사회제도들은 모두 인간의 삶에 유용한 무엇이어야 한다고 주장한 실용주의는 최한기의 모든 저작을 관통하는 일관된 주제이다.

세상의 모든 재주 있고 지식 있는 사람들(才知士)이 행하는 격물(格物)과 궁리(窮理)의 학문이란 물과 불(水火), 기와 수(氣數), 풀과 나무, 쇠와 돌, 새와 짐승(鳥獸), 물고기와 자라(魚鼈) 및 궁실에서 사용하는 그릇(器皿) 등 어떤 종류이건 강구하지 않는 것이 없다. 정력을 다하여 혹 이용후생(利用厚生)을 열고 혹 권징과 손익을 밝히는 것이므로 모두 인도(人道)를 위하여 마땅히 사용될 수 있게 되는 것이다. 그러나 인도를 탐구함이 밝지 못하다면 어떻게 모두 마땅히 사용되어야 한다는 선(善)을 얻을 수 있겠는가? 여러 종류의 사물들의 생생한 기(生氣)를 널리 증험함으로써 인도의 특이함을 밝히고, 여러 종류의 사물들의 재료를 시험함으로써 사람의 음식과 그릇들(器皿)을 만들며, 여러 종류의 사물들의 속성과 특질(性質)들을 맛보아 사람의 따뜻함과 서늘함(溫涼)을 보완(補瀉)해 준다. 요컨대 그 귀추(歸趨)는 모두 인도를 판단하는 데에 달려 있다. 인도를 판단하지 못한 채 단지 격물과 궁리에만 힘쓰는 사람은 혹 스스로 인도를 해치는 일을 하거나 혹 인도에 무익한 행동을 즐겨 하게 된다.264)

인도(人道)란 이제 더 이상 격물과 궁리를 통해 도달되는 통찰의 경지가 아니다. 그것은 세상의 모든 재주 있고 지식을 갖춘 사람들이 달려들어 각자의 조건에 맞게 실용적으로 사람들의 삶을 두텁게(利用厚生) 만들어 주는 사람의 길일 뿐이다. 이에 따라 성리학과 심학자들이 그동안 전혀 관심을 갖지 않았던 세상의 많은 부분들이 새롭게 탐구의 대상으로 부각된다.

새와 짐승과 어류 등의 동물, 풀과 나무 등의 식물, 물과 불과 쇠와 돌 등의 무생물 등 인간의 삶과 관련된 모든 사물들이 전부 인

---

264) 『인정』, 권1, 측인문1, 총론, 測人爲萬事本原, "凡天下才知士, 格物窮理之學, 水火氣數, 草木金石, 鳥獸魚鼈, 宮室器皿之類, 無不講究. 費盡精力, 或啓利用厚生, 或明勸懲損益, 皆爲其人道所須用也. 不明乎人道之測, 何以得盡須用之善? 博證物類之生氣, 以明人道之特異, 試驗物類之材料, 以爲人之飮食器皿, 嘗味物類之性質, 以爲人之溫涼補瀉. 要其歸趨皆注泊於測人道. 未能測人道, 而徒務格物窮理者, 或自做害人道之事, 或樂爲無益人道之行."

도를 드러내는 탐구의 대상이 된다. 수많은 종류의 사물들에 대해 탐구함으로써 인간이라는 존재가 가지는 특별한 위상이 드러날 수 있으며 여러 종류의 재료들을 시험함으로써 사람에게 가장 알맞고 적당한 음식과 그릇을 만들어 낼 수 있게 된다. 이 모든 실질적인 인도의 작업들이 곧 최한기에 의하면 진정한 의미의 격물과 궁리인 것이다. 그리고 이러한 의미의 격물과 궁리는 존재론적인 진리를 발견하는 과정이 아니라 확률적인 판단을 도모해 가는 과정이므로 언제나 제한적으로 수행되어야 한다.

> 지식의 양(識量)·학업·덕행·재능·역상(曆象)·산수(算數)·문장·서화·병법·의술(醫術)·농(農)·상(商)·공(工)·장(匠) 등의 갖가지 분야에서 모두 최고의 사람들(一等人)을 뽑아 일에 맞게 등용한다면, 백성들 사이에선 장차 (관직에) 진출하고자 하는 후생들(後生)만 있을 뿐, 성취하고서도 낙오되는 사람은 없을 것이다. 또한 조정의 경우에는 각자의 분야에서 뛰어난 사람들만 포진되어 있을 뿐 자질구레하여 쓸모없는 기예(技藝)를 가진 자는 없을 것이다. 완비함을 구하는(求備) 방법은 이 밖에 다시 다른 방법이 없다. 만약 한 사람으로부터 완비함을 구한다면 그것은 불가능한 것이다. 사람이란 학업과 기능에 있어 한 가지 일만을 좇아 거기에다만 힘을 써야 이름(名)을 이루게 되는 것이다. 만약 여러 가지 학문을 겸하여 다룬다면 업무의 범위가 넓어져서 정밀하지 못하게 되므로 한 가지 일에 뛰어난 사람이 나오기를 바라기 어렵게 된다... 만약 여러 사람들(衆人)과 그 기예(技藝)의 우열을 비교한다면, 성인이라 해도 갖추지 못한 바가 많을 것이다.[265]

---

[265] 『인정』, 권17, 선인문4, 不可求備, "自識量學業德行才能歷象算數文章

조선의 경우 관직에 오르기 위해선 오로지 유교 경전만을 공부해야 했다. 그리고 일단 과거를 통과하여 등용되면 그가 가진 개인적 지식이나 삶의 배경과는 무관하게 이호예병형공(吏戶禮兵刑工) 등 다양한 분야의 다양한 관직을 맡게 된다. 경전 공부를 통해 쌓은 인격과 총체적 지식이 국가의 세부적 과업들을 맡을 수 있는 구체적 능력으로 손쉽게 전환될 수 있다고 믿었기 때문에 가능한 체계였다. 그러나 사회가 복잡해지고 국가의 역할이 점점 세분화됨에 따라 이와 같은 믿음은 점차 의심받게 되었다.

② 근대적 직능 분화의 의의

최한기는 근대적 직능 분화의 의미를 적극적으로 인정한다. 성인조차도 그 지식의 세밀한 측면에서는 각 분야의 전문가들에 미치지 못한다고 보았다. 농업, 상업, 공업, 의학, 병법 등 조선조 내내 천시되었던 분야들이 덕행과 문장이라는 조선조 선비들이 존중했던 극히 제한된 덕목들과 동일선상에서 나열된다. 사회는 이들 각 분야의 전문가들이 가진 능력의 총합으로 유지되는 것이지 어느 하나의 뛰어난 성인으로 인해 유지되는 것이 아니다. 윤리와 도덕 대신 실

書畫兵法醫術農商工匠之類, 皆選一等人, 隨事隨用, 民間惟有後生將進之人, 未有成就而遺漏者. 朝廷布列出類拔萃之人, 未有微末技藝無所用者. 求備之道, 更無他術矣. 若求備於一人, 勢不可得. 人於學業技能, 從一事專力致誠, 乃有成名. 若兼治諸學, 務博而不精, 難望出人之能事也,.. 若與衆人, 較技藝之優劣, 聖人多所不備."

용을 추구함에 따라 인간 삶의 다양한 국면들이 새롭게 부각되며 인간의 능력에 대한 평가 또한 다양한 방면에서 이루어질 수 있게 되었다.

깨끗하기만(介潔) 하고 정치를 행하지 않는 사람은 어지러움을 다스릴 그릇이 아니다. 선비답기만(儒雅) 하고 정치의 경륜이 모자란 사람은 왕을 도와 천하를 다스릴(翼亮) 인재가 아닌 것이다.[266]

사람은 홀로 살 수 없다. 반드시 여러 사람들과 더불어 화합하여야 어떤 일을 할 수 있고 또 살아갈 수 있다. 이런 사실을 형체의 측면에서 말하면 오륜(五倫)의 뿌리와 가지(根枝)가 있다는 얘기이고, 살고 있는 곳의 측면에서 말하면 이웃 마을과 나라가 서로 연접해 있다는 얘기이며, 천하의 측면에서 말하면 각국이 화합하고 우호적 관계를 맺도록 서로 방문하여 침략과 위해(侵害)가 없이 분수를 지키도록 한다는 얘기이다. 인(仁)이란 정치와 교육(政敎)을 행하는 것이고, 의(義)란 결단하여 다스리는 것(裁御)이고, 예(禮)란 화합으로 이끄는 것이고, 율(律)이란 악을 금하는 것이다. (이들은 모두) 하늘과 사람이 운화하는 기를 승순하여 멀고 가까운 사회적 법도(綱維)들을 베풀어 나가도록 이끄는 것이다.[267]

최한기에게 있어 사덕(四德)으로서의 인의예지는 하늘이 인간에게

---

266) 『인정』, 권4, 측인문4, 政事治略, "介潔而無政事者, 非撥亂之器. 儒雅而乏治略者, 非翼亮之才, 介潔儒雅, 稟氣之所賦也."

267) 『인정』, 권6, 측인문6, 인도, 天下人道, "人不可以獨生. 必與人衆和合, 乃可有爲, 又可得生. 以形體, 則有五倫根枝, 以居處, 則有隣里邑國之連接, 以天下, 則有各國和好之聘問, 無相侵害, 各有守分. 仁爲政敎, 義爲裁御, 禮以導和, 律以禁惡. 承順天人運化之氣, 提挈遠近綱維之張."

286

품부해 준 내재적 본성이 아니다. 그것은 사회의 질서와 화합을 도모해 주는 현실적 요청의 다양한 국면을 가리키는 것일 뿐이다. 인의예지는 굳이 사덕이라는 범주에 갇혀 논의될 필요조차도 없다. 실제로 최한기는 인의예지를 전통적 용법에 따라 함께 묶어 이야기한 적은 있지만 단 한 번도 이들을 사덕이라는 범주로 묶어 논하지는 않았다. 사회적 규범과 덕목들은 다양해야 하고 변할 수밖에 없기 때문이다.

위 예문에서도 그러한 측면이 드러난다. 율(律)이란 성리학적 측면에서는 부차적인 문제로 다뤄졌던 주제였다. 그러나 최한기에게는 율이나 사덕 모두 인간의 삶이라는 현실을 위해 기여하는 주제로 동일하게 다뤄진다. 홀로 살 수 없는 인간이 함께 더불어 살아가야 한다는 현실적 요청을 가능케 해 주는 사회적 법도(綱維)가 인의예지와 율 등에 의해 도출된다고 그는 보았다.

③ 제사: 종교성 탈피, 제식의 의미만 가짐. 실용주의적 관점

이와 같은 현실주의와 실용주의적 입장은 유교에서 전통적으로 중시해 온 제사(祭祀)에 관해서도 다른 시각에서 접근할 것을 요구한다.

> 천자(天子)가 하늘에 제사하는 예는 온 백성들을 위하여 (하늘에) 보답하고 감사하는 것으로서 또한 백성들을 통합하는(統民) 기화(의 과정)에서 나온 것이다. 제후와 왕이 관할 지역 안의 산과

강에 제사하는 것 역시 그 백성들을 통합하는 기화(의 과정)에서
나온 것이다.268)

  제사와 귀신(鬼神)의 문제는 성리학에서 매우 다루기 힘든 주제였
다.269) 성리학이 지향했던 인문화의 방향은 일차적으로 귀신을 부
정하도록 이끈다. 그러나 이러한 인문화는 제사의 의미를 약화시키
고 그것을 상징적인 틀 안에서 논의하도록 제한할 위험이 있다. 반
면 전통적 맥락에 따라 제사를 통해 귀신이 직접적으로 흠향한다고
간주할 경우 제사의 의미는 공고히 할 수 있을지 몰라도 자칫 신비
주의적 타락으로 되돌아갈 우려가 있다. 귀신과 제사에 대한 주희의
모호한 입장은 이와 같은 딜레마 가운데 어느 한쪽도 놓칠 수 없었
기에 발생한 필연적인 결과였다.

  그러나 최한기에게는 이와 같은 딜레마가 발생하지 않는다. 그는
귀신이 제사를 통해 직접적으로 흠향한다고 하는 신비주의적 해석
을 일거에 부정한다. 제사는 귀신과의 소통을 전제로 한 신비주의적
인 행위가 아니라 살아 있는 사람들이 기의 변화에 대해 감사를 올
리며 사회적 통합을 도모하는 사회적 행위로 이해된다. 조상에 대한
제사는 조상에 대한 감사의 의식이며 임금이 하늘에 올리는 제사는

---

268) 『기학』, 1−91, "天子事天之禮, 爲萬姓行報謝, 亦出於統民之氣化. 侯
   王之祭境內山川, 亦出於統其民之氣化."
269) 주자학의 귀신론에 관해서는 김우형, 「주자학에서 혼백론의 구조와 심
   성론과의 관계」, 『정신문화연구』, Vol.29, No.4, 2006과 이창일, 「귀
   신론과 제사론의 자연주의적 해석」, 『정신문화연구』, Vol.29, No.4,
   2006 참조.

생명을 가능케 해 준 우주의 질서에 대한 감사를 나타내고 그로 인해 백성들의 통합을 도모하는 통민운화(統民運化)적 행위, 즉 사회적 행위로 이해된다.

> 감사에 대한 보답으로서의 제사는 하늘·땅·태양·달·별·네 계절·비·눈·바람·구름·선조·성현 등의 대상에 따라 각기 그 이름이 다르지만, 받드는 것은 하나의 기(氣)이다. 기를 (제대로) 보는 자는 모든 제사에서 받드는 것이 하나의 신기(神氣)에 있음을 알기에 신기를 승순(承順)하는 것을 감사에 대한 보답이라고 간주한다. 행동을 신중히 하는 것이 모두 제사이다.[270]

최한기에 의하면 제사는 제각각의 귀신을 떠받드는 행위가 아니라 하나의 기를 떠받드는(宗) 행위이다. 자연의 변화 과정을 통해 인간과 만물을 비롯한 생명이 탄생할 수 있었기에 인간은 이러한 자연의 변화 과정을 찬미하고 떠받들어야 한다. 이것은 자연을 의인화하거나 그 안에 깃든 초월적 본질을 떠받드는 신비주의가 아니며 인간의 삶의 영역과 무관한 귀신에 대한 숭배도 아니다. 자연의 질서에 대한 감사의 뜻을 나타내는 사회적 약속으로서의 측면을 강조한 것일 뿐이다. 그리고 자연의 질서에 승순하는 것, 즉 일상생활 속에서 삶의 도리를 다해 나가는 것이야말로 감사를 나타내는 가장 적절한 방법이다.

---

270) 『인정』, 권12, 교인문5, 祭祀, "報謝祀典, 天地日月星四時雨雪風雲及先祖聖賢, 名雖有指別, 所宗一氣也. 見氣者, 知百祀之所宗在一神氣, 以承順爲報謝. 所行愼謹, 皆是祀典."

따라서 신기에 승순하여 행동을 신중히 하는 모든 행위가 그에게
는 제사하는 행위로 간주된다. 제사의 신비주의적인 요소와 형식상
의 겉치레는 모두 걷히고 이제 사회적 통합을 도모하는 현실적인
요청이라는 내용만이 남게 된다. 제사에 관한 거침없는 새로운 해석
을 통해 그의 현실주의적이며 실용주의적인 입장을 극명하게 확인
할 수 있다.

④ 낙관주의와 진화론, 현재의 긍정

이러한 실용주의적인 관점을 배경으로 하여 최한기 사회철학의
가장 큰 장점이 드러나는 부분은 바로 그의 낙관주의와 진화론이다.
그는 종래의 유교가 주(周)나라의 봉건(封建)적 체제를 가장 올바른
유교적 사회의 전범으로 삼았던 퇴행적 시각을 거부한다. 시간이 지
남에 따라 인간의 지식은 축적되며 그로 인해 자연과 사회 및 인간
자신에 대한 우리의 앎도 발전한다고 보았다.

> 대개 하늘과 땅, 사람과 사물이 생기는 것은 모두 기(氣)가 빚
> 어 만들기(造化) 때문이다. 후세의 열력(閱歷)과 경험은 이러한 기
> 를 점점 더 밝게 한다.271)

이는 초월적으로 완비되어 있는 이(理)의 절대성을 부정하고 오로

---

271) 『추측록』, 기측체의서, "蓋天地人物之生, 皆由氣之造化. 而後世之閱歷
經驗, 漸明乎氣."

지 경험을 통한 지식의 축적과 진실의 발견만을 주장했기에 가능한 진보에 대한 믿음이라고 평가될 수 있다. 이에 따라 지금 현재에 대한 평가 또한 긍정적일 수 있었다.

> 풍기(風氣)와 세속에서 숭상하는 것, 보고 들은 것과 사물의 기미 등의 경우 상고(上古) 시대에는 질박하고 간략했고 중고(中古) 시대에는 순수하고 소박했으며 근고(近古) 시대에는 문장의 꾸밈(文飾)이 많았지만 현재(方今)에는 두루 통한다.[272]

과거의 성인을 회고하며 주어진 현실을 준엄하게 꾸짖고 절망하는 도학자의 풍모는 최한기에게서 기대할 수 없다. 그 대신 현실의 모습을 긍정하며 더 나은 미래를 확신하는 긍정적 인간의 모습을 발견할 뿐이다. 당시의 조선 정세가 매우 혼탁했음에도 불구하고 최한기는 현실과 미래를 긍정적으로 낙관한다.[273] 이러한 낙관적 전망이 서구의 과학에 대한 신념으로부터 비롯됐음은 분명하다.[274]

---

272) 『인정』, 권16, 선인문3, 古今人比較, "蓋風氣俗尚, 聞見事機, 上古質略, 中古純樸, 近古文飾, 方今周通."
273) 이러한 낙관주의에 대해 정성철은 현실을 도외시한 공상적 견해라고 신랄하게 비판한다. "그의 사랑에 대한 견해는 비현실적이며 공상적이며 추상적이다. 사회가 계급으로 분열되었고 세계가 약육강식의 자본주의 법칙에 의하여 지배되던 당시의 조건에서 모든 인류에 대한 사랑이란 성립될 수 없다." 정성철, 『조선철학사』, 도서출판 좋은 책, 1988, 485쪽.
274) "최한기 사상의 낙관주의는, 기철학(氣哲學)이 원래 갖는 낙천성과 서구근대과학의 눈부신 성과에 담지된 자신감이 서로 결합됨으로써 증폭되었다." 박희병, 『운화와 근대』, 돌베개, 2003, 124쪽.

또한 이러한 견해는 경험의 능동성과 자연주의적 사회철학의 특성 가운데 중요한 부분을 공유하는 듀이의 프라그마티즘에서도 동일하게 드러난다. 듀이는 초자연적이고 초경험적인 종합에 의존하지 않은 채 경험을 통해 지성 작용이 진화할 수 있다고 믿는다.275) 인간의 사회규범은 완료되는 것이 아니라 끊임없이 변화하며 발전한다. 제임스(James, W.)는 이러한 측면을 다음과 같이 묘사한 바 있다.

> 최후의 인간이 경험을 하고 이야기할 때까지는 물리학에서와 마찬가지로 윤리학에 있어서도 최종적인 진리란 있을 수 없다.276)

⑤ 진화론의 의의 1: 과거를 긍정적으로 볼 수 있게 함

최한기는 만고불변의 절대적 진리란 불가능하다고 단언한다. 변화하는 현실에 맞추어 진화해 나가는 노력만 가능할 뿐이라고 본다. 존재론적으로 다뤄졌던 모든 사회 철학적 구상들은 이제 진화론적 구도로 대체되어야 한다고 그는 선언한다. 이러한 진화론은 발전에 대한 믿음과 함께 지나간 과거에 대한 공정한 평가까지 가능하게 한다는 점에서도 그 의의를 찾을 수 있다.

---

275) Dewey, J., The Middle Works 12: 1920, London: Southern Illinois Univ. Press, 1969, p.132.

276) James, W., The Moral Philosopher and the Moral Life, in his The Writings of William James, A Comprehensive Edition, The Modern Library, 1968, p.611. 『실용주의』, 187쪽에서 재인용.

천하의 모든 일들은 열력과 경험을 통해 그 은미한 부분이 드
러나게 되고 공허함으로부터 나와 실질(實)로 접어들게 되는 것이
므로 세상 모든 사람들이 (천하의 모든 일들을) 함께(公共) 취하거
나 버리게 되는 것이다. 이러한 의미를 알고 과거와 현재의 정치·
교육·학문 등을 논한다면, 모두 마땅히 있어야 할 일이 있어서
때에 따라 밝아지는 마땅함이 있게 된다. 이러한 뜻을 모르는 사람
들은, 가령 과거를 옳다고 하고 현재를 그르다고 하거나, 그렇지
않으면 반드시 현재를 옳다고 하고 과거를 그르다고 하게 된다.277)

진화의 의미를 깨닫는 사람은 미래만을 긍정하지 않는다. 오히려
과거의 사태를 과거의 맥락대로 받아들일 줄 아는 융통성을 지니게
된다. 과거의 사태 또한 그 과거 당시의 진화의 산물이라고 받아들
일 수 있게 되기 때문이다.

⑥ 진화론의 의의 2: 잠재된 가능성을 발견하게 이끔

또한 이러한 진화론적 믿음은 아직 드러나지 않은 채 가능성으로
만 잠재해 있는 능력들을 발견할 줄 아는 것까지 가능케 한다.

아직 성공을 거두지 못했지만 점차 성공하게 될 사람을 보고서
(그 잠재된 가능성을) 판단하는 것은 뛰어난 판단이다. 반면 성공

---

277) 『인정』, 권10, 교인문3, 歷代漸次修明, "天下萬事, 皆由閱歷經驗, 而自
微至著, 從虛入實, 自有天下人之公共取捨. 知斯義而論古今政敎學問, 皆
有當時之適(當有之事), 隨時隨明之宜. 不知斯義者, 如非是古非今, 必也
是今非古."

하지 못한 상황만 보고서 점차 성공하게 될 가능성은 보지 못한 채 그에 대해 능력이 부족하다고 말하는 것은 범부의 판단이다... 공수(公輸)[278]가 봉(鳳)을 새기는데 아직 볏과 발톱이 완성되지 않고 고운 깃이 채 드러나지 않은 상태에서 사람들이 그것을 보고 추하다 헐뜯고 못 새긴다고 비웃었다. 봉이 완성되어 아름다운 볏이 구름처럼 솟아오르고 붉은 발톱이 번개처럼 흔들리며 비단 두른 듯한 몸뚱이가 아득히 흩어지고 빛나는 깃촉이 불꽃처럼 화려하게 된 이후에야 그 기이함과 뛰어난 기술을 칭찬하였다.[279]

최한기의 진화론은 아직 드러나지 않은 채 잠재된 가능성을 놓치지 않는다. 나의 진화와 함께 타인의 진화도 신뢰한다. 드러난 결과만이 아니라 그 가능성까지 추측하는 것이야말로 추측의 진정한 의의일 것이다.

최한기가 열광했던 서구의 과학은 대부분 천문학에 국한된 것이었다. 만약 그가 현대에 논의되는 유전학(genetics)과 진화론을 접하게 된다면 그는 아마도 그 이상으로 열광했을 것이라고 논자는 생각한다.

천문학은 우주의 운행질서(流行之理)를 거시적 차원에서 설명해준다. 그러나 그러한 과학적 성과를 토대로 인간의 삶의 의미와 사회적 질서를 도출하는 과정에는 어느 정도 논리의 비약이 따를 수

---

278) 뛰어난 명장(明匠).
279) 『인정』, 권4, 측인문4, 可成之漸, "未有功, 而有成功之漸者, 見而測之, 出類之測. 但見未成功, 而不見成功之漸, 謂不足有爲, 是凡夫之測也... 公輸之刻鳳也, 冠距未成, 翠羽未樹, 人見之, 而訾其醜笑其拙. 及其成也, 翠冠雲聳, 朱距電搖, 錦身霞散, 綺翮焱發, 然後讚其奇稱其巧."

밖에 없다. 논자는 진화론을 토대로 하는 유전학이 최한기의 자연주의적 사회철학의 구상에 보다 더 가까운 과학일 수 있다고 본다. 유전학을 기반으로 하여 자연학과 인간학 및 사회과학이 통합되어야 한다고 주장한 윌슨(Wilson, E.)의 <통섭(consilience)> 이론은 최한기의 천문학적 자연주의의 현대적 변용으로 간주될 수 있을 만큼 그 구상이 최한기의 운화론과 닮아 있다.

> 경험론의 주장은 도덕적 행동의 생물학적 근원을 탐색하고 그 물질적 기원이나 편향을 설명함으로써 이미 없어져 버린 과거의 윤리적 기준보다 더 현명하고 더 지속성 있는 윤리적 합의를 이끌어 내야 한다는 것이다. 더 심층적인 인간의 사유 과정들에 대한 과학적 연구가 근래에 매우 활발하기 때문에 이와 같은 경험론의 모험은 한층 더 그럴듯해지고 있다.[280]

과학적 성과를 통해 윤리와 규범의 진보를 도모한다는 발상은 그대로 최한기의 구상으로 연결된다. 윌슨은 유전자에 도덕적 코드들이 각인된 채 진화된다고 보았던 반면 최한기는 그러한 선천적 측면을 미처 이해하지 못했다고 보인다는 점은 이미 앞에서 언급한 바 있다. 유전학의 성과들을 동원해 인간의 삶과 사회의 질서를 설명하고자 하는 노력들은 천문학을 통해 인간과 사회를 논하고자 하는 최한기의 자연주의적 시도의 약한 고리를 강화시켜 줄 수 있을 것이라고 논자는 기대한다.

---

280) Wilson, E., 『통섭』, 최재천, 장대익 공역, (주)사이언스북스, 2006, 415쪽.

VII.

결 론

본서는 최한기의 철학이 성리학에 대한 강한 비판의식과 서구의 과학에 대한 열광으로부터 출발했음에도 불구하고 어떻게 다시금 인의예지로 대표되는 유교적 규범체계를 주장하는 사회 철학적 입장으로 되돌아오게 되었는가 하는 문제의식을 중심으로 논의를 진행해 왔다. 본서는 일단 가설1에서 제기된 긍정적 측면, 즉 최한기의 철학적 구상이 새로운 전략과 구상을 가지고 시도되었으며 그가 제시한 인의예지의 사회 철학적 구상 또한 그 외형만 종래의 성리학적 구상과 같을 뿐 내용은 완전히 새로운 것이라는 주장을 중심으로 하고 있다. 또한 이러한 새로운 구상은 규범의 상대적 측면의 발견이라는 최한기 사회철학의 새로운 입장과 함께 검토되어야 함을 보이고자 했다.

이제 그동안의 논의를 마무리하고자 한다. 본서에서 다뤘던 핵심적인 내용들을 정리하고 그 의미와 남겨진 과제를 살펴봄으로써 본서가 제기한 문제의식이 어떤 결론에 도달하게 되는지 살펴본다.

신기의 인간학

최한기는 조선 후기의 교조화된 성리학적 사유체계를 근본에서부터 부정했다. 그는 정약용처럼 경학을 통해 성리학과 직접적으로 대결하여 극복하고자 하는 방식을 취하는 대신 성리학을 부정하고 조롱하는 방식으로 그것을 뛰어넘고자 했다. 그는 이(理)의 초월성과 내재성을 모두 부정한다. 우주엔 물리와 인륜을 관장하는 초월적 이(理)란 것이 없다고 단언한다. 따라서 이러한 초월적 이(理)가 인간의 본성에 내재해 있다고 주장하는 심학적 입장도 부정될 수밖에 없다.

이(理)는 우주를 구성하는 균일한 에너지인 기(氣)의 운행원리를 일컫는 수동적 의미를 지닌 것으로 새롭게 이해된다. 이에 따라 격물에 대해서도 새로운 해석을 제기한다. 최한기가 이해하는 격물이란 성리학이 주장하는 것처럼 사물과 사태의 근원에 대한 활연관통(豁然貫通)을 목표로 하는 작업을 의미하지 않는다. 그가 이해하는 격물이란 일체의 형이상학적 전제를 부정한 채 개별적 사물과 사태에 대해서 구체적으로 탐구해 나가는 행위를 의미한다.

성리학의 잘못된 세계이해는 이(理)를 단일한 진리의 구현체라고 보았던 관점에서 기인한다. 그러나 실상 존재하는 것은 기(氣)뿐이며 이(理)는 기의 움직임과 그 패턴에 대한 설명방식을 의미할 뿐이라고 그는 간주한다. 그리고 최한기는 이러한 이(理)에는 위계가 있다고 설명한다. 우주의 궁극적 참 진리로서의 이(理)를 탐구하는 성리학적 의미의 궁리(窮理)는 이(理)의 위계를 깨닫지 못한 채 무형의 진리를 좇는 무의미한 행위로 간주되어 비판된다.

최한기는 이(理)의 위계를 인간의 차원과 우주적 차원으로 나누어 설명한다. 우주적 차원의 총체적 기(氣)의 운행방식은 유행지리(流行之理)라고 규정된다. 유행지리는 그 자체로 참되며 완전하다. 하지만 유행지리가 곧바로 인간에 의해 파악되고 이해될 수는 없다. 인간의 능동적 탐구와 판단 행위는 추측지리(推測之理)라고 규정된다. 유행지리는 인간의 탐구와 판단작용으로서의 추측지리(推測之理)를 통해 점진적으로 이해될 수 있을 뿐이다. 따라서 추측지리는 항상 불완전하며 위태로운 것으로 간주되어야 한다. 성리학에서 말하는 궁리(窮理)란 이처럼 이(理)의 위계를 인지하지 못한 채 인간의 탐구와 판단 행위인 추측지리까지 유행지리로 간주해 버리는 오만한 세계이해에 터하고 있다고 최한기는 비판한다.

이(理)에 관한 최한기의 새로운 설명방식을 통해 우리가 확인할 수 있는 것은 그가 이(理)를 전면적으로 부정한 것이 아니라 이(理)에게 제자리를 찾아 주고자 했을 뿐이라는 점이다.

최한기 사상체계에서 중심을 이루는 것은 기(氣)이다. 그는 인간과 만물이 균일하고 담박한 기(氣)로 구성되어 있다고 설명하며 기가 구체화됨으로써 인간과 사물이 서로 다른 특징을 보이게 되는 측면은 질(質)에 의한 것이라고 설명한다. 여기까지는 전통적 주기론의 입장과 크게 달라 보이지 않는다. 하지만 그는 과감하게도 기(氣)를 논하면서 음양오행론에 의존하지 않는다. 그는 기(氣)를 균일한 에너지로 파악할 뿐이다. 이러한 측면은 서구의 과학에 크게 영향을 받은 측면이라 할 수 있다.

이에 따라 신(神)에 관해서도 그는 전통적 의미를 벗어난 새로운 해석을 제시한다. 신(神)이란 기와 질로 구성된 인간과 사물이 세계를 구성해 나가는 놀라운 현실을 찬탄하는 형용사에 지나지 않는 것으로 그 의미가 대폭 축소된다. 기(氣)에서 음양오행의 신비주의적 측면을 벗겨 내고 신(神)에서도 역시 일체의 신비주의적인 성격을 벗겨 냄으로써 그는 신(神)·기(氣)·질(質)로 구성된 인간에게서 선험적 원리로서의 이(理)가 내재되어 있다고 해석될 여지를 완벽히 봉쇄하게 된다. 이에 따라 선험적 원리가 내재되어 있지 않는 인간은 스스로 진리를 찾아 나가야 하는 능동적 임무가 주어진 존재로 새롭게 규정된다.

성리학에 의해 이(理)가 인간에게 내재된 본질이라고 설명되고 있는 본연지성 또한 그는 부정한다. 본연지성이란 하늘에 의하여 수동적으로 인간에게 주어진 <본성(nature)>이 아니라 인간이 스스로 현실에 적응하면서 능동적으로 구축해 나간 결과 획득된 인간의 <속성(attribute)>으로 새롭게 규정된다.

심학은 그 본성이 발현되어 드러나는 인간의 감정 또한 그 자체의 발출 구조가 있다고 보아 그것에 대한 정밀한 탐구에 몰두했다. 그러나 감정은 좋음과 싫음의 차원으로 간단하게 다뤄야 한다고 그는 보았다. 감정에 대한 몰입은 소극적 인간을 낳기 때문이라고 판단하기 때문이다. 인간은 그 내면에 아무런 선험적 본질도 내재되어 있지 않는 존재로 이해된다. 그는 내면의 본질이나 감정의 문제에 몰두하지 말라고 외치며 인간에게 외물과 타인 및 사태를 접하고 소통하는 능동적 의무를 부여한다.

추측의 방법론

　내면에 대한 몰두에서 벗어나 스스로 진리와 의미를 찾아 나서야 하는 의무를 떠안게 된 인간이 행하는 모든 합리적 행위들을 그는 추(推)와 측(測)이라는 용어로 설명한다. 그가 말하는 추측(推測)이란 인간을 비롯한 만물이 저마다 주어진 현실 및 외부의 조건에 반응하고 대응함으로써 생존을 지속해 나가는 방법의 체계를 의미한다. 추측은 인간에게만 국한된 행위가 아니며 또한 인식론의 대상으로만 국한되지도 않는다. 지구상의 모든 생명체가 생존해 나가면서 어떻게 외부와 소통하는지를 설명하는 경험적·합리적 방법들의 총체가 곧 추와 측을 의미한다고 그는 설명한다.

　인간은 타인 및 사물에 대한 경험적 지식을 통해 소통의 기초적 근거를 확보한다. 추(推)는 모든 선입견과 편견을 버린 채 외물 및 타인과 접하여 정보를 수집하고 응대하는 탐구의 경험적 측면을 의미하며 측(測)은 추를 통해 확보된 경험의 결과들을 재배열하고 반성하여 일반화하는 과정을 의미한다.

그런데 탐구와 판단은 항상 오류에 빠질 가능성이 있는 것으로서 그 역할이 제약되어 있다. 존재론적 진리나 초월적 믿음 등은 추측의 대상이 될 수 없다. 추측은 오로지 확률적 판단과 지식만을 추구한다. 최한기가 말하는 추측의 방법론은 진리론이 아닌 확률론으로 해석되어야 한다.

탐구와 판단으로서의 추측 행위는 지식만을 내용으로 하지 않는다. 선과 악, 가치와 규범 등이야말로 오히려 추측이 다루는 중요한 대상이라고 간주된다. 사태에 대한 직간접적 탐구와 판단을 통해 우리는 점차로 더 나은 가치에 접근해 나아갈 수 있게 된다. 따라서 추측론은 인식론과 가치론을 두루 아우르는 대단히 포괄적 의미를 지니는 활동으로 이해되어야 한다.

그리고 최한기는 이러한 추측행위를 확률론적 작업이라고 규정함으로써 언제나 추측의 결과에 대해 스스로 유보적으로 대하는 겸허한 태도를 요구한다. 이러한 입장은 관용과 포용을 가능케 하는 중요한 사회 철학적 의미를 지닌다고 평가할 수 있다.

또한 최한기는 탐구의 과정인 추와 판단의 과정인 측이 반복적으로 순환하는 관계에 있다고 파악한다. 탐구를 통해 판단의 근거가 확보되는 것이며, 그렇게 도출된 판단을 통해 다시금 탐구행위가 보다 더 질서 있고 적실성 있게 실행된다고 말한다. 탐구의 대상이 판단의 대상으로 전환되며 판단의 대상이었던 것이 다시 탐구되는 과정이 반복됨으로써 보다 더 높은 확률의 인식과 가치판단에 도달하게 된다고 설명한다.

탐구와 판단은 나로부터 타인 및 외물로 향하기도 하고 타인 및 외물로부터 나에게로 향해 오기도 한다는 점에서 상호성을 가진다고 파악된다. 이러한 입장은 주체에 의해 대상이 파악된다는 근대적 주객 분리의 이원론적 입장과는 다른 일종의 서로주체성에 입각한 인간이해를 바탕으로 하고 있는 것이라고 평가할 수 있다.

경험주의와 자연주의

최한기의 사회철학은 경험주의와 자연주의라는 두 가지 뚜렷한 특징을 중심으로 전개된다. 최한기에 있어 경험이란 타인 및 외물과의 직접적이며 상호적인 기(氣)의 소통행위를 말한다. 추와 측의 방법론을 그 핵심 내용으로 하는 최한기의 경험주의는 인간행위의 총체적 측면을 종합적으로 다룸으로써 인식론적 차원에만 머물고자 하지 않는다고 해석된다.

최한기에 있어 경험이란 인식론적 경험주의와 달리 수동적 지각을 다루는 것에만 머무는 것으로 만족하지 않는다. 지각을 통해 신기로서의 인간에게 사건이 발생하고 그 사건을 토대로 타인과 외물에 대한 반응 및 행동이 유발될 때 그때서야 경험은 성립된다고 그는 말한다. 경험은 서구의 근대 인식론에서 다루는 것처럼 감각, 혹은 지각의 문제에만 머물 수 없다고 이해되어야 하며 타인 및 외물과 접촉함으로써 주체가 반응을 보이고 행동으로 나아가는 능동적 과정으로 이해되어야 한다고 그는 강조한다.

경험은 견문(見聞)・열력(閱歷)・추측(推測)・습염(習染)・변통(變通) 등의 다양한 의미로 세분화된다. 견문과 열력은 수동적 경험을 의미하며 추측은 경험 가운데 핵심적인 활동으로서 능동적이며 적극적인 경험의 방법론을 의미한다. 습염은 자잘한 사물과 사태에 대한 경험을 버리고 그것들 가운데 핵심만을 안에다 간직해 나가는 경험의 엑기스화 과정을 의미한다. 변통이란 잘못된 판단과 습염을 교정하는 과정으로서 기존의 탐구와 판단이 대상으로 삼았던 범주를 뛰어넘어 각기 다른 범주로까지 탐구와 판단을 확장해 나가는 것을 말한다.

추와 측은 기본적으로 서로 개념적으로 짝 지어져 있는 이(理)와 기(氣), 속성(性)과 현상(情), 나(己)와 타인(人), 사물(物)과 사태(事) 등을 대상으로 수행된다. 추측이란 일차적으로 나를 탐구하여 타인을 판단하며 타인을 탐구하여 나를 탐구하는 따위의 범주적 활동을 의미한다. 그런데 변통이란 이런 범주의 한계를 뛰어넘어 서로 다른 범주로까지 탐구와 판단을 확대해 나가는 능동적 행위를 의미한다. 변통을 통해 비로소 사물과 사태에 대한 탐구를 통해 인간의 행위와 규범에 대해서까지 판단하는 추물측인(推物測人)과 추사측인(推事測人) 등이 가능해진다.

경험에 관한 최한기의 구상은 최한기 철학의 <새로움>을 부각시켜 준다. 반면 자연에 대한 최한기의 구상은 최한기 철학이 기존의 성리학적 구상과 구별되지 않을 수도 있다는 반론에 마주치게 한다. 자연에 대한 그의 입장은 유기체론이라 규정지을 수 있는데 이러한 유기체론적 자연주의는 동양적 전통에서 그리 낯설지 않은 것이기 때문이다.

하지만 우주의 본질로서의 이(理)가 가지는 초월적 지위를 인정하는 성리학적 자연주의와는 구별되며 자연의 경이로움 앞에서 인간의 능동적 행위의 의의를 낮게 평가하는 노장(老莊)의 자연주의와도 구별된다는 점에서 뚜렷한 특징을 드러낸다. 그의 유기체론적 자연주의는 생명의 근원으로서의 자연에 대해 고마움을 느껴야 한다는 소박한 입장에 근거해 있다. 자연은 우리에게 비록 멀게 있지만 끊임없이 탐구됨으로써 인간의 행위와 사회적 규범의 창출에 일정한 방향을 제시해 주는 지향점이라고 이해된다.

추측과 변통을 통해 인간은 더 나은 탐구와 판단으로 끊임없이 진보해 나가지만 그 과정은 언제나 주관주의적 함정에 빠질 수 있다. 준적(準的)은 추측과 변통을 통해 도출되는 보다 더 보편적 차원의 규율로서 자연 그 자체의 운행질서를 근간으로 해야 하는 것이라고 설명된다. 최한기는 준적을 승순(承順)함으로써 우리가 주관주의적 함정에 빠지지 않을 수 있다고 강조하고 있다.

그러나 준적으로서의 자연의 의미를 강조하는 입장이 자연에 대한 아무런 추측과정도 없이 인간의 삶의 의미나 도덕규범 등을 자연에게까지 확장하여 적용하는 자연의 의인화 작업으로 이해되어서는 안 된다. 자연은 추측 없이는 결코 파악할 수 없는 경험의 대상일 뿐이다. 인간은 아무런 편견이나 선입견 없이 경험을 통해 자연으로 다가가야 하며 그렇게 파악된 자연의 의미는 결국 인간과 사회에 적실성 있는 정보를 제공해 줄 것이라고 그는 주장한다. 인간의 사회적 행위를 규율하는 준적으로서의 역할을 하는 자연에 대한 탐구가 우리를 더욱 윤리적으로 이끌 것이며 또한 더 나은 사회를 만들 수 있도록 이끌 것이라고 그는 주장한다. 이러한 점에서 그의 사회철학은 자연주의적 성격을 명확히 보이고 있다고 볼 수 있다.

규범의 보편성과 상대성 및 규범의 형성과정

최한기에 이르러 인간의 욕망은 적극적으로 긍정된다. 그에게 있어 인간의 욕망이란 추측행위를 수행할 수 있는 추진력으로 평가된다. 또한 인간에게는 추측을 통해 더 나은 앎과 삶을 추구해 나갈 자유가 주어진다. 욕망과 자유에 대한 긍정은 경험주의적 입장이 취할 수 있는 적극적 요소들이다.

그러나 욕망과 자유가 전면적으로 긍정되지는 않는다. 인간의 욕망은 자연의 의미를 발견하기 위해 발휘될 때에만 의미가 있는 것으로 제한적으로 인정된다. 인간의 자유와 욕망은 자연으로부터의 절연을 의미하는 것이 아니라 자연과의 줄기찬 소통의 가능성을 의미할 뿐이기 때문이다.

욕망은 추진력으로서 긍정됨과 동시에 제어되어야 할 조심스런 계기로 다뤄진다. 인간은 선한 본성을 타고나지 않았기 때문에 욕망의 무절제로 인해 쉽게 악에 빠질 수 있다고 해석되기 때문이다. 요컨대 욕망에는 좋은 욕망과 나쁜 욕망의 위계가 있는 것이다.

욕망의 제어는 정치가 담당한다. 더 나은 추측에 도달한 정치인이 백성들의 욕망을 제어한다. 생이지지(生而知之)는 부정되지만 도덕적 자질의 차이는 인정된다. 『인정(人政)』은 백성들의 욕망을 제어할 자질을 갖춘 정치인을 선발하는 과정을 내용으로 하는 정치학 이론서로서의 의미도 지닌다.

나쁜 욕망에 의해 악의 나락으로 떨어질 위험성을 지닌 사(私)적 차원의 추측과 변통의 과정은 공(公)적 보편성을 획득할 때 비로소 그 긍정적 의미를 가지게 된다. 공적 차원에서 개인들의 추측과 변통이 서로 비교되고 검증됨으로써 규범의 보편성은 획득된다. 모든 인간은 인종 및 국적과 상관없이 보편적인 추측의 과정을 공유하므로 그에 따라 모든 인간들에게 적용되는 보편적 규범이 가능하게 된다.

인의예지·효·오륜 등의 유교적 규범들은 전 세계인 모두에게 적용될 수 있는 구체적인 보편적 규범들이다. 이들 규범은 선험적(a priori)으로 하늘이 내려 준 명령이 아니라 경험을 통해 확보되는 공적 차원의 보편적 약속이다. 삼강(三綱) 등 전통적 차원에서 강조됐던 유교규범들 가운데 몇몇은 보편적 차원에서 배제될 수 있다.

경험에 입각해 있지 않으며 경험으로 확인 불가능한 모든 종교와 신비주의는 부정된다. 기독교·불교·성리학·이슬람교·음양오행론·사주학·관상학 등이 모두 부정된다. 틀리기 때문에 부정되는 것이 아니라 확인할 수 없는 것에 대한 비합리적인 믿음을 바탕으로 하고 있기 때문에 부정된다. 이들은 보편적 규범의 도출에 방해가 되는 걸림돌들로 간주된다.

그러나 규범은 보편적 층위와 함께 상대적 층위에서도 논의되어야 한다. 역사의 한계를 넘는 보편적 진실의 담지자로서의 성인(聖

人)은 부정된다. 성인 또한 역사적 특수성의 한계 안의 인물로 다뤄질 뿐이다. 각 시대는 각 시대가 요구하는 상대적 층위의 새로운 규범이 필요하기 때문이다.

또한 공시적(共時的) 차원에서도 상대성은 보장된다. 타국의 문화와 풍속은 급격한 변화의 대상으로 간주되어서는 안 된다. 급격한 변화가 가능한 것은 법과 제도, 기기(器機)와 토산품 등에 국한된다. 타국의 문화에 대한 추측은 매우 제한되어 있기 때문에 정확성이 특히 떨어지며 이에 따라 타인 및 타국에 대해서 우리는 아무런 편견 없이 관용의 태도를 가진 채 직접적으로 소통하고자 하는 태도를 지녀야 한다고 그는 주장한다.

그리고 이 지점에서 모화사상(慕華思想)은 적극적으로 부정된다. 중국 또한 우리가 추측해야 할 타국 가운데 하나로 간주될 뿐이기 때문이다. 그러나 규범의 상대성에 대한 강조가 사(私)적 영역까지 인정하는 단계로까지 나아가지는 않는다. 사적 특수성은 늘 조심스럽게 극복되어야 할 과정으로 이해되어야 하기 때문이다.

어떤 것이 보편적 규범이고 어떤 것이 상대적 규범인가 여부는 두 가지 과정을 통해 검증된다. 하나는 공론화(公論化) 과정이며 다른 하나는 자연의 유행지리로서의 준적에 따르는 과정이다. 공론화는 양적 차원에서 합의를 도출해 나가는 과정이며 준적에 따르는 과정은 탁월한 지도자의 결단에 의지하는 과정이다. 두 과정이 갈등 없이 하나의 합의를 향해 나갈수록 규범의 보편성은 강화된다. 그러나 두 과정이 갈등을 겪을 경우 불가피하게 어느 하나의 과정에 의지할 수밖에 없다. 그러나 어떤 경우에도 하나의 의미가 다른 하나의 의미를 강제하는 방식으로 수행되어서는 안 된다. 모든 과정은 점진적으로 수행되어야 한다. 급격한 변화는 더 큰 갈등과 문제를 낳는다고 보기 때문이다.

이러한 규범주의적 입장은 실용주의와 진화론이라는 특징을 낳는다. 실용주의와 진화론은 최한기 사회철학의 실질적 결론이 된다. 제사 행위조차 그는 사회적 통합의 맥락에서 해석한다. 일체의 신비주의는 모두 거부되며 현실의 적실성에 따른 사회적 직능의 분화가 추구된다.

세상은 실용적 지식의 합으로 구성되는 것이지 성인의 도덕적 인격에 의존하여 구성되는 것이 아니라고 그는 강조한다. 현실을 적극적으로 긍정하며 미래는 더욱더 발전할 것이라는 진화론은 최한기 사상의 가장 긍정적이고 적극적인 의미일 것이다. 최한기 스스로 미래의 더 나은 학문이 나오면 자신의 기학(氣學)조차 스스로 폐기할 수 있다고 고백하고 있다는 점에서 그의 겸허하면서도 확신에 찬 태도를 읽을 수 있다.

의미와 과제

이상의 논의를 통해 논자는 최한기가 구상한 사회철학의 재구성이라는 시도가 갖는 의의를 다음과 같이 정리해 보고자 한다.

첫째, 최한기의 시도를 통해 논자는 유교적 사회규범체계가 자연에 대한 이해, 즉 과학적 탐구 활동과의 결합을 통해 그 적실성을 합리적으로 확보할 수 있는 최소한의 가능성을 확인하게 되었다고 평가한다. 최한기의 인간학과 우주론은 성리학과의 단절을 전제로 출발했으면서도 결코 인간과 사회 및 자연의 영역에서 객관적 탐구와 가치의 영역을 분리해 내는 이른바 근대적 이원화의 과정을 뒤따르지는 않고 있음을 확인할 수 있었다.

우리는 성리학에 대한 최한기의 비판적 입장을 접하면서 최한기의 철학이 근대적 맥락에서 해석될 수 있으리라는 일종의 선입견을 가질 수 있다. 그러나 최한기는 성리학과의 단절을 선언하면서도 여전히 전통적 차원의 문제의식, 즉 사실과 가치의 문제를 일원적으로 파악하고자 하는 시각을 그대로 유지하고 있었다고 논자는 해석한다. 그리고 논자는 이러한 측면에 대해 가해지는 가설2의 비판, 즉 최한기의 철학을 전통의 굴레를 벗어나지 못한 채 사실과 가치, 유기체론과 기계론이 뒤섞여 있는 비정합적인 체계라고 평가해야 한다는 비판이야말로 오히려 최한기가 현대적으로 이해될 수 있는 여지를 봉쇄하는 근대적 이원론이라는 전제에 입각해 있는 비판이라고 주장하고자 한다.

근대 유럽은 초월적 신(God)에 의해 인간의 삶과 사회의 가치들까지 지배받는 신 중심의 중세적 세계관에서 벗어나고자 몸부림쳤다. 이에 따라 근대의 문제의식은 신에 의해 지배되지 않는 인간의 주체성을 확보하는 것을 핵심과제로 삼게 되었다. 이때 유럽의 근대가 택한 방식은 초월적 신을 부정하는 것이 아니라 초월적 신과 주체로서의 인간의 영역을 구별 짓는 것이었다.

그러나 인간의 주체성을 강박적으로 확보하고자 했던 이러한 노력은 결국 신의 영역을 그대로 남겨 둔 채 주체로서의 인간과 객체로서의 자연을 구분해 버리는 이원론으로 귀결되고 말았다. 인간의 삶 및 사회와 관련된 문제는 인간학의 영역이자 가치의 영역에서 다뤄지지만 인간 이외의 객체로서의 자연과 관련된 문제는 가치의 영역이 아닌 사실의 영역, 즉 과학의 영역에서 다뤄지게 됨으로써 근대적 이원화가 가능하게 되었던 것이다.

그러나 최한기는 유럽의 근대와는 달리 인간의 주체성을 확보하기 위해 인간 이외의 사물들을 객체화하는 이원론적 입장을 취해야 한다는 문제의식을 가질 필요가 없었다.

성리학을 비롯한 유교 전통에서는 내재성이 배제된 채 초월적이기만 한 조물주로서의 신(God)은 인정되지 않는다. 성리학이 주장하는 이(理)는 초월적이면서 동시에 내재적이기도 하다. 이(理)가 인간에게 내재되어 있다고 주장하는 성리학적 전통 속에서는 이미 인간의 주체성이 유럽의 근대와는 다른 차원에서 어느 정도 확보되어 있었다고 볼 수 있다.

이러한 설명은 초월적 신을 인정하지 않는 유교적 전통에서 벗어나지 않는다. 신에 의한 전면적 지배를 인정하지 않은 채 인간의 주체성을 확보하고자 했던 노력은 조물주로서의 신을 인정하지 않는 유교적 전통이 지니는 공통된 특징이라 할 수 있다. 이런 점에서는 최한기와 성리학은 공통적이다.

최한기는 유교적 전통 속에서 이미 확보된 인간이라는 주체에게 불필요하게 이(理)의 내재로서의 본성(性)의 의미를 심은 성리학을 반대했을 뿐이다. 그리고 내재된 이(理)를 부정하기 위해선 이(理)의 초월성이 먼저 부정되어야 한다고 보았을 따름이다. 최한기에게는 객체로서의 자연을 다루는 사실의 영역과 인간의 삶 및 사회를 다루는 가치의 영역의 분리는 애초부터 불필요했던 문제의식이었다.

유기체론적 자연주의의 입장도 이와 마찬가지 맥락에서 이해될 수 있다. 주체와 객체를 단절하지 않은 채 인간과 자연, 가치와 사실을 동일선상에서 보고자 하는 유기체론적 관점은 오히려 근대적 이원론을 비판적 시각에서 볼 수 있도록 우리를 이끈다는 점에서 현대적 의의를 가진다고 평가할 수 있다.

최한기는 주체로서의 인간으로부터 내재적 본질(性)을 제거해 버리고 모든 것을 백지 상태에서 새롭게 출발할 것을 주장한다. 이에 따라 과학적 탐구 활동은 대단히 중시될 수밖에 없게 된다. 이(理)와 성(性)에 의해 선험적으로 주어진 진리를 포기함으로써 최한기는 경험과 탐구활동을 통해 하나하나 새롭게 인간과 사회 및 자연의 질서를 파악해 나가야 하는 책무를 스스로 떠안게 되었다. 이런 점에서 최한기의 철학을 성리학의 연장선에서 파악하고자 하는 가설3의 입장도 자연스럽게 극복될 수 있다고 논자는 파악한다.

둘째, 최한기의 사회 철학적 구상은 일체의 형이상학적 전제를 거부함으로 인해 가치의 상대주의적 측면에 대해 대단히 유연한 태도를 가지게 되었다는 점을 평가해야 한다고 본다. 조선사회에 뿌리 깊었던 모화사상과 배타주의에 대한 최한기의 비판적 자세는 이러한 유연한 태도로 인해 확보하게 되는 대단히 값진 수확이다. 이러한 측면은 근대 유럽의 개방적이지만 자기중심적이고 폭력적인 입장보다도 유연하며 오히려 대단히 현대적인 의의를 지닌다고 평가할 수 있을 것이다.

셋째, 신비주의에 대한 최한기의 일관된 비판은 현대에도 만연되어 있는 우리의 미신적 태도를 반성하게 할 만큼 철저하다고 평가할 수 있다. 인터넷과 통신이 놀라우리만치 발달한 현대에서도 우리는 여전히 많은 부분을 신비주의에 의지하고 있다. 스스로 확인하는 대신 확인되지 않는 외부의 어떤 힘에 의해 사태가 해석되고 미래가 예견되기를 바라는 우리의 태도는 탐구와 판단의 경험적 과정을 통해 능동적으로 증험하고 재구성할 것을 촉구하는 최한기의 태도에 비추어 퇴행적으로 보이기까지 한다.

넷째, 최한기가 시도한 유교사회철학의 재구성 시도는 유교의 현대화라는 주제와 관련해 남다른 의미를 가진다고 평가된다. 하루가 다르게 변화하는 현대를 숨 가쁘게 살아가는 현대인들에게 있어 유교란 무슨 의미를 지니는 것일까? 유교는 현대인들의 고단한 삶의 과정에서 잠시 숨을 돌리는 휴식처의 의미만을 지니는 것일까? 혹은 지나가 버린 향수의 대상으로 박물학적 가치만을 지니는 낡은 유물에 지나지 않는 것일까? 이미 지칠 대로 지친 현대인들에게 또다시 십삼경이라는 구불구불한 주석학의 미로를 제시하는 것은 오히려 새로운 부담을 주는 것이 아닐까?

최한기가 시도한 재구성의 노력은 이미 낡은 옛 경전이 아닌 지금 현재의 살아 숨 쉬는 맥락 속에서 유교의 의미를 발견해야 한다고 주장하고 있다는 점에서 현대적 의미를 지닌다고 평가될 수 있다. "도대체 유교가 왜 좋은 것인가?"라는 물음에 대해 그는 두껍고 부담스런 경전들을 제시하는 대신 직접적으로, 그리고 과학적 검증과 경험적 참여를 통해 유교적 규범의 의미와 가치에 대해 설명하고 납득시켜야 한다고 주장하고 있다.

다섯째, 그는 미래를 낙관하고 사회가 끊임없이 진화해 나간다고 간주함으로써 우리로 하여금 긍정의 힘을 되새겨 보게 했다는 점에서 그 의의를 찾을 수 있다고 평가해 본다. 맹자는 살육이 일상화되어 있는 전국시대의 참혹한 현실 속에서 오히려 인간의 본성이 선하다고 외쳤다. 최한기는 조선이 패망으로 향해 가는 절망의 시기에 오히려 희망과 진보를 이야기한다. 어두운 현실 속에서 오히려 긍정을 이야기하는 철인들을 우리는 잊지 않아 왔다. 사회적 소통을 통해 더 나은 미래로 나아갈 수 있다는 그의 믿음은 조그마한 현실의 좌절마저도 도피해 버리려는 우리를 반성하도록 자극한다.

그러나 이러한 의의에도 불구하고 유교적 사회철학을 재구성하고자 하는 그의 시도가 가지는 한계 또한 지적될 수 있다.

첫째, 그는 탐구와 판단이라는 유용한 방법론을 제시하고 있으면서도 당시의 현실을 구체적으로 추측하는 모범적 실례를 제시해 주지 못하고 있다는 점에서 그 한계가 뚜렷하다.

최한기가 살았던 당시는 전국 각지에서 민란이 일어나고 세도정치로 인해 부정과 부패가 극에 달한 상태였다. 그럼에도 불구하고 최한기가 그러한 당시 상황에 대해 탐구하고 판단하는 구체적 작업을 수행했다는 흔적은 전혀 찾아볼 수가 없다. 사회와 정치적 문제에 대해 그가 구체적으로 추측행위를 적용했던 영역은 인사행정론 등 제한적인 부분에 그치고 있다.

둘째, 그는 온갖 신비주의적인 믿음과 행태들을 비판하면서도 그러한 것들이 가지는 현실적 의미를 추측하려 하지는 않았다. 최한기가 말한 대로 신비주의적인 믿음 자체는 결코 확인할 수 없다. 신의 존재나 미래를 내다보는 예지력 등은 확인되지 않는 신비의 영역이다. 그러나 인간이 그러한 신비주의적인 경향을 보이게 되는 이유와 과정은 분명 탐구와 판단의 대상이 될 수 있다. 그는 이를테면 종교를 부정할 뿐 종교사회학의 의의는 미처 상정하지 못했던 것이다.

셋째, 인의예지와 효 및 오륜 등의 유교적 규범의 의의를 재발견하고자 했음에도 불구하고 그러한 규범들에 대한 경험적 탐구가 흡족할 수준으로 제시되어 있지 못하다는 점에서 대단히 큰 아쉬움을 느낀다. 그는 유교적 규범들이 선험적으로 인간에게 내재되어 있는 것이 아니라 경험을 통해 스스로 창출해 나가야 하는 것이라고 말하면서도 스스로 당시의 현실적 맥락에서 그러한 규범들이 어떠한 경험적 과정을 통해 창출될 수 있고 그 적실성을 확보할 수 있는지에 대해서는 얘기하지 않고 있다.

그는 전반적으로 철학적 원리만을 제시했을 뿐 그러한 원리를 직접 현실에 적용하는 노력을 보여 주지는 못했다는 점이 논자가 최한기에게서 가장 아쉬워하는 점이다.

이상의 논의를 종합하여 논자는 유교사회철학을 재구성하고자 했던 최한기의 노력을 다음과 같이 결론적으로 평가한다.

— 최한기는 우리에게 새로운 유교적 사회가 어떠해야 한다고 해답을 제시해 주지 않는다. 그는 유교적 규범의 재구성으로 이끄는 이론적 토대와 방법만을 제시해 줌으로써 우리로 하여금 스스로 현시대의 사회적 가치와 질서를 구체적으로 창출해 나가도록 자극하는 과제를 던져 준 문제적 사상가이다. —

참고문헌

1. 원전

『明南樓叢書』, 景仁文化社, 1971

『증보 明南樓叢書』, 成均館大學校出版部, 2002

『국역 기측체의』, 민족문화추진회, 1979

『국역 인정』, 민족문화추진회, 1980

『氣學』, 손병욱 역, 여강출판사, 1993

『論語』

『大學』

『禮記』

『史記』

『中庸』

『周易』

『韓非子』

『朱子語類』

『晦庵集』

2. 단행본

권오영, 『최한기의 학문과 사상 연구』, 집문당, 1999

권오영 외 저, 『혜강 최한기』, 수원: 청계, 2000

김문식, 『조선후기 경학사상 연구』, 일조각, 1996

김상봉, 『서로주체성의 이념』, 길, 2007

금장태, 『조선 후기 유교와 서학』, 서울대학교출판부, 2003

김영한, 임지현 편, 『서양의 지적 운동 I』, 지식산업사, 1994

김용옥, 『독기학설』, 통나무, 1990

김용옥, 『혜강 최한기와 유교』, 통나무, 2004

김교빈 외 저, 『기학의 모험 1』, 철학아카데미, 2004

김태길, 『죤 듀이의 사회철학』, 태양문화사, 1978

박동서, 『인사행정론』, 법문사, 1993

박은정, 『자연법사상』, 민음사, 1987

박희병, 『운화와 근대』, 돌베개, 2003

예문동양사상연구원, 김용헌 편저, 『혜강 최한기』, 예문서원, 2005

유봉학, 『조선후기 학계와 지식인』, 신구문화사, 1999

이승환, 『유교 담론의 지형학』, 푸른숲, 2004

정성철, 『조선철학사2』, 도서출판 좋은 책, 1988

정용환 편, 『뚜 웨이밍의 유학 강의』, 청계, 1999

정진석, 정성철, 김창원 공저, 『조선철학사』, 평양: 과학원출판사, 1962

정해창, 『퍼스의 미완성 체계』, 청계, 2005

정해창 편역, 『현대 영미철학 입문』, 철학과 현실사, 1993

조동일 외 저, 『기학의 모험 2』, 철학아카데미, 2004

채인후, 『순자의 철학』, 천병돈 역, 예문서원, 2003

최남선,『조선상식문답속편』, 동명사, 1947

최영진,『최한기의 철학과 사상』, 철학과 현실사, 2000

한형조,『주희에서 정약용으로』, 세계사, 1997

함재봉,『유교 자본주의 민주주의』, 전통과 현대, 2000

Arendt, H.,『인간의 조건』, 이진우, 태정호 역, 한길사, 1996

Aron, R., In Defense of Political Reason, Mahoney, D. J. ed. Lanham, MD: Rowman & Littlefield, 1994

Bernstein, R. J.,『존 듀이 철학입문』, 정순복 역, 예전사, 1995

Copleston, F., A History of Philosophy, V.5, Maryland: The Newman Press, 1961

Croce, B., Politics And Morals, Castiglione, S. J. trans., Kessinger Publishing, LLC, 2007

Dawkins, R.,『이기적 유전자』, 홍영남 역, 을유문화사, 2007

Deutsch, E. ed., Culture and Modernity, Hawaii: Univ. of Hawaii Press, 1991

Dewey, J., Democracy and Education, Macmillan, 1966

_____, The early works, 1895－1898: 5, Southern Illinois Univ. Press, 1972

_____, The Middle Works 12: 1920, London: Southern Illinois Univ. Press, 1969

_____, The Middle Works 14: 1922, London: Southern Illinois Univ. Press, 1969

_____, The Later Works 1: 1925, London: Southern Illinois Univ. Press, 1969

_____, The philosophy of John Dewey, Univ. of Chicago Press,

1981

_____, 『경험과 자연』, 신득렬 역, 계명대학교출판부, 1982

Eames, S. M., 『실용주의』, 조성술, 노양진 공역, 광주: 전남대학교 출판부, 1999

Ho, M., 『나쁜 과학』, 이혜경 역, 도서출판 당대, 2005

Hume, D., A Treatise of Human Nature, Oxford Univ. Press, 1978

_____, An Enquiry Concerning the Principles of Morals, Hackett Publishing Co., 1987

_____, An Inquiry Concerning Human Understanding, Bobbs－Merrill, 1955

_____, Hume's ethical writings, Univ. of Notre Dame Press, 1965

James, W., The Writings of William James, A Comprehensive Edition, The Modern Library, 1968

Kant, I., Kritik der reinen Vernunft, Hamburg: Felix Meiner, 1956

Kaulbach, F., 『칸트 비판철학의 형성과정과 체계』, 백종현 역, 서광사, 1992

Levenson, J. R., Confucian China and its modern fate, Univ. of California Press, 1965

Locke, J., An Essay Concerning Human Understanding, Oxford: Clarendon Press, 1969

_____, 『人間知性論. 統治論. 人性論』, 한상범, 정충무, 이형용, 공역, 大洋書籍, 1972

Machiavelli, N., The prince, Chicago: Encyclopaedia Britannica, 1952

MacIntyre, A., After Virtue: a study in moral theory, Notre Dame:

Univ. of Notre Dame Press, 1984

_____, 『윤리의 역사, 도덕의 이론』, 김민철 역, 철학과 현실사, 2004

Mill, J. S., Utilitarianism, New American Lib., 1962

Putnam, H., Renewing Philosophy, Cambridge: Harvard Univ. Press, 1992

_____, Reason, Truth and History, Cambridge: Cambridge Univ. Press, 1981

Russell, B., 『나는 왜 기독교인이 아닌가』, 송은경 역, 사회평론, 2006

Sandel, M., Liberalism and the Limits of Justice, Cambridge: Cambridge Univ. Press, 1982

Smith, S., Ideas of the Great Educators, New York: Barns & Noble Books, 1979

Walzer, M., Spheres of Justice, New York: Basic Books, 1983

_____, 『관용에 대하여』, 송재우 역, 도서출판 미토, 2004

Wiener, P. P. ed., The Dictionary of the History of Ideas: Studies of Selected Pivotal Ideas, New York: by Charles Scribner's Sons, 1973－74

Wilson, E., 『통섭』, 최재천, 장대익 공역, (주)사이언스북스, 2006

_____, 『인간 본성에 대하여』, 이한음 역, (주)사이언스북스, 2006

3. 논문

가와하라 히데키, 「최한기 기학 체계 내의 과학」, 『대동문화연구』, Vol.45,

2004

곽차섭, 「마키아벨리와 국가이성」, 『부산사학』, Vol.22, 1992

권오영, 「최한기의 기설과 우주관」, 『육사논문집』, Vol.56, 2000

금장태, 「다산과(茶山) 혜강의(惠岡) 인간이해」, 『동양학』, Vol.24, 1994

_____, 「혜강(惠岡) 최한기의 철학사상」, 『진단학보』, Vol.81, 1996

_____, 「다산과 (茶山) 혜강의 (惠岡) 인간이해」, 『동양학』, vol.24, 1994

김병길, 송도선, 「듀이의 습관 개념」, 『교육철학』, Vol.18, 2000

김동식, 「듀이의 도구주의에서 경험과 탐구의 개념」, 『육사논문집』, Vol.56, 2000

김문식, 「19세기 전반 京畿學人의 經學思想과 經世論」, 서울대학교 박사학위논문, 1995

김병규, 「惠岡 崔漢綺의 更張思想 研究」, 한국교원대학교 박사학위논문, 1997

김병규, 「혜강(惠岡) 최한기(崔漢綺)의 사회사상」, 『동양철학연구』, Vol.18, 1998

김병길, 「듀이의 습관 개념」, 『교육철학』, Vol.18, 2000

김봉진, 「최한기(崔漢綺)의 기학(氣學)에 나타난 공공성」, 『정치사상연구』, Vol.12, 2006

김영국, 「마키아벨리의 정치사상론」, 『한국정치학회보』, Vol.17, 1983

김용헌, 「최한기의 자연관」, 『동양철학연구』, Vol.18, 1998

_____, 「최한기의 서양과학 수용과 철학 형성」, 고려대학교 박사학위논문, 1995

김우형, 「주자학에서 혼백론의 구조와 심성론과의 관계」, 『정신문화연구』, Vol.29, No.4, 2006

김재건, 「듀이 경험론의 재고찰」, 『교육과정연구』, Vol.20, 2002

김형찬, 「기(氣) 철학에서의 총체적 통찰과 경험적 인식」, 『철학연구』, Vol.69, 2005

노양진, 「퍼트남의 내재적 실재론과 상대주의의 문제」, 『철학』, Vol.39, 1993

노진호, 『듀이의 반성적 사고와 교육론에 관한 연구』, 성균관대학교 박사학위논문, 1993

노혜정, 「최한기의 지리사상 연구」, 서울대학교 박사학위논문, 2003

류혜경, 「흄의 도덕철학에서 사실과 당위의 문제」, 『철학논구』, Vol.27, 1999

문중량, 「조선후기 자연지식의 변화패턴」, 『대동문화연구』, Vol.38, 2001

문중량, 「최한기의 기론적 서양과학 읽기와 기륜설」, 『대동문화연구』, Vol.43, 2003

박성래, 「한국근세의 서구과학 수용」, 『동방학지』, Vol.20, 1978

박종홍, 「최한기의 경험주의」, 『아세아연구』, Vol.8, No.4, 1965

박홍식, 「청년 최한기의 철학사상」, 『동양철학연구』, Vol.11, 1990

박희병, 「최한기 사상에 있어 자연과 인위의 관계」, 『대동문화연구』, Vol.42, 2003

백종현, 「로크와 칸트에서 '실재하는 사물'」, 『칸트연구』, Vol.4, 1999

_____, 「'선험적'과 '초월적'의 의미」, 『철학과 현실』, 1990년 여름호, Vol.5, 1990

백민정, 「정약용 철학의 형성과 체계에 관한 연구」, 연세대학교 박사학위논문, 2006

손병석, 「폴리스는 자연적 존재인가?」, 『철학연구』, Vol.44, 1999

손병욱, 「惠岡 崔漢綺 氣學의 硏究」, 고려대학교 박사학위논문, 1993

송규범, 「존 로크의 관용론」, 『서양사론』, Vol.78, 2003

송도선, 「존 듀이의 경험의 구조」, 『교육철학』, Vol.20, 1998
신원봉, 「惠崗의 氣化的 世界觀과 그 倫理的 含義」, 한국정신문화연구
　　　원 박사학위논문, 1994
안영상, 「토미즘과 비교를 통해서 본 혜강 최한기 인식론의 특징」, 『동
　　　양철학연구』, Vol.49, 2007
안외순, 「유가적 군주정과 서구 민주정에 대한 조선 실학자의 인식」, 『한
　　　국정치학회보』, Vol.35, No.4, 2001
안외순, 「조선에서의 민주주의 수용론의 추이」, 『사회과학연구』, Vol.9,
　　　2000
안정석, 「마키아벨리의 도덕적 선 - 악에 대한 해석방식에 관한 소고」,
　　　『21세기정치학회보』, Vol.16, 2006
야규 마코토, 「惠崗 崔漢綺의 推側論 研究」, 강원대학교 박사학위논문,
　　　2005
윤원주, 「듀이의 습관 개념과 도덕교육」, 『교육철학』, Vol.20, 2002
이규성, 「강유위(康有爲)의 세계의식과 이상사회」, 『철학사상』, Vol.17,
　　　2003
이승환, 「조선후기 과폐(科弊)와 최한기(崔漢綺)의 측인학(測人學)」, 『한
　　　국사상사학』, Vol.16, 2001
이우성, 「최한기의 가계와 연표」, 『한국의 역사상』, 창작과 비평사, 1982
＿＿＿, 「최한기의 생애와 사상」, 상동
＿＿＿, 「혜강 최한기의 사회적 처지와 서울생활」, 『제4회 동양학 국
　　　제학술회의 논문집』, 성균관대학교 대동문화연구원, 1990
＿＿＿, 「최한기의 사회관」, 『동양학』, Vol.18, 1988
이윤일, 「합리성과 상대주의」, 『철학연구』, Vol.41, 1997
이종란, 「崔漢綺 倫理思想 研究」, 성균관대학교 박사학위논문, 1997

이창일, 「귀신론과 제사론의 자연주의적 해석」, 『정신문화연구』, Vol.29, No.4, 2006

이행훈, 「최한기(崔漢綺)의 운화론적 사회관」, 『동양철학연구』, Vol.43, 2005

이현구, 「崔漢綺 氣學의 成立과 體系에 關한 硏究」, 성균관대학교 박사학위논문, 1993

_____, 「최한기 사상의 인식론적 의의」, 『대동문화연구』, Vol.43, 2003

임형택, 「개항기 유교지식인의 근대 대응논리」, 『대동문화연구』, Vol.38, 2001

임형택, 「정약용의 경학과 최한기의 기학」, 『대동문화연구』, Vol.45, 2004

장윤수, 「최한기 철학과 현상학의 횡단적 의사소통」, 『동양사회사상』, Vol.16, 2007

정기영, 「John Dewey와 崔漢綺의 經驗槪念의 比較 硏究」, 『동아논총』, Vol.21, 1984

정순복, 「존 듀이의 철학에서의 자연과 트랜스액션(transaction)의 문제」, 『미학』, Vol.20, 1995

조동섭, 「崔漢綺의 '人政'의 構造와 人事行政 論理」, 서울대학교, 박사학위논문, 1995

조동일, 「최한기의 글쓰기 이론」, 『진단학보』, Vol.81, 1996

차태근, 「중국 근대사상의 전환논리: 자연법과 변법」, 『중국어문논총』, vol.25, 2003

최봉철, 「19세기 말 20세기 초 자연법론과 사회학적 법사상에서 사회의 의미」, 『법철학연구』, Vol.4, No.1, 2001

최영진, 「崔漢綺 理氣論에 있어서의 理의 位相」, 『동양철학연구』, Vol.15, 1995

최영진・이행훈,「최한기 운화론의 생태학적 해석」,『대동문화연구』, Vol.45, 2004

최유준,「음조성의 문화정치학」, 동아대학교 박사학위논문, 2005

최희봉,「흄의 자연주의적 프로그램」,『범한철학』, Vol.19, 1999

허남진,「조선후기 기철학 연구」, 서울대학교 박사학위 논문, 1994

황경숙,「惠岡 崔漢綺의 社會思想 硏究」, 성신여자대학교 박사학위논문, 1992

황경숙,「혜강 최한기의 사회사상의 구조와 성격」,『한국학보』, Vol.19, No.1, 1993

채석용　•약 력•

1969년 서울에서 태어나 한국외대에서 독일어와 철학을 공부했고 2008년 한국학중앙연구원 한국학대학원에서 철학박사학위를 취득했다. 현재 세종대와 세명대에 출강하고 있다. 번역서로『헤겔철학입문』(선영사)이 있다.

최한기의 사회철학

• 초판 인쇄	2008년 10월 30일
• 초판 발행	2008년 10월 30일
• 지 은 이	채석용
• 펴 낸 이	채종준
• 펴 낸 곳	한국학술정보㈜
	경기도 파주시 교하읍 문발리 513-5
	파주출판문화정보산업단지
	전화 031) 908-3181(대표) · 팩스 031) 908-3189
	홈페이지 http://www.kstudy.com
	e-mail(출판사업부) publish@kstudy.com
• 등 록	제일산-115호(2000. 6. 19)
• 가 격	31,000원

ISBN 978-89-534-0436-6 93100 (Paper Book)
　　　978-89-534-0436-6 98100 (e-Book)